现代汉语焦点研究

祁峰 著

清华语言学博士丛书

中西書局

本书系

上海市教育委员会科研创新项目

“现代汉语焦点研究”(项目编号：14YS058)成果

总　序

近二十年来，我国博士生培养事业有了很大进展，在各个领域都培养出了一大批优秀的博士生；在语言学领域也是这样。这些新培养出来的博士生，大多视野开阔，思想敏锐，既有扎实的专业基础，又有强烈的创新意识，是我国语言学事业继往开来的生力军。博士论文和出站报告是他们刻苦攻读、悉心研究所取得的成果，有些优秀的博士论文达到了学术前沿的水平，体现了语言学研究的新思路、新成就。面对这些学术新人和学术新成果，我们由衷地感到高兴。

众所周知，一门学问要能生根，要能茁壮地成长发展，必须不断挖掘和发现新的材料，必须不断进行理论更新，必须不断涌现大批新的研究人员。语言学是一个既古老又相对年轻的学科。中国是拥有语言富矿的国家，汉语历史悠久，语言多种多样；有优良的语言研究传统，新的语言研究成果不断涌现。现在由于国力日益强盛，更引发各国青年人学习汉语的热潮。这对我国语言学科发展来说，既是一种机遇，又是一种挑战。只要我们两岸三地语言学同仁合力研究，让我国语言学科走到世界学术的尖端，这是可望也可及的目标。正是从这一思想出发，并为了使得这些学术新成果更快地和读者见面，为了帮助这些新人更迅速地成长，以便为语言学注入新的活力，我们创办了这个《清华语言学博士丛书》。现在计划每年出版一辑，每辑选收 1—5 种两岸三地语言学博士的优秀论文、出站报告和其他著作。我们希望《丛书》能聚集一批优秀的年轻学者，这些年轻人将来能带领中国的语言学迈着稳健的步伐前进。

《清华语言学博士丛书》创办以来，得到了两岸三地语言学界同仁和有关单位的大力支持。很多著名的语言学家担任了顾问和编委，很多博士生踊跃投稿，很多专家不辞辛劳负责审稿。清华大学提供了经费，上海中西书局负责出书。大家的热忱支持进一步坚定了我们办好《清华语言学博士丛书》的决心，我们一定使之成为展示我国语言学新思想、新成果的平台，成为语言学新苗茁壮成长的园地。

希望大家对《清华语言学博士丛书》不断提出意见和建议。让我们共同努力，把《清华语言学博士丛书》办好！

蒋绍愚

2013 年 6 月

序

焦点(focus)是国内外语言学界研究的热点问题,许多学者从不同的角度来研究语言中的焦点和焦点标记,形成了丰富的研究文献和有价值的学术成果。祁峰博士的著作《现代汉语焦点研究》是汉语焦点研究方面的一项新成果,作者在这部著作中从现代汉语的具体事实出发,广泛收集整理和细致分析现代汉语的语料,采用语言功能意义和语言形式表达相结合的研究思路,对现代汉语焦点问题进行比较全面的爬梳整理和讨论,具有较高的学术参考价值。

这部著作的特点之一是重视对学术界现有焦点研究成果的归纳概括,立意于语法理论上的探索,注重从系统的视角来阐述汉语的焦点问题。书中运用"戏院隐喻"观点来分析焦点在整个认知结构中的地位,得出了若干有启发性的结论。书中指出,焦点现象有两个基本性质:焦点的超音段性、焦点的局部性;三大要素:重音、焦点强迫形式、说话者;两大规则:焦点竞争规则、焦点选择规则。围绕着这些观点的论述和语料分析具有一定的创新性。

作者在书中提出,说话者用超音段的、局部性的韵律语法手段,对话语中某些片断进行凸显操作,分为不可简省的凸显和刻意重音的凸显,这些被凸显操作的话语片断就是焦点;在说话者的焦点选择中,既需要照顾话语整体及其部件凸显自身重要性的要求,又需要根据自己的交际目的来处理这些要求;焦点的选择,最终决定了话语的建构。值得重视的是,书中区分了焦点强迫形式与焦点操作策略这两个层次,认为只有重音才是焦点的表现形式,其他词汇上的、语序上的、句式上的、语法标记上的表现形式,都是焦点强迫形式,即它们要求自己或受自己约束的某一成分成为句子的焦点,但说话者既可以采取顺向策略满足它们的要求,也可以采取逆向策略不满足它们的要求,所以它们并不能最终决定句子的焦点。上述观点反映了作者独到的思考,可以引起学者之间的讨论,推动焦点研究的深入。

关于汉语焦点的类型,书中从两个方面作了区分。一是基于焦点强迫形式;二是基于说话者焦点操作策略。焦点强迫形式可以分为两种:一是"独立的焦点强迫形式",要求自己成为句子的焦点;二是"非独立的焦点强迫形式",要求句中另外的某一成分成为句子的焦点,包括焦点标记和焦点算子。说话者焦点操作策略也可以分为两种:"顺向策略"与"逆向策略",跟这两种焦点操作策略相对应的是汉语焦点的两种重音配置模式:常规配置模式和非常规配置模式。以疑问句为例,询问句具有一般重音,它的音强不是特别重,音长也不是特别长,它一般落在疑问句常规性的焦点成分上。但是汉语疑问句有时会产生特别重音,表现在音强特别重,音长特别长,它不是落在疑问句常规性的焦点成分上,而是落在句中特定的成分上,造成特殊的重音配置。可见,书中从区分焦点强迫形式与焦点操作策略这两个层次出发，对焦点的概念、类型、表现形式等问题作了基础性的梳理和研究，并对汉语的焦点问题进行了系统深入的研究，这反映出作者勇于探索的学术追求和创新精神。

关于汉语焦点的判定，书中尝试运用"否定测试"的方法来区分焦点标记与焦点算子，认为二者的不同之处在于是否影响真值，焦点标记可能为原句增加意义，但不会影响真值。具体方法是，非独立的焦点强迫形式 F 加在原句 S^0 上，构成句子 S。一、如果对 S 否定，同时也否定了 S^0，则 F 为焦点标记。二、如果对 S 否定，不一定否定了 S^0（可以是对 S^0 的肯定，也可以是 S^0 的真值不定），则 F 为焦点算子。

为了细致阐述对汉语焦点问题的具体见解，书中使用了一定数量的术语。例如第八章中分析了焦点强迫形式的融合和焦点强迫形式的共现，主张在焦点范畴中要分出两个层面：一是各种焦点强迫形式及它们要求的可能焦点成分；二是一个句子中最为凸显的焦点成分。第九章在"唯一焦点论"的基础上，提出了"句子焦点的实现规则"，并细化为三个规律："焦点结构律"、"焦点强迫律"和"焦点强度律"，同时还提出"去焦点化规则"和"焦点和谐律"。这些术语表现出作者较为缜密的论证思路，但也可能会给读者带来一些理解上的不便。

书中列了专章分别讨论了焦点与疑问、焦点与否定等范畴之间的关系，从内容上来看，似可再作进一步的拓展。

祁峰博士是复旦大学现代汉语语言学专业的研究生，入校以前在高校从事过多年的汉语教学与研究工作。攻读博士学位期间他积极进取，勤勉刻苦，多次参加在海内外召开的语言学国际研讨会，报告学术论文。同时热心组织研究生的语法沙龙，查找资料，安排讨论，编辑文献，给老师和同学们留下了深刻的印象。本书是在他的博士学位论文的基础上修改而成的。作者现在中国社会科学院语言研究所从事博士后研究，已拟定了新的研究课题。我们期待着作者新的研究成果面世。

戴耀晶

2012 年 12 月于复旦光华楼

目　录

第四章 焦点的实现方式——句子重音

第五章 汉语若干“焦点强迫形式”辨析

第六章　焦点基本的逻辑意义结构

第七章　汉语焦点算子及三分结构的逻辑运算

第八章　多焦点现象和多重焦点强迫形式套叠现象

第九章 句子焦点的实现与去焦点化操作

第十章 与疑问有关的焦点问题

第十一章 与否定有关的焦点问题

第十二章 结 语

第一章
引　　言

1.1　研究对象与研究意义

形式学派的焦点研究开展至今已经有四十多年的历史，有关焦点研究的缘起、不同焦点概念之间的区分以及围绕焦点解释提出的各种理论（诸如逻辑移位说、结构意义说、选项语义论、原位约束说、逻辑代换法、混合分析法等），徐烈炯、潘海华(2005)已有详细的介绍和评述。总的来说，焦点的句法条件与语义限制研究是重点，形式语法学家提出了不同的理论来处理焦点问题。

近十年来，焦点研究领域出现了一些新的关注点，大致可以归纳为两个方面：一是对焦点的音系表现以及音系与句法、信息结构的关系作了更深入的挖掘；二是有关焦点解释的语用理论纷纷出炉，语义、语用理论的对立促进了对焦点本质问题的进一步思考。（沈园，2011：237）正如徐烈炯(2001：10)所说："焦点(focus)是音系学、句法学、语义学、话语分析等语言学各个学科共同感兴趣的问题，也是形式语言学、功能语言学等语言学各个学派共同感兴趣的问题。语言学中得到如此广泛关注的课题不多。"

焦点理论自20世纪80年代中期被引入我国后，焦点已成为汉语语法学界研究的一个新的热点问题，许多学者结合汉语事实，用不同的语言观（功能主义或形式主义）、从不同的角度（音系学、句法学、语义学和话语分析）来研究焦点现象，产生了大量的文献和丰富的结论。但是由于不同学者有不同的理论背景与思考模式，以及他们对汉语事实的理解上的不同，使得他们对焦点现象产生了不同的诠释，焦点问题研究中尚存较大分歧。

另一方面，国内对焦点研究的重视程度不如国外，对焦点研究的重视程度也不如对话题的研究，而且由于形式学派焦点研究中大量使用各种抽象的理论模型与数理逻辑手段，也使得汉语学界对焦点的认识不够深入、不够普及。一些学者至今尚只有"焦点是新信息的核心"这一传统的观念，不理解焦点研究的本质及其所面临的困难。

所以，我们有必要进一步厘清各种观点，对汉语焦点问题以及关于焦点的形式学派理论，作一深入的讨论，以利于进一步的研究工作。焦点与其他许多重要的语言现象一样，既有共性又有个性，为此，汉语焦点的研究将在音系学、句法学、语义学、话语分析等多个领域内进行更为深入的探讨。本书尝试对现代汉语焦点问题进行一个全面的理论分析，并对相关现象进行理论梳理和规则解释，此项研究将有助于现代汉语焦点问题研究的全面化和深入化。

从本质上说，焦点的表达是在语法允许的条件下，为了更加有效地传递信息而作的语言信息包装。也就是说，对于人们更主动合理地运用语言来传递信息而言，焦点的研究是尤为重要的。为此，本书尝试把研究成果与汉语应用领域相结合，为汉语信息处理、对外汉语教学、儿童母语习得以及新闻报纸编辑等方面提供一定的理论借鉴，因此本书具有研究的理论意义和应用前景。

1.2 研究内容与研究方法

本书通过对现代汉语焦点问题的全面分析，希望对焦点的研究从传统的信息结构（已知信息—新信息）分析转向句法结构、语义构成、语用表达各抽象单位之间接口（interface）的研究，包括和韵律、词法的接口研究。具体而言，一方面从韵律、句法、语义、语用等多角度对现代汉语焦点的概念、本质、类型、重音配置及焦点强迫形式、焦点结构与多焦点现象等问题进行理论梳理与分析，另一方面针对汉语事实，对句子焦点的实现，去焦点化操作，与疑问、否定有关的焦点问题等进行规则确立与解释。本书共分为十二章，具体安排如下：

第一章是引言，介绍了本书的研究对象、研究意义、研究内容、研究方法及语料来源等相关说明。

第二章是焦点的概念与本质，首先介绍了国内外代表性观点，在此基础上分析了焦点的概念与本质，并进一步讨论了与焦点概念有关的几个问题，诸如新信息、排他性和凸显性等，最后给“焦点”下了一个定义。

第三章是焦点的类型，首先介绍了国内外代表性观点，并讨论了与焦点类型有关的若干问题，诸如信息焦点的分化、宽焦点、焦点标记与焦点算子、焦点操作策略等，最后提出了焦点的类型系统。

第四章是焦点的实现方式——句子重音，首先对国内外焦点和重音关系的研究情况进行述评，在此基础上提出了焦点的两种重音配置模式，分别是重音的常规配置模式和重音的非常规配置模式，并讨论了与新信息有关的焦点韵律表现问题。

第五章是汉语若干“焦点强迫形式”辨析，首先举例分析了词汇性焦点强迫形式，如“是”、“连”、副词、提顿词及其他的焦点标记词等，然后举例分析了句法性焦点强迫形式，如语序、句法格式等，最后以“X的是”为例讨论了焦点标记的语法化问题。

第六章是焦点基本的逻辑意义结构，先分析了与焦点相对或相关的几个概念，诸如预设、话题、背景、预期、对比与排他、主观量等，并进一步分析了焦点三分结构。

第七章是汉语焦点算子及三分结构的逻辑运算，首先辨析了汉语若干焦点算子，诸如疑问焦点算子与疑问焦点标记、否定算子、限定算子、频率算子、情态算子、认识及心理算子、评价算子、量级算子等，然后讨论了焦点算子的辖域问题，并分析了焦点算子的句法位置和约束成分等问题，最后讨论了焦点三分结构中的域前重音问题。

第八章是多焦点现象和多重焦点强迫形式套叠现象，首先述评了多焦点现象，然后讨论了焦点强迫形式的融合、共现及竞争等问题，最后分析了复句中的焦点分布问题。

第九章是句子焦点的实现与去焦点化操作，首先讨论了焦点的数量问题，诸如多焦点论、唯一焦点论和无焦点句等，在此基础上提出了对焦点数量的看法，并进一步提出句子焦点的实现规则，同时还讨论了去焦点化操作、焦点性的褪化、主从结构中的焦点转移和焦点和谐律等问题。

第十章是与疑问有关的焦点问题，首先介绍了以往对焦点与疑问关系的研究情况，在此基础上讨论了疑问表达式与疑问焦点等问题，最后概述了疑问句中焦点的重音配置模式。

第十一章是与否定有关的焦点问题，首先介绍了以往对焦点与否定关系的研究情况和对否定范围与否定焦点的相关论述，在此基础上提出了对否定范围与否定焦点的看法，并概述了否定测试与焦点强迫形式的关系。

第十二章是结语，概括了本书的主要观点，并指出今后的研究方向。

本书从语言事实出发，收集、整理、分析现代汉语普通话语料，在此基础上，本书主要采用功能主义和形式主义相结合的研究范式，理论结合实际，描写结合解释，共时结合历时，本体结合应用，对现代汉语焦点问题进行全面系统的研究。

1.3　语料来源及相关说明

本书研究是在掌握充分的自然语料基础上进行的，语料来自北京大学中国语言学研究中心 CCL 语料库。本书选用的部分例句来自作者语感，这些例句也在小范围内征询了母语为汉语者的语感。

本书的研究主要是针对现代汉语的焦点现象,在综述以往研究成果的时候,考察的范围不仅包括现代汉语语法研究的成果,也包括古代汉语语法、近代汉语语法中的相关研究成果;既参考了汉语语法本体论者的研究成果,也涉及了国外相关类型学方面的研究成果。

第二章

焦点的概念与本质

2.1 以往的研究

2.1.1 国外代表性观点

焦点是指什么，语言学界有不同的看法。最初，焦点是功能学派关注的对象，Halliday(1967)最先用“focus”来指称句子中韵律凸显的部分(作者按，即“句重音”)，认为焦点反映新信息(new information)。直到今天，焦点问题始终是功能派学者感兴趣的课题，而焦点的语用特性也决定了它必然会进入到功能派学者的研究领域。这一学派的观点比较庞杂，其中最主要的是把焦点看成与话题(topic)相对立的概念，“话题—焦点”结构代表了信息从旧向新传递的方向。

20 世纪 70 年代初，焦点问题进入到生成语法学家的视野中，Chomsky(1971，1976)和 Jackendoff(1972)在“预设—焦点”这一框架下给焦点下定义，如 Jackendoff(1972)认为焦点是“说话人假设不为听话人所共知的信息”(the information the speaker assumes not shared by the hearer)。另外，Rochemont(1986)认为句子的焦点就是“句子当中与给定话语语境中新信息相当的那一部分”。而 Cinque (1993)认为常规焦点位置是递归方向内嵌最深的位置(most deeply embedded position on the recursive side of branching)。Lambrecht (1994)则指出焦点是“将断言(assertion)与预设(presupposition)区分开”的“语义成分”。虽然这里也谈到了新旧信息，但这里的预设与功能学派的话题是不同层次的概念，预设来源于语义学，指命题成立的前提，也是命题中已预定为真并不可否定的部分；焦点则被看成预设中变元的取值。形式学派与功能学派对焦点的定义走上了两条不同的道路。

2.1.2　国内代表性观点

国内学者由于各自理论背景的不同及对汉语事实的不同理解，因此他们对焦点的基本问题还存在较大的分歧。范开泰(1985：404)认为，说话人在选定话题以后，还可以自由地决定交际内容的重点，而心理重音可以表达交际内容的重点，这里所说的心理重音包括赵元任先生所说的对比重音(即逻辑重音)和感情重音。心理重音表示交际上的兴趣中心，语用上称为“焦点”。张黎(1987：63)认为焦点是说话人所要传达的信息重点，也是听话人接收的新信息中的重点信息。徐杰、李英哲(1993：81)认为焦点是句子中某语法单位的一种功能属性，它是说话者所强调的重点。方梅(1995：279)认为一个句子的焦点是句子语义的重心所在。范开泰、张亚军(2000：192)认为，句子从信息结构角度看，可以分为旧信息与新信息，新信息的重点通常称为焦点。焦点是个语用概念，是说话人最想让听话人注意的部分。徐烈炯、刘丹青(1998：94)认为焦点在本质上是一个话语功能的概念，它是说话人最想让听话人注意的部分。刘丹青(2008：219)从“强调”(emphasis)这一角度来看焦点，他指出，强调是说话人的一种信息处理方式，就是用某种语言手段(如形态、虚词、语序、韵律等)对某一语言片段加以突出，以使听话人特别注意到这部分信息。被强调的语言片段，大都可归入语言学中所说的“焦点”。

国内学者对焦点的认定虽各有侧重，但大多是在两个定义之间摇摆：一是从信息传递这一角度切入，即说话人想传达或强调的新信息，或新信息中的重点；二是从说话人的语用或心理动机角度切入，即说话人认为听话人需要特别注意的重点信息或语言片段。在这两种观点中,焦点主要被视为一个语用层面或话语功能层面的概念。

需要看到的是,直到最近十年,国内学者才开始在"预设—焦点"这一框架中进行形式化讨论。

2.2　对焦点概念与本质的分析

综合以上国内外学者对焦点的看法,各种焦点概念就像一个"术语的地雷区",虽然大家都用"焦点"这一术语,但其涵义却各不相同。

徐烈炯(2001:11)指出,焦点概念混乱是由以下几个原因造成的:一是由于学科不同所造成的。例如从音系学角度来研究往往会把用同一音系手段表现的归为同一类,不会理会其语义功能有所不同。二是由于学派不同所造成的。例如从形式角度来研究往往只理会有形式体现的焦点,从而把焦点的外延收窄。三是由于不同的语种造成的。各种语言用各种不同的方式来体现焦点,只研究某一种语言的人也会把焦点的外延收窄。

我们的看法与徐先生有所不同,我们认为,有一个极为重要的因素造成了焦点概念的歧解,即一些研究者把从焦点现象分析中衍生出来的东西,误当成"焦点"本身,而从焦点现象分析中衍生出来的东西有不同的方面,结果造成了对焦点的不同理解。

例如,形式研究者最初是从韵律或音系学研究出发,为解释重音分布现象而形成了焦点概念,Chomsky(1955)的研究基本上是指在句子层面的韵律突出成分,而且是所谓的"自然问答",即正常的信息传递过程中的重音分布。为了解释这些重音的功能,他引入"预设"来与之对立,如:

(1) A:Is it **JOHN** who writes poetry?

B:No, it is **BILL**.

在上述英语句子中,"John"和"Bill"韵律突出(salient),这是因为句子预设"someone writes poetry",而自然回答是使它的信息进一步明确。

但是,后来的形式研究者却在研究思路上发生了变化,不是把“预设”作为解释焦点重音配置(这里仅仅涉及常规配置)的一个语义维度,而是抛开了重音这一韵律形式,单从预设这一语义维度去定义焦点,这样的焦点概念显然就不再与重音有什么必然的联系,因为其他一些句法结构(如英语的分裂句)也可以表示预设关系。如此一来,形式学派就必然将焦点改造为一个语义概念,而与功能学派的语用观点发生分歧。

让我们用下面的例子来说明这种区别,例如 Kiss(1998)从语义角度把焦点分为“认定焦点”与“信息焦点”,其中认定焦点在“穷尽性”(exhaustivity)和“对比性”(contrastiveness)上具备这两个特征中的一个,或者具备这两个特征,而信息焦点则不。

按此语义定义,认定焦点排斥全称量化词,而信息焦点则不,如:

(2) * It was **everybody** that Mary invited to her birthday party.(认定焦点)

(3) Mary invited **everybody** to her birthday party.(信息焦点)

这是因为“认定焦点”选择某一值,而这意味着应该存在该值以外更多的可能的取值,而全称量化词则不容许有更多可能,所以二者相悖。这一方法解释了上述英语句子(2)的不合法。

但是,这样的句子在汉语中却未必不合法,我们完全可以说下面的句子,并把重音赋予“每一个人”:

(4) 玛丽是邀请了每一个人参加她的生日晚会。(而不是只邀请了几个好朋友)

(5) 玛丽邀请参加她的生日晚会的是每一个人。(而不只是几个好朋友)

可见,仅仅从“预设”角度讲,上述汉语句子就解释不同,而汉语研究者则很自然地把这样的重音现象也归入焦点问题。

这时,可以有多种理论选择。如果我们坚持只在“预设”语义维度谈焦点,则汉语的这种现象,可以归之于焦点研究范围之外;也可以说汉语的“是”字焦点形式和英语的分裂句“It is X that . . . ”形式不对等,汉语的“对比性”较弱;也可以说汉语的“是”字焦点形式还可以打开另一个预设维度,即以“全量”和“部分量”作为预设域(又称为“预设集合”)。

我们认为,更好的选择是,承认形式学派的语义研究维度,这仅仅是焦点所涉及的诸多维度中的一维,所以他们只是对一部分焦点现象进行了描写与分析。

那么我们怎样才能准确地把握焦点概念的核心内容呢?我们认为,在下定义之前,仍然需要先回到一切语法范畴研究的起点,即先回答一个基本的问题:

任一范畴可从形式和意义(或功能)两个不同的角度入手,那么焦点是哪一种语言范畴呢?

从传统的描写语法来看,焦点本身是且只能是一种从表达方式区分出来的范畴,是一种由韵律突出来表现的形式范畴,而不是从表达内容入手的范畴。从意义上讲,“什么叫焦点”很难界定清楚,它涉及多个语义语用维度,有新信息的传递,有与预设的对立,有表达对比性(或排他性)的言外之义,有表达说话者特别重视的语用含义,有表达反驳强调的功能等。

这些语义解释都或多或少地指出了焦点的性质,但它们的模糊性和多层次性,恰恰使我们无法准确地把握一个具体句子的焦点,例如所谓“话题焦点”是否存在?“连**他**都没来”、“我**烟**不抽”中的“他”、“烟”在重读时是不是焦点?这都产生了很大的争论。

如果非要对它们进行一个概括的话,也绝不是“预设”所能概括的。我们认为,称之为“话语中最为凸显的部分”更为合适些,不过这一定义显然太过宽泛,只具有说明性,不具有可操作性。

但是,从形式和抽象的语言功能来说,焦点则是一种相当明确的语言现象,即在语流中,赋予不同片断以不同的语音强度。这里强度是一个较抽象的听觉概念,在实际表现中反映为音幅大小、频率高低与音节的长短等,甚至包括某种特殊音质。但不论是哪一种表现,在发音与听觉上,都代表了一种在言语社团中共同承认的东西,这种东西具有两面性:

一是消极的一面,即不可简省性。语流与词汇音的区别在于,在语流中为了发音的需要,根据省力原则要对一些音进行简省,省而又省,不能省的无疑是重要的,构成信息的支撑点。它就是焦点。

二是积极的一面,即付出特别的努力来发出的声音,它落在语流的片断上,使该片断显得特别突出,构成从字面意义向言外意义转换的出发点。它也是焦点。

“不可简省”与“特别重音”,把焦点现象一分为二,在本书中我们用下面的标识方法来加以区别:

韵律上的不可简省:用加粗加下划线表示,如:

(6) 甲:他去了哪儿?

乙:他去了**<u>北京</u>**。

<u>北京</u>。

韵律上的特别重音:用加粗加外框表示,如:

(7) 甲:他去了北京。

乙:[**他**]去了北京?

[**他**]?

需要注意的是,一般而言,它们是互补的分布关系。

我们与徐烈炯(2001)的观点不同之处在于:我们认为,只有以音系学为基础,先把用同一音系手段表现的语法形式归为同一类,才能找到形式与功能诸多学派的各种“焦点理论”的“最大公约数”,才可以进一步去理会他们各自关心的语义功能,才能真正说明他们之间的区别与联系。

正是为了解释为什么有的语言片断有重音,语言学家们才去作语义解释,如认为该片断表示新信息的核心,所以给它特别的重音。

但是焦点理论在发展过程中发生了异化，即过于执着于它的某一个语义解释，而越来越偏离了其源头——重音现象。

我们认为，这种偏离颠倒了焦点现象中的因果关系。不能说焦点表示新信息的核心，而应该说，语流中代表新信息核心的成分，要求被强调，要求赋予它以重音，从而成为句子的焦点；同样，不能说焦点表示对比的信息，而应该说，语流中表示对比性的成分，要求被强调，要求赋予它以重音，从而成为句子的焦点；同样，也不能说焦点表示说话者强调的重要部分，而应该说，语流中说话者强调的重要部分，要求被强调，要求赋予它以重音，从而成为句子的焦点。

这就是说，所谓“焦点”，就是一种以重音形式表示言语功能的范畴，它采用超音段的韵律语法手段。

让我们用“戏院隐喻”来看“焦点”在整个认知结构中的地位。

从语言功能上讲，言语活动就是一场戏，焦点则是舞台上的聚光灯，其功能是把戏的某一部分照亮，而说话者则是这场戏的导演，由他决定灯光打向哪里。

在一个具体的话语片断即一场戏中，总是有两个矛盾贯穿话语进程，它们决定了灯光的朝向。

矛盾一：戏中多个参与者之间的矛盾。形象地讲，台上的多个片断或角色，他们都在呼吁灯光打向自己。他们之间相互争执，要突出自己的重要性，把对方压倒。这些参与者便是句中的各种构式、成分，包括一般的动宾、偏正等结构，也包括特殊的分裂句、“只、都”等副词，等等。

矛盾二：戏中的角色与导演之间的矛盾。导演是最终的执行者，但他只有相对的自由，没有绝对的自由。导演有两个策略可供选择：一是所谓“顺向策略”，选择诸角色竞争中胜利的那一个，同意他的要求，把灯光打向他。也就是说，在一个句子中，说话者会选择多个可能焦点成分之间竞争胜利的那一个，满足其焦点要求，该可能焦点成分充当句子的焦点。二是所谓“逆向策略”，即不选择竞争的胜利者，而是选择失败者或选择没有提出要求的某个角色，把灯光打向他。也就是说，在一个句子中，说话者根据自己的交际目的，不选择多个可能焦点成分竞争中的胜利者，而是选择失败者或选择没有提出焦点要求的某个成分，让其成为句子的焦点。导演的非自由表现在，如果他采取后一种策略，他必须有充分的理由来证明自己的选择是对的，证明这是为了表达一种迫切需要而竞争胜利者尚无法表达的戏剧效果。

另一方面，导演的非自由还表现在，如果采用顺向策略，焦点成分可以给一个加强的重音，也可以只给一个不那么凸显的一般重音，因为句中的构式或成分会帮助我们理解哪一部分是凸显的重点；而如果采用逆向策略，则焦点成分必须给一个加强的特别重音，因为它与句中的构式或成分的要求不一致，导演有必要表明自己选择的特殊性。

从说明焦点认知本质的“戏院隐喻”中可以看到，焦点现象至少有两个基本性质：

1. 焦点的超音段性，指这灯光本身并不是舞台上表演的角色或剧情的一部分，它是在角色和剧情之外，而又施之于角色或剧情之上的东西。在语言中，它是重音的“落点”，并不改变句中的单位及其线性序列，而仅仅是把某一部分单位在功能上予以突出。

2. 除此之外，焦点还具有局部性，即由于生理和发音上的限制，重音只可能落在一个较小的语流片断（一般为一个音步）上，而不可能落在较大的片断上，所以如果谓语或全句不是一个简单的形式，它们一般不可能以整体为焦点，而只能以一部分为焦点。

在焦点现象中，存在着三大基本要素和两大基本规则。

三大要素是：

1. 重音，焦点的表现手段，分为“不可简省”与“特别重音”两种韵律形式。

2. 焦点强迫形式，即因为自身语义或句法地位上的重要性，要求获得句子焦点地位,获得重音或至少是韵律上的不可简省性的那些句中成分、特定结构和语篇结构。

3. 说话者,句子焦点的赋予者。

两大规则是:

1. 焦点竞争规则,即当句中有多个焦点强迫形式时决定谁为竞争胜利者的规则。

2. 焦点选择规则,即当说话者采取逆向策略时,决定其选择性是否正当的规则。

除此之外,还有其他一些较小但并非不重要的规则。

2.3 与焦点概念有关的几个问题

为了更清晰地看到"焦点"这一范畴在语法系统中的地位,我们有必要来分析一下以往焦点研究中谈到的一些问题。

2.3.1 新信息

无论是国外学者还是国内学者,在讨论焦点时都考虑到了焦点与新旧信息之间的关系。从焦点和新旧信息的关系来看,焦点是语句传递的新信息所在。但是从信息新旧的角度看焦点,必须澄清以下几个问题:

(一)什么是新信息?什么是旧信息?

Rochemont(1986)认为旧信息具有 c-construable 的特点,而 c-construable则可以定义为"当一个语符列 P 在话语 D 中存在语义先行成分(semantic antecedent)时,P 就是 c-construable 的"。他进一步将 P 的语义先行成分定义为"先于 P 而出现在话语 D 中,能够形式地或者非形式地蕴涵语符列 P 的语符列 P'"。也就是说,如果先已在话语中出现,或者虽然没有明显地出现,但是话语中的某些成分的出现能够蕴涵该成分,那就是旧信息。袁毓林(1989: 87)认为新信息是不能从语境或单面的话语中预测的信息,而旧信息是听话双方共有的背景知识、常识公理，或者前面话语中已经提到过的信息。

Schmerling(1976)指出，用信息来给焦点下定义的困难在于旧信息也可以是焦点成分，其例子是下面的"she"和"him"：

(8) John hit Mary, and then **SHE** hit **HIM**.

"she"和"him"所指的人物，是在上面出现了的"Mary"和"John"，从这一点看，它们是旧信息。但是，对于信息的新旧问题，Van Valin & Lapolla(2002)认为，不是所谓的"新"信息本身具有信息价值，而是"新"、"旧"信息之间的关系使得断言具有信息价值。"旧"信息是由话语所激发的能构成理解话语所需的语境的一组假设。也就是说，某个单一的成分无所谓信息的新旧。所以上例中的"she"和"him"的所指虽然已经在前面的话语中出现了，但是它们满足了一个新的断言，即"她打他"是上文未出现的，因此它们仍是新信息的一个部分。

(二) 一个句子是否一定有新信息？

如果把"新信息"定义为在上文或语境中未出现，或说话者认为听话者尚不知道的信息，则会出现这样一些情况，其中的句子没有新信息：

(9) 甲对乙说：小王和小李结婚了。

乙：哦，小王和小李结婚了！

乙所说的话几乎就是从甲那儿拷贝过来的，唯一的不同是重音分布上的区别。"小王和小李结婚"这一信息本来是甲告诉乙的，从信息传递功能上讲，乙没有必要再告诉甲一次，因为他完全可以肯定甲已经知道这一信息了，所以乙所说的话在这一语境中没有新信息。

但是我们不能说，乙说的话没有焦点，因为"小李"具有韵律上的特别的凸显性。我们只能说在这个句子中，焦点不具有信息传递功能，而是具有主观性的功能，如表现乙的惊讶或惊叹，他没想到小王结婚的对象会是小李，也可能表现乙的态度评价，他觉得小王不该和小李结婚，而应该和别人结婚。

再如，在日常生活中，我们经常说一些话语，它们从信息角度看，似乎完全是“废话”，如：

(10) 甲向乙打招呼：你在看书啊。

(11) 甲和乙在接吻，丙突然闯了进来，丙说：哦，哦，在亲热啊！

(12) 甲对乙说：昨天你已经去过 两次 了！（今天还是让别人去吧。）

这些句子之所以没有新信息，是因为它们描述的都是听话者自己的行为，听话者不可能不知道。但这些句子并不真的就是“废话”，因为它不具有信息传递功能，但一个用于人际交际（打招呼），一个表示惊讶和不好意思，一个表示事实如此以便推出下面的结论。这些句子都有焦点，表示说话者认为重要的东西，所以它们都有重音。

（三）新信息是否一定充当焦点？

如果句子有新信息，则新信息总是希望成为焦点，但是新信息却不一定都能成为焦点，因为句子可能有更高层次的要求，要求说话者去突出、强调某种超越信息传递的主观功能。范开泰（1985：406）举例说：A：你喜欢哪篇文章呢？B：我喜欢哪篇文章吗？B说的话是一个回声问，其中“我喜欢哪篇文章”是前面话语内容的重现，因此是已知信息，“……吗”表示询问，是新信息，但不是焦点。

可见，焦点与传达新信息两者并不是简单的等同关系，还应该考虑说话人表达上的主观性，即焦点是说话人强调的重点，焦点与它所载信息在言语主体意识中的重要程度有关。刘丹青、徐烈炯（1998：245）指出，信息的新旧是客观存在的，而强度则是说话人主观赋予的，所以选择以信息强度而不是信息新旧来定义自然焦点。

在学术史上，形式学派的 Rochemont（1986）曾用下面的这个英语例子来证明“焦点”与重音没有必然联系，但实际上他的例子倒证明了焦点与新信息没有必然联系：

(13) A：I finally gave into my desire to splurge and went out and bought something new today.

B：Oh, really? What did you **BUY**?

按 Rochemont 的理解，B 的话中焦点为疑问词"what"，但句重音却落在句末的"buy"上。这可以有两种解释：

一是确实"what"为句子的信息核心，但疑问语气才是强调的重心。英语焦点的语音形式主要是音高，而疑问语调的所谓"上扬"也是句末音高的提高，所以二者有交叉之处。在特指问句中，一般是表示疑问域的部分担任焦点，但在特殊情况下，说话者要突出自己的"问"的言语行为，如究问、追问等语境中，以突出要求对方回答的迫切性，所以可以将疑问语调，即句末音高的提高，加以刻意强调，使之成为焦点。这里不是"buy"获得句重音，而是"buy"所占据的那个句末位置获得了句重音，焦点在此与"buy"无关，而是与句末位置有关，焦点落在疑问语气上。

这种情况在汉语中也有，例如把下面句子中的句尾语气词"吗"或句末的实词音步刻意重读，以表示说话者问的力度很强，迫切要求对方回答，有些甚至转为反问句。

(14) 你没见过她[吗]？

(15) 你没看到[我们]？

(16) 谁看见了[车队]？

二是"buy"自身被刻意重读，这时句子焦点不是疑问词"what"，也不是句子的语调，而是"buy"，指说话者是针对"buy"这一行为而发出提问。"buy"在这儿可以表示说话者的主观态度。让我们来看一个类似的汉语例子：

(17) 甲：今天累坏了，又逛街，又看电影，又买东西……

乙：你[买]了什么？

从信息传递看，乙是在询问，焦点应该是"什么"，但乙的询问不是个单纯的询问，他刻意重读"买"，是为了打断甲的话，让他不要再漫无边际地讲下去，而把话题集中到"买"的东西上来。这实际上是会话中控制话题的需要。再如：

(18) 甲：我去买东西了。

乙不满地看着甲，说：你又[买]了什么！

乙的话是一个反问句，其含义不在询问买的东西，而是在指责对方买东西这件事不合情理。

(四) 新信息充当焦点时是否需要特别重音？

新信息是就语流而言的，句中的新信息是一种焦点强迫形式。当说话者满足它的要求，即当新信息成为句子的焦点时，它不一定需要特别重音，可以读得重些，也可以读得轻些，都无碍于它的功能。例如：

(19) 甲：听说昨天有人找过我。

乙点头，说：张三找过你。

乙所说的“张三”是对甲话语中的“人”的具体化，所以乙话语中的“张三”是新信息，由于句子没有其他更高的焦点功能，所以在这里说话者采用了顺向策略，“张三”顺利地成为全句的焦点。

但是我们对“张三”的焦点性的认识，应该是其“不可简省性”，而不一定需要特别重音。即在乙说的话中，如果要尽量简省的话，最后剩下的一定有“张三”，如下所示：

(20) 甲：听说昨天有人找过我。

乙点头说：(是)张三。

但是“张三”本身可以读得比较轻，不一定和句中其他成分有显著的不同。这是因为对话的安排已经提示听话者话语的重点在哪儿，哪儿是新增加的信息，重音突不突出，就不那么重要了。

2.3.2 排他性

排他性(exclusiveness)或对比性，是传统语法中“对比重音”或“对比焦点”的主要语义内容。它被认为与“新信息”有所不同。一般信息传递过程中，无论新信息或旧信息，主要都是指句中成分的字面意义，而排他对比则涉及一个字面之外的选择域或选择集合，字面意义是从该选择集合中获得的取值，例如：

(21) Who sent Mary a book?

a. **JOHN** sent Mary a book.

b. It was **JOHN** who sent Mary a book.

c. ? No, **JOHN** sent Mary a book.

上述问答中，问话者要求知道送 Mary 书的人是谁，回答 a 满足了这一要求，所以是正常信息传递中的新信息。但回答 b 和 c 则不仅仅告诉对方送 Mary 书的人是 John，而且排斥 John 以外的某个人或所有人(视语境而定)。从语用上讲，b 和 c 的回答违反了信息的“量的原则”，即要求提供的信息既不多也不少，但这里提供的信息量超过了问话者的需要。

从排他或对比的角度看焦点，必须澄清以下几个问题：

(一) 排他性或对比性是焦点的附属性质，还是独立的性质？是由焦点表达的，还是由其他语法手段表达的？

我们认为，这一问题不能简单地回答是或否，需要一分为二地来看。

首先，在句中没有其他表示排他性或对比性的手段时，句子可以只用重音来指示对比性，如：

(22) 甲问：谁拿了我的笔？

乙对甲说：张三拿了你的笔。

丙进一步对甲说：对啊，张三拿了你的笔！

对啊，张三！

乙对甲的回答是正常的信息传递功能，而丙则在“张三”上加了特别重音，以排除张三之外的人，丙这么做其实有特别的含义，或者希望甲特别关注张三，或者是隐晦地表明“这不关我们的事”，都是一种言外之义。应该看到，重音在这里是必须的，说明它是实现排他性或对比性的手段。

其次,焦点只是采用超音段的韵律语法手段,但是语言中存在不少音段性的成分,它们也表示排他性或对比性,例如下面的限定副词“就、只”、标记词“是”、对比结构“是……不是……”等。

(23) 甲问:谁拿了我的笔?

乙对甲说:张三拿了你的笔。

丙进一步对甲说:就/只张三拿了你的笔!

(24) 甲问:谁拿了我的笔?

乙对甲说:张三拿了你的笔。

丙进一步对甲说:对啊,是张三拿了你的笔!

(25) 甲问:谁拿了我的笔?

乙对甲说:张三拿了你的笔。

丙进一步对甲说:对啊,(是)张三拿了你的笔,不是我们!

这些成分或结构,都要求在其管辖范围内受其约束的某一成分(对比结构则是对比项)成为句子焦点,它们都是“焦点强迫形式”。

(二) 排他或对比本身是不是新信息?

如果把“新信息”定义为在上文或语境中未出现,或说话者认为听话者尚不知道的信息,则排他或对比是比原有句子提供更多的信息,这也说明下列对话的合理性,因为它合乎信息量逐步增多的原则。

(26) 甲问:谁拿了我的笔?

乙对甲说:张三拿了你的笔。

丙进一步对甲说:张三拿了你的笔,不是我们!

而如果把乙和丙的话调换一下,则对话不合乎信息传递的原则,句子需在特殊情况下才能成立。

(27) 甲问:谁拿了我的笔?

乙对甲说:张三拿了你的笔,不是我们!

? 丙进一步对甲说:张三拿了你的笔。

(三) 排他对比的成分是否一定充当焦点?

这里指的是由音段成分或结构表达的排他对比意义,它们一般

要求自己约束的成分充当句子的焦点,但却不一定能充当句子的焦点。这同样是因为句子可能有更高的主观要求。例如:

(28) 甲:张三喜欢篮球吗?

乙:唔,张三只喜欢打排球。

乙话语中的"只"是对比排他性成分,指除了"排球"张三其他的运动都不喜欢;作为焦点强迫形式,"只"要求将其约束的"排球"作为句子焦点;由于乙的对话是针对甲的问题(张三其他的运动都不喜欢,那么篮球当然也不喜欢),所以"只"的要求得到满足,"排球"成为句子焦点。这是顺向策略的结果。但是在下面的例子中,"只"所约束的"排球"不再能够成为句子的焦点:

(29) 甲:张三喜欢打排球。

乙:是,张三只喜欢打排球。

甲已经说了"张三喜欢打排球",所以"排球"成为了旧信息,为了合乎信息传递的原则,乙需要强调他与甲不同的地方,所以他不满足焦点强迫形式"只"的要求,而是采用逆向策略,给"只"本身赋予重音,使它成为句子焦点。这一操作必然带有主观态度,即乙是在对甲进行有限的反驳。反驳一般是说对方的命题为假,而有限的反驳只是说对方的命题的一部分不对,需要修正,以便更符合事实。又如:

(30) 甲:张三只喜欢打排球。

乙:张三只喜欢打排球,我们则兴趣广泛。

在这一对话中,已经说了"张三只喜欢打排球",所以不但"排球",连"只"都成了旧信息,它们都难以成为句子焦点。乙选择了不在"只"管辖范围之内的主语"张三"作为句子焦点,其目的是在"张三只喜欢打排球"之上再加上一个对比排他结构,即"张三"与"我们"之间形成对比,于是焦点强迫形式"只"被置于内层,其焦点要求不再被理会。

上述对话说明,不但一个焦点强迫形式在句中可以不被满足,而且句子也可以有多层与焦点有关的要求。如上例中有两层排他对比结构：外层的对比句式，内层的限定副词"只"。只有最外层的焦点强迫形式得到了满足。

（四）排他对比成分充当焦点时是否需要特别重音？

徐烈炯(Xu Liejiong, 2004)谈到，与英语不同，汉语中不少焦点不需要特别重音，如：

(31) I bought a **BOOK**.

(32) 我买了一本书。

在回答"你买了什么"这一问题时，英语的"book"一定重读，而汉语的"书"或"一本书"一般无需重音，在韵律上并不突出。按我们的观点，这里"书"的焦点性体现在韵律的"不可简省"上，而不是特别重音。从功能上讲，"不可简省"就是重音中的一种，但它毕竟不那么突出。

如果汉语的句中没有其他表示排他对比的成分，而仅仅由焦点来引出排他对比意义的话，则焦点成分必须有特别重音，如：

(33) **我**买了一本书。

(34) 我**买**了一本书。

但是，如果汉语的句子中有音段性的表示排他对比的成分，而说话者又采用顺向策略的话，则焦点成分可以只有"不可简省"的韵律表现，也可以有特别重音，如下面两种方式都存在：

(35) 我只买了三本书。

(36) 我只买了**三本**书。

这一现象的原因是，这些表示排他对比的成分本身已经引出了排他对比意义，足以使听话者关注，当然就不太需要韵律上的特别要求了。

但是，如果说话者采用逆向策略的话，则不在排他对比成分辖域内的那个焦点成分，必须有特别重音，否则不足以标示意义上的区别。

(37) 我[只]买了三本书。

(38) [我]只买了三本书。

2.3.3 凸显性

与新信息和排他对比比较起来，所谓“凸显”(prominence)无疑是最为模糊的概念。虽然不断有研究者用“强调”、“凸显”、“关注中心”、“心理中心”之类的词语来描写焦点，但都很难说明它们到底指什么。我们认为其原因是新信息和排他对比都有逻辑描写方法。

新信息可以用“预设命题—焦点命题”这样一个对子来表达，如：

(39) 甲：张三买了什么？

乙：张三买了红酒。

∃X(买(张三,X)　&　(X∈红酒))

预设命题　　　　焦点命题

简言之，即预设“张三买了 X”，而焦点意义是“X 属于红酒”。

排他对比可以在信息公式中加上量化算子来表达，如：

(40) 甲：张三买了白酒吗？

乙：张三只买了红酒。

$\underbrace{\exists X(\text{买}(\text{张三},X)\,\&\,(X\in\text{红酒}))}_{\text{预设命题}}\ \&\ \underbrace{\sim\exists Y(\text{买}(\text{张三},Y)\,\&\,\sim(Y\in\text{红酒}))}_{\text{焦点命题}}$

简言之，即预设“张三买了红酒”，而焦点意义是“不存在不属于红酒而张三又买了的东西”。

但是，凸显性却无法用一个逻辑公式或在逻辑公式中加入一个量化算子来表达。

从凸显性角度来看焦点，需要澄清以下问题：

(一)“凸显”与新信息、排他对比的关系。

一个部分具有凸显性，指它是说话人希望听话人格外注意的部分。一般来讲，一个句子的新信息自然应是听话人格外注意的部分，

所以新信息同时具有凸显性,如:

(41) 他给了小王一本书。

(42) 他给了小王一本书。

不论在听话人格外注意的部分上是否加上特别重音,该部分都是凸显的,因为与其他部分相比,如果听话人没有注意到这一部分,则对整句话的理解会有信息上的不足。有时重音落在新信息之外,此时新信息的凸显性不如另一部分,但并不意味新信息一定会毫无凸显性,如:

(43) 甲:他卖给了小王什么?

乙:他送了小王一本书(,没收钱)。

这是一个信息复杂的句子,一方面乙要回答甲的提问,给出"一本书"这个答案,以满足信息传递的要求;另一方面他又要纠正甲的预设"卖",表明是"送"不是"卖"。后者其实是排他对比意义,所以乙采用了"杂糅"的策略,给对比焦点"送"赋予特别重音,而给"一本书"一般重音。

一般来讲,一个句子的焦点成分具有排他性时,它也必须同时具有凸显性,如"只张三打了你",焦点强迫形式"只"要求"张三"为焦点。

当然,一个成分具有排他性,并不一定具有凸显性。焦点重音落在限定副词之外的例子已经表明了这一点,下面再看一个特殊的例子——对比句式。

(44) 他脾气不好心眼儿好。

(45) 他书没买,笔也没买。

一般来讲,对比项是这里的"小主题"(又称"次话题"),即"脾气"与"心眼儿","书"与"笔",它们同时具有凸显性。但在有的例句中,如下例,对比项则未必只是小主题,其实是后面的整个主谓结构,即"饭不吃"与"酒要喝","饭不吃"、"酒不喝"与"烟还能抽一点"。在实际的语料中,它们不可能把整个主谓结构都加以凸显,也不是只凸显小主题,而是往往呈现下面的这种“错杂”的分布,可能因为纯粹的节奏上的需要,或是有什么凸显性上的差异。不过无论如何,这都说明排他对比与凸显没有必然的联系。

(46) 他饭不吃,酒,要喝。

(47) 他饭不吃酒不喝,烟,还能抽一点。

最后,在语言中存在这样的例子,它们在新信息和排他性上都不具有充当焦点的可能,只有凸显性在起作用,让我们来看一个比较极端的例子:

(48) 甲、乙在迎宾,丙在一旁登记来宾的名字。来宾们陆续到达。
甲对丙说:张斌先生到了。
乙接着对丙说:记下,张斌先生到了!

对丙来说,甲既已告诉了他“张斌先生到了”,那么就不是新信息了;又,乙重读“张斌先生”,并没有除张斌先生外其他人没到的意思,因此也不是排他对比。但乙确实凸显了“张斌先生”四个字,实际上他很可能只是进一步强调,担心丙会忘了把张斌先生记下。所以在这里特别重音实际上是表达了乙的主观态度,即他认为“张斌先生”非常重要,千万不可忽略。

(二) 凸显的成分是否一定要担任焦点?

我们认为,凸显性在焦点范畴中是最本质的东西,在每一种焦点结构中,焦点标记或焦点算子所引导的焦点成分具有“凸显”这一语用本质,凸显性的重要往往是因为凸显的一定是具有区别性特征的部分。

另外,凸显性的重要,往往也是因为凸显的一定是具有区别性特征的部分,例如:

(49) 甲:李四去了上海。
乙:李四才去上海!

这两句话的根本不同是乙说的话中有“才”,有了“才”,乙说的话就不是对甲的简单重复,而是增加了新的内容,即“李四去上海”发生不久,且乙觉得他去晚了,所以在这一对话中,“才”才是凸显的中心,成为句子的焦点。

（三）在汉语中,有哪些成分或结构具有凸显性?

焦点采用表达凸显性的高强度语音形式手段。以往的一些研究者指出,焦点不但以语音作为形式手段,还可以使用其他方式,例如特定的焦点标记和特定的句法手段(分裂句等)。这实际上是认为焦点从本质上是一种从意义入手的范畴。例如,如果把对比焦点理解为表示排他性意义的话,那么除了语音之外,其他表示排他性意义的手段,如限定副词、分裂句等就都是表示对比焦点的形式了。

我们认为,这种理解实际上是没有区分不同层次的概念,有以下问题:

一是如果从意义入手,究竟把哪些意义归于“焦点”的意义内容之内呢? 哪些又不是呢?

二是同样一个意义,如“排他性”,用限定副词、分裂句和特别重音,这些表现形式在功能上是一样的吗? 当然不是。这是因为上述表现形式都表示排他性,但途径不一样,限定副词是它的字面意义,分裂句是从“量的原则”获得的语用含义,特别重音是强调与语境共同作用的推理意义。

句式安排改变了原有的叙述方式,就好比改变了舞台上戏剧演出的剧本;

加上焦点标记词虽然没有改变原有的叙述方式,但加上了焦点标记词,就好比在舞台上戏剧演出过程中,让演员头上顶着一块“我是主角”或“现在看我”的牌子一样;

而重音才是聚光灯,它不干扰戏的演出,只是照亮其中的一部分。

如果剧本和演出进程都改变了,那还是原来的那场戏吗? 当然不是。这是从根本上违背了焦点理论与其他语言理论的界限原则的。句法代表戏剧的剧本与进程,语义代表戏剧角色的意义,它们通过剧本与进程联系起来,成为意义之流,而焦点理论,本质上应该属于戏剧演出之外的东西,是希望观众特别注意的部分。

形式学派之所以特别关注那些东西,是因为他们实际上主要关注的是剧本,是句法。但是,强调焦点的形式本质——语音性——并不意味着,我们不关心那些句法或标记的东西(为了表明其功能,我们称其为“焦点强迫形式”)。恰好相反,我们十分关心后者,只不过需要在正确的理论位置上去关心它们。

这些表现形式(句法或标记等)与焦点的关系的本质,应该是“共存”关系,包括以下三点:

第一,这些焦点表现形式(句法或标记等)与重音,在具体语义功能上是相通的。

第二,功能的“矛盾律”告诉我们,如果甲形式与乙形式在同一具体的语义维度上,就应该有相同的取值,否则就会造成矛盾。如分裂句表示排他性,重音也表示排他性,则二者排他的对象应该相同,这就是为什么“昨天去北京的是小李”中的“小李”一般是重音的原因。

第三,但如果甲、乙形式不在同一语义维度上,就不必有相同的取值,例如完全可以说:

(50) 昨天去北京的是小李。

关键是看在什么语境中使用它。这样我们就可以看到,焦点形式(这里指“重音”)与焦点强迫形式(这里指句法或标记等)之间有如下两种不同方向的制约关系:

第一,焦点强迫形式对焦点形式有一定的制约作用,既然剧本这样安排,那么必然有它凸显的部分,所以会要求把灯光打到这里来。

第二,但从根本上讲,焦点形式是自由的,因为不论剧本怎样安排,灯光都是外在的东西,可以任意打到某一个成分上。

这就构成了一对矛盾:焦点的任意性与焦点强迫形式的强迫性之间的矛盾。焦点理论的全部或主要内容就是围绕着这一矛盾展开的。

说话者作为导演，他最重要的工作，实际上是要弄清楚哪些形式或结构是凸显的，有成为焦点的要求。凸显性是一个抽象的语言功能，但进一步细化下来，它的具体语言功能的内容是相当多的，需要仔细地研究。从汉语来讲，我们发现至少就有以下几个方面：

1. 信息传递价值，凡是传递新信息的上下文对话框架（如问答、进一步说明语）、句式结构（句尾位置），以及判断词“是”等，都具有凸显性，要求成为焦点。

关于信息传递，它遵循以下基本序列，它们都是信息传递的典型模式。在信息流中，信息有几种情况：

① 从无到有

(51) 甲：他在说……

乙：（他说）天气变了。

② 从问到答

(52) 甲：微博是什么？

乙：微博是小型博客。

③ 从抽象到具体

(53) 微博是一种博客，是可以自由发表意见的小型博客。

④ 从无定到有定

(54) 甲：张三在街上遇见一个人。

乙：张三遇见了老李。

（是）老李。

⑤ 从可能到肯定

(55) 甲：明天可能下雨。

乙：是，明天肯定下雨！

(56) 你可以不去，也应该不去。

2. 排他对比性，凡是在肯定一个知识的同时否定其他可能的知

识,包括排他功能和对比功能的句式(对比句)、标记词(副词"只、是")等,都具有凸显性,要求成为焦点,如:

(57) 甲:张三喜欢写些网上的文章。

乙:哦,……张三只喜欢写微博。

一般来讲,排他对比往往针对对方的意见,所以大多具有反驳性,但排他对比并不必然具有反驳性,例如:

(58) 甲:这么看来,她可能喜欢张三,也可能喜欢李四。

乙:她喜欢小李。

乙说的话具有选择性,给"小李"赋予特别重音,暗指"她"只喜欢李四,而不喜欢张三。但这种选择仅仅是对甲说的话的进一步具体化,并不是反驳甲的错误。正因为如此,该对话的信息功能才凸显出来。

3. 言外之义的触发器,凡是说话者认为应给予特别的关注就可以由此衍生出其他信息或价值的片断,都具有凸显性。例如:

(59) 乙正在大肆谈论微博不好的地方。

甲:我在写微博!

由此触发言外之义的过程是:

你说微博不好。
我在写微博。 } → 按照你的观点,我写微博不好。→ 你在冒犯我。

再如"连X都/也……"结构中,"X"也是可以产生言外之义而凸显。例如:

(60) 甲:我不知道啊。

乙:这连小学生都懂!

这一言外之义是一种级差,即比小学生聪明的所有人都懂,级差由"连……都……"结构及其约束的"小学生"触发,所以它具有凸显性。

4. 主观评价、态度的落点,凡说话者认为听话者不但需要知道,而且需要给予特别的关注，以认识到说话者对它的价值评价的片断，都具有凸显性。例如：

(61) 甲与乙在谈论微博。

甲：(我认为)微博是个**好**东西。

这里，甲并不否认微博有不好的一面，但强调对方应注意到好的一面。再如：

(62) 甲：小王**终于**来了。

乙：**幸好**小王来了。

甲和乙都是在凸显自己对“小王来了”这件事的主观态度。

5. 反驳性，凡说话者认为在听话者或其他人那里是或至少可能是错误的知识，都具有凸显性，因此提醒对方特别的关注。例如：

(63) 甲：张三喜欢小王。

乙：不，张三喜欢**小李**。

(64) 甲：明天肯定下雨。

乙：不，明天**可能**下雨。

有时并没有明确的上下文语境，而仅仅是说话者认为可能存在的错误。说话者用了表示反驳的标记，如“难道、不成、竟然”等。

(65) [**难道**]你喜欢她？

(66)难道你喜欢**她**？

6. 追问性，凡说话者认为尚不清楚，需提醒对方加以进一步确定的知识，都具有凸显性。例如：

(67) 甲：谁喜欢小王？

乙：谁喜欢[**小王**]？

谁喜欢小王[**吗**]？

上例意思是问现在是不是在讨论有关小王的事。再如加强疑问语气时，有以下例句：

(68) 甲：你爱不爱我？

乙：唔，唔……

甲：你爱不爱我？

乙：唔，唔……爱……

甲：你**究竟**爱不爱我？

7. 构建语篇，凡对充当语篇话题的部分进行凸显，都是要求或提示以下内容应该围绕该话题展开。如下面甲在话题“微博”上加上重音，并稍作停顿，以示下文都受它的管辖。

(69) 甲要与乙谈论微博。

甲：**微博**，最近就很流行，不少人都建了一个，……

如果违反这一规律，语篇的安排就会显得很别扭，例如：

(70) ? 甲：**微博**，最近就很流行，中国有很多人上网，已经是世界第一。

如果要这么说，后面一定要把这话题“转”回来，例如：

(71) ? 甲：**微博**，最近就很流行，中国有很多人上网，已经是世界第一，其中不少人都建了**微博**，……

电视节目中经常出现“焦点访谈”之类的节目名称，此“焦点”不是信息焦点，也不是对比焦点，正是“话题焦点”，即作为语篇关注的突出对象，是节目中访谈围绕的中心。

焦点与篇章建构的关系是非常紧密的，语篇话题往往是首句(起始句、引入句)的焦点，例如：

(72) a. 小王有一只**钢笔**$_i$，e_i黑色的外壳，e_i修长的笔管，……

b. ? 小王$_i$有一只**钢笔**，e_i黑色的头发，e_i修长的身材，……

比较而言，a 比 b 要好，要通顺，因为 a 中后面的部分是围绕首句的焦点“钢笔”展开的，合乎汉语篇章建构的一般规律。

在有的语言的特指疑问句构造中，疑问词要前置到句首，这也是以疑问焦点作为篇章构建的语篇话题。在汉语中，疑问词可以在原位，也可以在句首，汉语特指疑问结构至少存在四种语法操作：

(73) a. 哪一个人$_i$你觉得 t_i 比较适合你?(疑问词前置且由空位回指)

b. 哪一个人$_i$你觉得他$_i$比较适合你?(疑问词前置且由代词回指)

c. 哪一个人$_i$你觉得(t_i的)性格比较适合你?(疑问词前置且由配价名词回指)

d. 你觉得哪一个人比较适合你?(疑问词在原位)

上述四句都成立,但存在语气上的强弱,我们认为,一般而言,a、b、c 疑问意味较强,有较强的追问意义,这里疑问词既是信息中心,也是下面讨论的话题,所以其凸显性得以加强。

上述七种凸显的语言形式和结构中,1、2 是信息或语义层次的形式和结构,3 是跨信息与语用层次的,4、5、6 是主观性或主观间性的语用层次的,7 是语篇层次的。当然,我们的归纳并不一定是完备的,汉语中还可能有更多的具有凸显性、要求成为焦点的形式和结构。

(四) 具有凸显性的成分或结构能否共现?它们共现时对焦点有什么影响?

它们能够共现,一旦共现,一般只有一个成分可以成为句子焦点。例如:

(74) 甲:我们累得连脸都没洗就睡了。

乙:不!只/就[你]连脸都没洗就睡了,我们没有!

在乙说的话中,表对比和反驳的"只、就"战胜了表言外之义的"连……都……"结构,前者所约束的"你"战胜了后者所约束的"脸",成为句子的焦点。

2.4 本书给"焦点"概念下的定义

让我们总结前文,并为"焦点"概念下一个定义。

说话者用超音段的、局部性的韵律语法手段,对话语中某些片断进行凸显操作,分为不可简省的凸显和刻意重音的凸显,这些被凸显操作的话语片断就是焦点;在说话者的焦点选择中,既需要照顾话语整体及其部件凸显自身重要性的要求,又需要根据自己的交际目的来处理这些要求;焦点的选择,最终决定了话语的建构。

第三章
焦点的类型

3.1 以往的研究

3.1.1 国外代表性观点

关于焦点的类型，Rochemont(1986)在看到用信息的新旧给焦点下定义遇到困难时，认为可以将焦点分为两类：介引焦点(presentational focus)和对比焦点(contrastive focus)，前者是指由新信息充当的焦点，即语义焦点或信息焦点；后者既有介引性，又有对比性。

Lambrecht(1994)从焦点所实现的句法单位的大小给焦点分类，先分为窄焦点(narrow focus)和宽焦点(broad focus)。窄焦点是指句子中的某一个单一的成分做焦点，是用来确定一个所指对象的，即论元焦点。宽焦点又分为两个次类：句焦点(sentence focus)和谓语焦点(predicate focus)。句焦点是指整个句子都用来表达焦点，用来报道事件或引进新的话语所指对象；谓语焦点是指句子的谓语部分用来表达焦点，是用来评论话题的。窄焦点、句焦点和谓语焦点的例子分别如(1)、(2)、(3)所示：

(1) Q：I heard your motorcycle broke down.

A：**My car** broke down.

(2) Q：What happened?

A：**My car broke down.**

(3) Q：What happened to your car?

A：My car/It **broke down.**

论元焦点和谓语焦点这两种焦点都只落在句子的部分成分上，焦点域以外的信息是预设的部分。而句焦点是以全句为焦点域，整体都是新信息，没有预设信息。来看汉语的例子：

(4) 甲：发生了什么事？

乙：我的手机丢了。

在上面这个对话中，乙的答语句全部由新信息构成，没有预设信息。但如果这句话出现在其他情况下可能就有预设，有焦点，属于其他类型的焦点。比如问“你的手机怎么啦”，那么(4)乙句就是一种谓语焦点了，“我的手机”是已知信息，预设是“乙的手机出现了某种状况”。从(4)乙的句子形式看，句焦点好像没有什么专门的形式手段表现，因为同样一个句子也可以用于其他的焦点类型。

刘丹青(2008：220)指出，在不少语言中，句焦点有明显区别于谓语焦点的句法表现，如日语。即使在汉语中，也可能找到上述两者潜在的句法差别。例如：

(5) 怎么啦？——汽车坏了。/*汽车呐，坏了。/*(汽车)坏了。/*坏了(，)汽车。

(6) 汽车怎么啦？——汽车呐，坏了。/(汽车)坏了。/坏了(，)汽车。

例(5)中的“汽车”不能省略，也没有话题性，即不能带句中语气词“呐”；例(6)中的“汽车”可以省略，也有话题性，即可以插入语气词“呐”。此外，例(5)中的“汽车”不是已知信息，不能主谓易位；而例(6)中的“汽车”是已知信息，可以以弱读形式易位到句末。

Gundel(1999)从焦点的功能角度区分了三种类型：心理焦点(psychological focus)、语义焦点(semantic focus)和对比焦点(contrastive focus)。心理焦点是指听、说双方目前注意力的集中点。一般情况下，心理焦点相当于话题这一语用概念。如下例中的“She”。

(7) Emily hasn't changed much. **She** still looks like her mother, doesn't she?

语义焦点和对比焦点都是句子中韵律凸显的部分,用来吸引听话人的注意。其中,语义焦点是用来陈述话题的新信息,是句子中用来回答显性或隐性的特殊疑问句的部分。如下例中的"Bill"。

(8) Q: Do you know who called the meeting?

A: (It was)**Bill**(who)called the meeting.

而对比焦点是指说话人出于以下几个原因而特意强调的句子中的某个部分:一是说话人觉得听话人的注意力可能不在某个事物上,二是话题的转换,三是某个成分与别的成分处在显性或隐性的对比中。例如:

(9) That **COAT** you were wearing I don't think will be warm enough.

(10) Q: What did Bill's sisters do?

A: Bill's **YOUNGEST** sister kissed John.

(11) To **ROB** you can complain about anything having to do with the program, and to **CHRISTINE** you can address all the other complaints.

Gundel还认为,焦点的这三种意义是既不等同(equivalent)也不互相对立(antithetical)的。某个成分可以只是心理焦点、语义焦点或对比焦点中的一种而不是其他两种,也就是说,某个成分是纯心理焦点、语义焦点或对比焦点。但是三者又不是彼此对立的,即某个成分可以兼有几种焦点的属性,比如有时候处在心理焦点上的成分也可以是语义焦点的一部分或主要部分,例如:

(12) Mary said that it was **SHE** (who) called.

对于Gundel(1999)的焦点分类,徐杰(2001:120)认为,这只能算是对焦点含义的三种不同理解(three independent senses),三者之间缺少共同语言特征,尤其是"心理焦点",它大概真的是"心理学意义下的焦点”。而 Gundel 的“语义焦点”和“对比焦点”这两个概念之间不存在对立。前者是陈述话题的新信息,重在“信息之新”;而后者则是出于对比性和重要性而要通过语言手段来强调的成分,重在“强调之必要”。

为此,徐杰认为,在语言学意义下,只有一种焦点,也就是作为一种非线性语法范畴的“语法焦点”(grammatical focus)。“语法焦点”是讲话人判定为相对重要而决定用语法手段进行强调的对象,即语法化了的语用语义特征,其背后的语义基础是讲话人认为某成分“相对重要”(contrastively more prominent)。至于为什么讲话人认为某成分相对重要,那完全是出于他们自己的心理判断,跟语法规则系统无关。

3.1.2　国内代表性观点

关于焦点的类型,国内学者由于认识角度的不同而有不同的分类,主要有以下几种:

1. 自然焦点和对比焦点

自然焦点又叫常规焦点、句尾焦点、中性焦点、非对比焦点等。汉语语法学界普遍认为,没有对比意味的焦点是自然焦点,自然焦点与对比焦点相对。

张黎(1987：63)把表现焦点的最主要形式标志——重音分为自然重音和强调重音,即正常语调下的句子自然重音所在就是句子语义重心,而强调重音所在的单位是句子的语义重心,从而奠定了焦点分类的基础。

方经民(1994：41)认为焦点通常是由全句的语调核心显示。在正常语调里,全句的语调核心落在句尾,因此信息结构的焦点也在句尾;而对比重音可以突出或改变语调核心,有对比重音的部分便成了全句的对比焦点。

方梅(1995：279)遵循焦点与预设的对应,认为如果句子的预设是“有 X”,整个句子要说明这个 X,这时焦点成分是呈现性的,属于常规焦点。如果说话人预设听话人认为某事是 A,而实际应该是 B,说话人说出这个句子的目的是指别“是 A 而非 B”,这时句子的焦点成分是对比性的,属于对比焦点。

刘丹青、徐烈炯(1998: 244)认为,以小句内部其他成分为背景时,焦点的性质可以描述为“突出”(prominent),以小句外的内容为背景时,焦点的性质可以描写为“对比”(contrastive)。突出和对比是焦点的两个话语功能,但是并不是所有焦点都同时具有这两种功能。根据背景和焦点的位置关系,以“突出”和“对比”两对功能特征为参项,把焦点分为三类: 自然焦点: [+突出]、[−对比];对比焦点: [+突出]、[+对比];话题焦点: [−突出]、[+对比]。话题焦点是以句外的某个话语成分或认知成分为背景,在本句中得到突出,而不能以本句中其他成分为背景。

以上关于焦点的分类,除了自然焦点与对比焦点这两类以外,还涉及第三类焦点: 话题焦点,相应的例句如下:

(13) 他在北京住了三年。

(14) 我这本书看过,那本书没有看过。

(15) 小王是昨天借了老张一笔钱。

(16) 他连自己的妻子也瞒得紧紧的。

按上述研究者的划分方法,例(13)中的“三年”是自然焦点,例(14)中的“这本书”、“那本书”和例(15)中的“昨天”都是对比焦点,例(16)中的“自己的妻子”是话题焦点。

徐杰(2001: 123—124)针对刘、徐文中的核心概念(即“突出”和“对比”),提出了自己的看法。他认为,焦点在性质上只有一类,那就是讲话人基于自己的判断,认为它相对重要并决定通过语法手段强调的成分。不同的焦点只有因受强调的强弱的不同而有强弱的差别、程度的高低(“量”的问题),而没有根本性质的类型对立(“质”的问题)。信息的新旧、背景呈现的不同方式都难以造成语法焦点的类型对立。

就汉语对焦点的研究而言，自然焦点和对比焦点研究得比较多，而话题焦点的提出则拓宽了汉语焦点研究的思路，但是话题焦点的出现也带来很大的理论问题。

首先，它突破了焦点与"新信息"的联系。

其次，一个句子可以存在多个韵律凸显成分的现象，即话题焦点和句末成分充当的语义重心(即自然焦点)，例如：

(17) 你连[她]也不如。

当然，二者在程度上必然存在差异，不过如何来处理这些关系，这是汉语焦点研究中很有意义的一个课题。

2. 无标记焦点和有标记焦点

这是用标记理论对焦点进行的分类，根据焦点出现的位置，焦点可以分为无标记焦点(unmarked focus)和有标记焦点(marked focus)。无标记焦点位置比较固定，总在述题结束的地方；有标记焦点位置则比较灵活，往往不在句末。这种分类与"自然焦点和对比焦点"的分类基本对应。提出这一分类的有刘鑫民(1995)、陈昌来(2000)等，转引刘鑫民(1995：82)的例子如下：

(18) 他宁愿无声地走过，在黑暗中蹑足探索。

(19) 校园里，红的、黄的、绿的，挂满了彩旗。

(比较：校园里挂满了红的、黄的、绿的彩旗。)

采用无标记焦点和有标记焦点这组术语的还有董秀芳(2003：13—15)，不过她所说的标记其实是指有无特别重音，与其他人的"标记"所指不同。她讨论了带有焦点敏感算子的一些句子中的焦点确定方式，具体分析了焦点敏感算子"只"、"也"的句法指向范围，即这些成分在句法上的操作域，指出凡是出现在焦点敏感算子的句法指向范围内的成分都可能成为句子的无标记焦点，而出现在句法指向范围之外的成分只能通过特殊重音而成为有标记焦点。例如：

(20) 他只去那个图书馆看书。

(21) 你只能用放大镜看这些细菌(不是那些细菌)。

例(20)中“只”的作用范围是“去那个图书馆”,即紧接其后的连动短语中的第一个动词性短语。也就是说,“只”的句法指向范围之内的成分充当焦点时,是自然的、无标记的。例(21)中的“这些细菌”由于话语的原因需要成为焦点,其必须携带一个特别强调的重音,这种重音的强度比一般句子中的正常句重音的强度要大,因而是有标记的。也就是说,如果没有在句末宾语“这些细菌”加上特别强调的重音,例(21)的焦点还是“只”的作用范围“用放大镜”。不过,董秀芳也指出,如果说在普通句子中焦点可以在话语的要求下落在几乎所有的位置上,那么含有焦点敏感算子的句子中有些成分则很难或几乎不可能实现为焦点,即使实现,标记性也是极强的。

3. 绝对信息焦点和相对信息焦点

这是刘鑫民(1995: 80)根据听话者对信息的预期程度进行的分类。绝对信息焦点是指绝对信息量比较大的信息焦点,所载的信息往往是听话者难以预期的;相对信息焦点所载的信息虽然是听话者根据上下文和语言背景知识比较容易预知的,但由于说话者为了某种需要而故意加以强调,因而承载的相对信息量比较大。但是不管是绝对信息焦点还是相对信息焦点,都有一个共同特点:说话者在心理上认为它们都是对完成交际任务比较重要的成分,因而是说话者有意加以突出、强调的对象。

4. 结构性焦点和语气性焦点

范开泰、张亚军(2000: 195)认为,从汉语焦点的等级类别看,焦点可以分为结构性焦点和语气性焦点。结构性焦点是由句法结构所显示的焦点,指主谓结构中的谓语部分、偏正结构中的定语和状语、述宾结构中的宾语、述补结构中的补语等。例如:

(22) 家乡的桥是我梦中的桥。

(23) 小草偷偷地从土里钻出来,嫩嫩的,绿绿的。

上两例中的"家乡"、"我梦中"、"偷偷地"通常体现为结构性焦点。而语气性焦点是句中语调所形成的焦点,因不同句类语调的各异,其焦点出现的位置也有一定的差别。如陈述句中的焦点通常出现在句末位置;疑问句中的疑问语气在口头上的形式是升调,书面上用问号"?"标示,可以称为用零形式表示的疑问点,属于语气性焦点;祈使句的重降式句调也是,如"你过来!",从语义结构上说包含了两个部分,一个是表示祈使内容的部分"你过来",另一个是表示祈使语气的部分,即重降式句调。同时他们还提出了口气性焦点的概念,是指通过心理重音及表语气的副词"是、仅仅、光、只是"等形式标记表现的焦点。例如:

(24) 小王昨天在学校里看了一场很精彩的**电影**,不是足球赛。

(25) 小王**被**我说服了。(说的是"被我说服了——我说服了小王",而不是"把我说服了——小王说服了我"。)

(26) 小王昨天是在**学校**里看了一部很精彩的电影。

上例中前两例是通过心理重音来表明焦点,后一例是通过表语气的副词"是"来标记焦点。这里值得关注的是例(25),一般来说,虚词不是表达重心的所在,因此语音上表现为轻音,但是如果对所表示的结构关系、语气口气有所强调,强调它与其他结构关系、时态、语气等的对立,有了对比意味,也可以加上对比重音,表示"显性对比焦点"或"隐性对比焦点"。

5. 信息焦点、对比焦点、语义焦点和话题焦点

徐烈炯(2001: 11—13)将焦点分为四类:信息焦点(informational focus)、对比焦点(contrastive focus)、语义焦点(semantic focus)和话题焦点(topic focus)。信息焦点与对比焦点属不同的语用概念。信息焦点是每句话中必有的,而对比焦点不是必有的。任何一句话都不能没有新信息,但并非每句话都要作对比。尽管这两者是不同层面的概念,但是并不一概互相排斥。有些词语在一定的语境中既可以

表达新信息,又起对比作用。例如:

(27) Q:你要喝什么?

A:我喝茶,不喝咖啡。

上例答句中的"茶"对于问句"你要喝什么"而言,是新信息,即充当信息焦点;而在答句中与"咖啡"形成对比,即"茶"充当对比焦点。但是如果在一个中性句"我喝茶"中,"茶"充当常规焦点(或自然焦点、句尾焦点)。

徐先生所说的语义焦点跟 Gundel(1999)的有所不同,专指句子中的与焦点敏感算子(focus-sensitive operator)关联的成分。并提到:"为什么叫语义焦点?句中有了焦点敏感算子会影响句子的真值。"例如:

(28) a. 只是/只有老张明年放假。

b. 老张只是明年放假。

c. 老张明年只是放假。

"假如老李和老张明年都放学术假,那么(28a)是假的,而(28b)和(28c)可以是真的。假如老张明年、后年连放两年学术假,那么(28b)是假的,而(28a)和(28c)可以是真的。"严格来说,这里所说的语义焦点实际上也是一种对比焦点,只不过语义焦点有焦点敏感算子跟它相关联,而对比焦点最典型的焦点标记词就是"是"。

徐先生所说的话题焦点实际上是指具有对比性的话题(contrastive topic)。例如:

(29) 老张烈性酒不喝。

他认为这里的"烈性酒"虽然具有对比性,但不具有穷尽性和排他性,这一点是他区分话题焦点和单纯的对比焦点的依据。

关于话题焦点,我们在前面的焦点分类("自然焦点和对比焦点"这一部分)中已经讨论过了,以往的一些观点认为,就句子的信息结构而言,已知信息一般充当句子的话题,而新信息主要充当句子的焦点。也就是说,话题和焦点成为一组相对立的语用层面的概念。屈承熹(2003：273)讨论了“话题焦点”作为术语带来的问题。他认为，话题焦点是与通常所说的自然焦点(也称信息焦点)和对比焦点不同,但是这一概念没有公认的名称,有人叫话题,也有人叫焦点,因为表达这种概念的词语起到双重作用,一方面与句外的词语起对比作用,另一方面在本句的信息结构中起话题作用,因此他建议以“对比性话题”来取代“话题焦点”。

我们认为,可以把所谓的“话题焦点”一分为二：一是“连X都/也……”这一焦点强迫形式要求X部分为句子焦点,这可以放到焦点标记中讨论。关于其性质,本书将在后面讨论。二是“他酒不喝”之类,是作为对比或排他等焦点功能存在的。

6. 静态焦点和动态焦点

范晓、张豫峰等(2008：340—341)根据句子的不同类型来区分焦点,他们认为,具体的句子分为孤立句和语境句。前者是指脱离语境跟现实不相联系的孤立存在的句子,它是以静态面貌出现的,也可称为静态句。静态句的信息安排常遵循族语的普遍编排原则,在此基础上形成的焦点是自然焦点,即静态焦点。而后者是跟一定语境或某种现实相联系的句子,它是以动态面貌出现的,是在言语表达中实际使用着的,也可称为动态句。动态句中的词语在现实中都有明确的指称或陈述的内容,充分体现了发话人的主观意图,发话人可以根据表达的需要着意强调某一成分,在此基础上形成的焦点是对比焦点,即动态焦点。他们还认为,自然焦点与对比焦点不在同一个层面上,前者是静态层面的概念,后者是动态层面的概念,二者既有区别,也有联系,静态焦点是动态焦点在长期运用中历史地形成的,是动态焦点语法化的结果。

7. 对比性焦点和非对比性焦点

刘丹青(2008：222)根据有无对比性来区分对比性焦点和非对比性焦点,对比性焦点在有些文献中称为“窄焦点”,非对比性焦点主要属于文献中所说的“信息焦点”。非对比性焦点(或信息焦点)的基本特点是非穷尽性、非排他性，就是在突出焦点成分的同时，并不意味着焦点的所指是穷尽性的，即并不排除其他潜在对象。刘先生认为，典型的信息焦点是特指疑问句的答句中针对疑问词的那个成分。例如：

(30) 甲：谁偷吃了我的饼干？

乙：<u>小飞</u>偷吃了你的饼干。

丙：<u>玲玲</u>也偷吃了你的饼干。

在例(30)中，甲就主语发问，乙答话中的“小飞”就是信息焦点，但这里的焦点并不具有语义上的穷尽性和排他性，所以在乙回答之后，丙照样可以补充，丙补充中的相应成分“玲玲”也属于信息焦点。乙和丙可以同时为真，两者并不排斥。而对比性焦点是与语境或预设中的其他部分相对而言的焦点，具有穷尽性、排他性。例如：

(31) a. 小王买的是<u>一块肥皂和两条毛巾</u>。

b. 小王买的是<u>一块肥皂</u>。

c. 小王买的是<u>两条毛巾</u>。

例(31)是准分裂句，他认为(31a)无法衍推出(31b)和(31c)两句。准分裂“是”后的成分具有穷尽性，说“小王买的是一块肥皂和两条毛巾”，那就只能是这样一种可能，排除了其他任何可能。可见汉语中的准分裂句中“是”引出的成分是对比焦点。

3.2　与焦点类型有关的若干问题

对于焦点类型的划分，是基于对焦点概念及其本质的理解之上的。研究者们由于理论背景和认识角度的不同而提出了不同的焦点类型，像自然焦点和对比焦点、无标记焦点和有标记焦点、静态焦点和动态焦点等，不同的分类之间互相又有交叉之处。但是无论如何，一个好的分类系统至少应该满足以下几点：

1. 不同类型之间不能有包含或交叉的关系。

对焦点的不同理解不能放在同一个层面上进行分类，如 Gundel

(1999)分出的三个类型(即心理焦点、语义焦点、对比焦点)实际上是对焦点的三种不同理解,这是不合适的。在这一点上,形式学派分出的“信息焦点”、“对比焦点”和“语义焦点”做得比较好,因为三个类型各有各的逻辑式,“信息焦点”有最简单的“预设—焦点”结构,“对比焦点”在此基础上加上了对比或排除式,“语义焦点”则又引入了焦点三分结构,这保证了它们不至于相互交叉或重叠。但是后来引入的“话题焦点”却打破了这一系统,它在逻辑式上用的是对比或排除式,那么它的独立性就很难保证。

2. 系统内部诸层次应分开,不能全部放在一个平面上讲。

焦点系统内部并不是一个单一的层次,所以简单的分类方法并不适合。我们认为,至少有两个不同的维度,即从焦点强迫形式进行的分类和从说话者采取的焦点策略进行的分类。例如,同样与排他对比性有关,采用具有排他对比意义的音段形式(如分裂句、限定副词等)来表示,还是采用纯粹起提示作用的特别重音来表示,这是两个不同层次的操作,它们的价值是不同的:前者明示,可以是“不可简省”的凸显性;而后者暗示,必须有“特别重音”。如果我们随意把它们归入同一个类,称其为“对比焦点”,那就抹杀了这种差异。

3. 系统分类宜细不宜粗。

一个简单的分类,如把焦点二分为无标记焦点和有标记焦点、静态焦点和动态焦点等,不是不行,也不是不合理,而是术语颗粒度太大,远达不到描写的充分性的要求。

下面我们先讨论有关焦点类型的若干问题,再给出我们的分类系统。

3.2.1　信息焦点的分化

如果把基于新信息的焦点称为“信息焦点”的话,则它可以分为有标记与无标记两种。

所谓无标记,指在没有上下文及语境干扰的情况下,一个句子的默认的信息安排模式。

汉语语法学界流行的焦点理论，一般都说，从信息传递的角度来看，新信息的核心通常落在句尾，这样的焦点是“常规焦点”(normal focus)。我们认为这仅仅是对无上下文和语境干扰的“默认”的情况。

沈家煊(1999：226)介绍了Bolinger提出的“线性增量”原则和Firbas提出的“动态交际值”(degree of communication dynamism)的概念(简称“CD值”)。前者是说在没有干扰因素的条件下，随着句子由左向右移动，句子成分负载的意义越来越重要。后者是指一个语言成分在推进交际、完成交际目的的过程中所发挥的作用的大小程度。例如：

(32) a. 那个老头走进储蓄所。

b. 一个老头走进储蓄所。

c. 储蓄所走进一个老头。

上例a句是一般的陈述句，符合“线性增量”原则，从左到右CD值逐渐增高，所以“储蓄所”最为凸显。而b句是存现句，CD值逐渐降低，“一个老头”的CD值最高，“储蓄所”的CD值最低。违背“线性增量”原则的句子比较特殊或不自然，所以b句出现的机会就很少，通常还是说成c句。

所以，一句话在无标记的情况下，语义重点通常在陈述部分或谓语部分，如果谓语动词带有宾语，宾语通常称为语义的重点。另外，“常规焦点”也必须是在一个完全中性的句子中，即句子没有排他性等其他的功能。

对无标记信息安排而言，主要的麻烦在以下三大原则的竞争上，它们共同之处是认为中性句的新信息是落在句子的述题部分上的，但其不同之处也很明显，可概括为：

1. “尾重原则”，即新信息趋向于放在句尾的实词位置上。

2. “深重原则”，即新信息趋向于放在句子结构内嵌最深的实词位置上。

3. “辅重原则”,即新信息趋向于不放在结构中的中心语位置上,而是放在其补足语或附加语或指示语位置上。

汉语研究者一般多主张“尾重原则”,并以此说明句子具有不同的信息焦点结构。但究竟汉语是采用“尾重原则”,还是采用“深重原则”,还是采用“辅重原则”,还是对不同的句式采取不同的策略,还是有的中性句子本来就存在新信息落点的不确定性？这是一个值得深入探讨的问题。

我们在这里主要讨论以下几个问题:

1. 三个原则有时相互对立(即得出不同的结论),有时则又“中和”(即结论相同)。例如:

(33) a. 他装了一些书在箱子里。(新信息是“一些书”还是“箱子里”)

b. 他在箱子里装了一些书。(新信息是“一些书”)

c. 那些书他装在箱子里了。(新信息是“箱子里”)

b、c 句一般没有疑问,因为不论采用深重原则还是采用尾重原则,都得到一样的结果;但是仅凭语感似乎无法辨别,对 a 句而言哪一种观点更合适,小范围的调查结果也不一定可靠。按尾重原则,新信息是“箱子里”,但在句法上,它只是 VP 的附加语,不是内嵌最深的成分,所以按深重原则,新信息是“一些书”。又如:

(34) 屋里坐　炕上坐　马上去　好好儿谈

这些状语之所以在信息上比谓语凸显,是由辅重原则得出的结论,而按深重原则和尾重原则,应该是谓语“坐、去、谈”更凸显。当然有时,辅重原则与尾重原则可以“中和”,例如:

(35) 他坐累了。

补语“累”占据了新信息地位。

2. 无标记的新信息有时并不由句子结构决定,还有别的因素决定它的落点。例如,当宾语是人称代词时,在一般情况下,即使在中性语境中,它也不大可能是信息焦点,新信息反而在前面的谓词上,例如：

(36) 我告诉你。　　我骗了他们。

显然这里一般是着重表达“告诉、骗”这一事件的发生。

如果人称代词宾语有重音，反倒是非常规的情况，即由说话者的逆向策略所导致的主观对比或其他主观意义，例如：

(37) 我告诉你。　　我骗了他们。

再如，当宾语是表示类名的单音节词时，在一般情况下，它也不大可能是新信息，新信息是“谓词＋宾语”这个整体，例如：

(38) 我喜欢读书。　　我常看报。

如果宾语有重音，而谓语无重音，反倒是非常规的情况，即由说话者的逆向策略所导致的主观对比或其他主观意义，例如：

(39) 我喜欢读书。　　我常看报。

上例中的前一句是指我喜欢读书，而不喜欢读其他东西。

所谓有标记，指在有上下文及语境干扰或者句中有明确指示的情况，这时，句子的哪个部分代表新信息，既不由结构决定，也不由成分的一般属性决定，而是由这些上下文、语境或标记决定，新信息可以在前可以在后，可以在深可以在表，可以在辅可以在主。

从标记的性质看，可以分为以下几种类型：

1. 句中某一成分标明自己就是新信息的核心。这一方面的典型是疑问代词，它们标明自己所代表的疑问点就是信息传递的关键所在，不但对疑问句本身如此，而且对答句的性质也做了规定，即在正常问答情况下，答句中回答这一疑问点的地方就是答句的新信息。

由于疑问代词可以在多个句法位置上，所以这种新信息是与结构无关的，例如：

(40) 甲：谁来了？

乙：小李来了。(主语)

(41) 甲：你买了什么？

乙：我买了铅笔。(宾语)

(42) 甲：你把她怎么了？

乙：我不过是碰了她一下。(谓语)

(43) 甲：他们在哪儿跳舞？

乙：他们在百乐门跳舞？(状语)

(44) 甲：谁的书最难看懂？

乙：哲学家的书最难看懂？(定语)

(45) 甲：他考得怎么样？

乙：他考过关了。(补语)

再如徐烈炯(2001：11)中的例子：

(46) 老张明年退休。

(47) a. 谁明年退休？

b. 老张什么时候退休？

c. 老张明年做什么？

回答(47a)时，“老张”是焦点，回答(47b)时，“明年”是焦点，回答(47c)时，“退休”是焦点。信息焦点可以重读，但并非一定都要重读。

2. 句中某一成分成为新信息，是由该成分以外的某一标记或句式来决定的。例如答句中的新信息就是由问句中的情况来决定。有标记信息焦点可以出现在句中任一位置，而且往往是在“问—答”这种语境中，即答句中针对问句的疑问表达式的那个成分充当信息焦点。也就是说，信息焦点的实质，可以用一个“追问模式”来表示(又称为“问答模式”)，例如：

(48) 张三去了上海三次。

旧信息	问题	对问题的回答——新信息
(a) 已知“张三”	张三怎么了	去了上海三次
(b) 已知“张三去了什么地方”	张三去了哪儿	上海
(c) 已知“张三去了上海”	张三去了上海几次	三次

所谓“追问”,就是通过步步询问、层层深入的方式,以尽可能获得详细的信息的过程。其中每一步都是一个由问题联系起来的新旧信息对子;在不同的层次有不同的新旧信息关系,并不是一成不变的;要问句子的新信息是什么,必须要问你是在哪一层次上确定的,每一层次的新旧信息对子就构成了该层次的“预设—焦点”对子。这就是“追问模式”的层次性。

请注意,新信息的“新”不是指该实体是先前未出现的,也不是指它是听话者尚未听过的新事物,而是指它是追问问题的答案,新就新在确定它与预设部分的联系。例如:

(49) 小王喜欢他自己。

旧信息	问题	对问题的回答——新信息
(a) 已知“小王”	小王怎么了	喜欢什么
(b) 已知“小王喜欢什么”	小王喜欢谁	他自己

上例中的“他自己”作为对“小王”的回指,既不是先前未出现的,也不是听话者尚未听过的新事物,但它确实是新信息。

除了问答之外,还有其他一些决定新信息的句式,如“详解”,即后面的话把前面的话的内容讲得更详细,那么增加的那部分内容就是新信息,如下面这种语言游戏:

(50) 坐

上坐

请上坐

(51) 吃

好吃

真好吃

其中每一步都是增加一个新信息。再如下面乙对甲的插话:

(52) 甲:现在上场的是3号选手吴芳……

乙:3号选手冠军吴芳!

再如说话者对自我话语的修正:

(53) 那天我看见了她,……,哦,看见了她……和她妈妈!

除了句式上的安排,有些标记也标明句中的某一部分是新信息,例如汉语判断动词"是":

(54) 我去过青海……我是和她一起去青海……是98年去青海……

这是一个访谈节目,说话者和一群朋友去青海,"是和她"并不排除其他人,而只是在告知有"她","是98年"并不意味其他年份没去青海,只是在强调那一次的时间,所以这里的"是"不具有对比排他的意味,仅仅是标记新信息。

3.2.2 宽焦点

前面谈到,Lambrecht(1994)从焦点所实现的句法单位的大小给焦点分类,先分为窄焦点和宽焦点。窄焦点是指句子中的某一个单一的成分做焦点,即论元焦点。宽焦点又分为两个次类:句焦点和谓语焦点。句焦点是指整个句子都用来表达焦点,用来报道事件或引进新的话语所指对象;谓语焦点是指句子的谓语部分用来表达焦点,是用来评论话题的。这种焦点分类不是从焦点的语义功能角度分出的焦点类别,而是着眼于焦点与句法成分的对应关系。

此外还有一种关于宽、窄焦点的分类方法,即从句子的语音角度来进行焦点的分类,如Alan Cruttenden(2002:73—81)认为,宽焦点指的是处于一个语调丛(intonation-group)的所有成分,窄焦点指的是处于一个语调丛中的重读部分(stressed syllable)。例如:

(55) 小李喝了五瓶啤酒。

上例中的重读音节是"五","瓶啤酒"是它的连带成分,如果取宽焦点的视域,那么句子中的重读音节及其连带的成分都视为焦点,即"五瓶啤酒"是句子的焦点。

我们这里要讨论的宽窄焦点是Lambrecht(1994)所提到的宽窄

焦点分类，主要涉及以下三方面：

1. 宽焦点是否存在？因为只有对信息焦点来说，才提出了所谓的宽焦点的概念，所以这里只讨论与新信息有关的问题。下面这两种情况被认为是宽焦点的典型例子：

(56) 甲问乙：你怎么了？

乙：我**脑袋好疼啊**。(VP 焦点)

(57) 甲：怎么了？

乙：**我（的）笔丢了**。(句子焦点)

如果说这是 VP 全体作为新信息，或句子全体作为新信息，那么不会有什么问题。问题在于，当 VP 全体作为新信息，或句子全体作为新信息时，是否这个 VP 全体或句子全体都能够要求成为焦点？

首先，是否可以为 VP 全体或句子全体(如果它们在韵律上比较长——超过一个音步的话)赋予特别重音？显然，仅在极为特殊的情况下，才会如此，如乙难过极了，特别一字一顿地说话：

(58) 甲：怎么了？

乙：**我**，**的**，**笔**，**丢了**。

在一般情况下，显然只能为其中一个部分赋予特别重音，例如：

(59) 甲问乙：你怎么了？

乙：我脑袋**好疼**啊。(VP焦点)

(60) 甲：怎么了？

乙：**我的笔丢了**。(句子焦点)

其次，是否 VP 全体或句子全体都不可简省？显然不是，乙完全不必把一个完整的 VP 或完整的句子全部说出来，他可以只说一部分：

(61) 甲问乙：你怎么了？

乙：**好疼**啊！(VP 焦点)

（62）甲：怎么了？

乙：我的笔！（句子焦点）

我们认为，形式学派把所有的新信息都看成焦点是不合适的，传统的说法反而更准确些，即当焦点表示信息传递过程时，焦点是新信息的“核心”，也就是说，不是整个新信息都会产生焦点强迫，一般情况下，只有新信息中最突出的那一部分才会要求成为焦点。这也是焦点不完全与预设相对立的原因。

当信息传递中的新信息很小，无所谓有什么内在的核心时，它也就是焦点强迫形式，例如：

（63）甲：你喝什么？

乙：a. 我喝茶。

b. 茶。

但当信息传递中的新信息较大时，就有核心与背景的区别，就不可能都是焦点强迫形式，例如：

（64）甲：你今天下午做什么了？

乙：a. 我去上海书城买年画了。

b. 我去买年画了。

c. 买年画了。

上例中，只有“年画”或“买年画”才代表新信息的核心，因为问题的核心是问人的活动，而只有“买年画”在答语中代表了一个活动（对该活动有质的规定性），所以“买年画”是新信息的核心，而“去上海书城”仅仅是方式、手段、处所，是活动的背景，在当下语境中不比活动“买年画”凸显。而在“买年画”中，因为“买”是一个常用的使用广泛的动词，可以代表各种不同的活动，而其宾语“年画”则大大缩小了这一范围，使我们更为明确究竟是什么活动，所以它是活动中的“区别性特征”，是核心中的核心，相比而言，动词“买”是其背景和抽象的框架，因此最终只有“年画”才要求成为焦点。

宽焦点概念的提出实际上没有区分信息传递与凸显性这两个概

念，即把“焦点”等同于所要求的新信息，而放弃了焦点“聚焦”的功能本质。

2. 信息颗粒度的大小问题，即在回答“大尺度”的问题时，可以回答得简略些，也可以回答得详细些，但是并不总是越详细越好，这里面也有焦点性上的要求。请看例句：

(65) 甲：你今天下午做什么了？

乙：a. 我去买书了。

b. ？我去买王朔 1985 年写的那本书了。

上例中，乙(b)的回答接受度较低，这是因为在信息传递过程中，一般只回答要求的核心内容，即焦点不可省，而其他信息则由省力原则决定，一般不应该太突出，以免干扰焦点的凸显性（“王朔 1985 年写的那本”这个定语太长，显得太突出），所以在实际口语中，它们都会省去。即语用学会话原则中的“量的原则”，信息量应该既不多也不少。如果不省，说话者就会显得啰嗦，这或者是因为他抓不住要点，有会话障碍；或者是因为他有特殊含义。如例(65)乙回答“我去买王朔 1985 年写的那本书了”时，甲便禁不住要想“王朔 1985 年写的那本书”是不是有什么特别的价值，至少对乙来说。

3. 当整个句子都为新信息时，新信息的核心往往倾向于落在主语上，表明是该实体为新引入对话的新信息，它发生了某种情况（如果有主语的话）。在具体例句中，我们常常用“简省法”来测试谁是核心，不能简省的是核心。例如：

(66) 甲：发生了什么事？怎么了？

乙：a. 我的[车](,)坏了。

b. 我的[车]！

c. ？我的车<u>坏</u>了。

d. *<u>坏</u>了！

请注意，这里常用特别重音，因为根据信息传递，这里本来应该是整个事件作为句子的焦点,但却选择了主语实体。之所以做出这样的选择,是语篇功能的要求:在语篇中首次出现的定指性实体,在首句中应优先成为句子的焦点,以便后文顺着它展开。

3.2.3 焦点标记与焦点算子

从语义指向上看,所有的焦点强迫形式都可以分为两种:

一是“独立的焦点强迫形式”,要求自己成为句子的焦点,如疑问代词要求自己成为句子焦点。

二是“非独立的焦点强迫形式”,不是要求自己成为句子的焦点,而是要求句中另外的某一成分成为句子的焦点,例如焦点标记“是”,它要求将其后面的某一成分(一般是紧接着“是”的实词性成分)作为句子焦点。

被非独立的焦点强迫形式所指向,被它要求充当句子焦点的那一成分就是前面提到的可能焦点成分,这里“可能”是“候选”的意思,即它是句子焦点的“候选者”,最后选不选得上还得由焦点竞争规则和焦点选择规则来决定。对非独立的焦点强迫形式而言,有逻辑上的所谓“三分结构”:焦点强迫形式、可能焦点成分和背景部分(即由句子其他部分所组成的框架)。

显然,可以把独立的焦点强迫形式看成非独立的焦点强迫形式的一个“特例”,前者不过是“指向自身”,即焦点强迫形式和可能焦点成分合二为一而已。

从语义内容上讲,非独立的焦点强迫形式也需要分为两类:焦点标记和焦点算子。让我们看看下面的区别:

(67) a. 张三喜欢李四。

b. 是张三喜欢李四。

c. 只张三喜欢李四。

“是、只”都是非独立的焦点强迫形式,在上例中它们都要求后面的“张三”作为可能焦点成分。但这二者的功能是存在差异的,具体表现为：

如果把没有加上焦点强迫形式之前的句子称为“原句”，则 a 是 b、c 的原句。对“是、只”字句进行否定，得到如下结果：

(68) a. 张三喜欢李四。

b'. 不是张三喜欢李四。

c'. 不只张三喜欢李四。

可以看到，如果 b'为假(即“不是张三喜欢李四”)，则 a 也为假；如果 c'为假(即“不只张三喜欢李四”)，则 a 依然为真(或不会必然为假)。

这说明，“是”字句并没有在原句基础上增加什么命题内容，仅仅是标记句子的焦点在哪儿，所以对“是”字句的否定也就是对原句的否定；而“只”字句则以原句为预设，在其基础上增加了新的命题内容，而不仅仅是标记句子的焦点在哪儿，所以对“只”字句的否定只是对其增加的那部分内容进行否定，而并不对原句进行否定。

我们把“是”类非独立焦点强迫形式称为“焦点标记”，意为它仅仅标出具有凸显性的可能焦点成分的可能位置，不增加新的功能，对它否定就会对原句否定；而把“只”类非独立焦点强迫形式称为“焦点算子”，意为它在标出可能焦点成分的同时，要运用自身的功能对可能焦点成分的语义内容进行新的运算，对它的否定不一定导致对原句的否定。

需要说明的是，不少研究者都把汉语的“是”诸功能中的一项，等同于英语的分裂句，认为它表示排他对比意义，从而是增加了原句的功能的。如徐烈炯(2005：11—33)用了并列结构测试和否定结构测试来证明“是”的这一功能。但我们认为，这种看法是值得商榷的。

1. “是”字句确实有表示排他对比的含义，但这不是“是”本身的意义或功能，而是“是”字句在特定语境中，由重音和语用上的“量的原则”引发的语用含义。例如：

(69) 是**老张和小王**去了北京。

“是”本身仅仅是表判断，没有说老张和小王之外的人没去北京。“量的原则”是指说话者提供的信息量既不多也不少。当“老张和小王”有特别重音时，就产生了语用含义，即说话者所说的正好是事实的全部，他说老张和小王去了北京，也就意味着只有老张和小王去了北京。

这一语用含义其实很常见，下面一段话之所以被当成笑话，就是因为甲说的话在正常的对话中都会产生语用含义，即甲不但说出了事实，并且说出了全部事实。正是因为这样，乙才会发嗔。

(70) 甲：我喜欢小梅。

乙（娇嗔）：你都不喜欢我！

甲：我没说我只喜欢小梅啊！

不过，语用含义毕竟是“语用的”，也就是可以违反的，所以甲可以否认自己话语的排他性。

2. 用“追加测试”可以检验排他对比性的来源。例如：

(71) a. 是**老张和小王**去了北京，还有老李。

b. *只是**老张和小王**去了北京，还有老李。

上例 a 句也许有点别扭，但是可能的，“是”字句不是完全不可追加，所以其排他对比意义来自语用，不一定有效，如果把“老张和小王”读得轻一些，句子的合法性还会更强。而 b 句则完全不可追加，说明其排他对比意义来自“只”的语义内容。

3. 徐先生提到的“并列结构测试”是不太可靠的，其中的蕴涵关系并不完全合乎汉语为母语者的语感，所举的例句应该是觉得难以判断是否蕴涵才对。试比较“只”字句与“是”字句，二者都有对比排他义，但前者是它的字面意义，后者是由语用的“量的原则”所导致的言外之义，所以前者不可取消，后者可取消，而且一否定，二者就不同了。这正是“语用性”的干扰。

4. 徐先生提到的“否定结构测试”,告诉我们的是一个更为复杂的例子。

首先,应该这样来设计调查问卷,因为这样肯定、否定才是公平的,受试才不会受到测试者的心理误导:

(72) 甲:是老张和小王去了北京。

乙:a. 是,是老张去了北京。

b. 不,是老张去了北京。

(73) 甲:老张和小王去了北京。

乙:a. 是,老张去了北京。

b. 不,老张去了北京。

我们的小范围测试结果是,上述 a、b 两个答案都有人选,而且未必有显著的趋向性差异。

其次,虽然都有人选,但在重音上出现了较大的差异,具体如下:

(74) 甲:是老张和小王去了北京。

乙:a. 是,是老张去了北京。

b. 不,是[老张]去了北京。

(75) 甲:老张和小王去了北京。

乙:a. 是,老张去了北京。

b. 不,[老张]去了北京。

可以看到,当被试选择 b 时,“老张”被刻意重读,而选 a 时,“老张”是不那么凸显的韵律分布。由此我们推测,触发排他对比意义的“扳机”,不是“是”,而是在对比项上加上的特别重音。

3.2.4 焦点操作策略

以往焦点理论中最模糊的地方是没有严格区分焦点强迫形式的

焦点要求与说话者的焦点操作这两个层次，这是因为一般人们谈论的都是顺向策略起作用的时候，是说话者顺应焦点强迫形式的要求的时候，是把可能焦点成分直接作为焦点成分的时候。这也是顺向策略本身勿需分析的原因。

在逆向策略中，说话者不需要满足句中焦点强迫形式的焦点要求。例如"是"为焦点标记，它要求后面的某一成分为句子焦点，而它自身以及"是"前成分不能成为焦点。当然这仅仅是"是"的要求，说话者完全可以与之相反，即以"是"自身或"是"前成分作为句子焦点，而不给"是"后成分以重音。

但是，这并不意味着说话者是完全自由的。在逆向策略中，说话者必须注意以下几个方面：

1. 必须证明自己的选择是正当的。如何证明？就是要让自己的选择合乎对话或语篇的需要，或者说，是对话或语篇中的特殊要求迫使说话者不得遵守表面那些焦点强迫形式的要求。

仍以"是"字句为例，这就是说，如果单独地或抽象地说下面的句子是不合法的：

(76) [是]老张去了北京。

(77) [上次]是老张去了北京。

这样的焦点操作要成立，必须放在合适的语境中，例如：

(78) 甲：谁去了北京？

乙：老张去了北京。

甲：是老张去了北京？不可能吧！

乙：[是]老张去了北京！

甲的反复询问实际上不相信老张去了北京，这时乙为了反驳，才把"是"特别凸显使之成为句子焦点，意为"是'是'而非'不是'"。在这里"是"除了是判断动词，还带上了强调语气，具有语气作用。我们不能因此说"是"要分出两个义项如判断动词和语气副词，实际上，它

们都是一个"是",都是判断动词,语气功能是来自焦点的非常规配置,以及上下文对话语境的关联作用。再如:

(79) 甲:听说上次是老张去了北京?

乙:是。

甲:上次是老张去了北京,这次该我了吧。

甲在这里强调"上次",是为了对比下文的"这次",如果没有下文,这里以"上次"为焦点是不可理解的。

2. 为了提醒听话者自己在这里做了一个非常规的选择,说话者一般需要给予特别重音,以示强调,如上述例句所示。

3. 虽然言语关系多种多样,但说话者在焦点操作的逆向策略中能够表现的功能仍然是有限的几种类型:

一是表对比,如下例中"是"要求以"昨天"作为焦点,但因为"是"前的"我"与"他们"构成对比关系,所以乙逆向选择了"我"为焦点。

(80) 甲:你们是昨天来的?

乙:不,我是昨天来的,他们不是!

二是表排他,如下例中"必须"要求以"来"作为焦点,但因为乙暗含排除"小王"之外的人的意思,所以乙逆向选择了"小王"为焦点。

(81) 甲:小王必须来。

乙:听见了吗,小王必须来!

三是表言外之义,如下例中,官员甲问两个打官司的人"是谁有理",乙按照常规理解,所以回答的焦点在"是我有理"的"我"上;而丙听出了"理"的言外之义是指"礼(礼物)",所以他逆向凸显不在"是"的辖域内的"理(礼)",赋予它特别重音,以便引出言外之义。甲也逆向凸显"理(礼)",说明他问的焦点不在"是不是你"上,而在"有没有礼"上。

(82) 甲：一个个来！先问问你们，究竟是谁有理啊？

乙：我有理！是我有理！大老爷，我有理！

甲问丙：你呢？

丙：启禀老爷，是我有**理(礼)**！

甲：是你有**理(礼)**呀？

丙：是，老爷！

四是表主观评价，如下例中乙把“是”前的“当然”作为句子焦点，就是为了凸显他的主观意见。

(83) 甲：他是去的北京。

乙：他**当然**是去的北京。

五是表追问，如下例中乙没听清楚甲问话的内容，所以又追问一次，问现在是不是在讨论小王的事。

(84) 甲：小王喜欢谁？

乙：**小王**喜欢谁？

六是表反问，如下例中，句中疑问代词“谁”本来要求成为句子焦点，但乙逆向选择了谓语核心“碍着”，以此表明不是在问谁，而是在问是否有“碍着”的情况出现，进一步也就是否定“碍着”情况的出现。

(85) 乙在宿舍里放音乐。

甲：你还让人睡吗?!

乙：怎么音乐也不让听了?! 我**碍着**谁了！

七是表语篇话题，这和上文提到的“话题焦点”是不同的。如下例中，一个老师在上课，当句中有“只、必须”等焦点强迫形式时，他依然将其辖域外的句首“主语”作为句子焦点，这是因为他下面都要围绕“主语”进行，为了引起听者的注意，刻意强调这一语篇话题。

(86) 甲：现在让我们来谈谈“主语”……**“主语”**只出现在句首，而且必须是名词性成分……

3.3 焦点的类型系统

基于以上分析，我们主张，从下列两个不同的层次提出汉语焦点的类型系统：

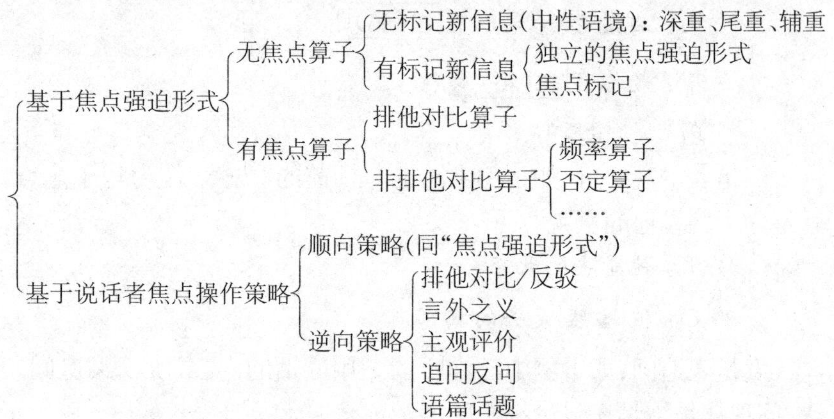

下面几章，我们首先将补充一部分有关重音的研究材料，然后重点归纳汉语中常见的焦点标记和焦点算子。

第四章
焦点的实现方式——句子重音

4.1 焦点和重音的关系

4.1.1 以往对重音及焦点与重音关系的一般论述

焦点作为连接句法、语义、语用及韵律结构之间的桥梁，对于语句的理解非常重要。焦点是话语中的核心信息和重要信息，它在韵律上是有所体现的。Halliday(1967)提出，焦点是“声调重音最显著的一部分”。Jackendoff(1972)把焦点定义为“包括语调中心的短语”，可见重音是确定焦点的重要表现形式。其后的许多研究也从语音视角来确定焦点，认为焦点在韵律方面体现为重音凸显。人们在自然语言理解过程中，说话人通过重音来表现焦点，也就是说，说话人在说话时赋予焦点更多的能量，是一个由焦点到重音的编码过程。而听话人在理解过程中会将注意放到那些音高、时长比别的词汇更大的信息词汇的处理上，这个过程是从重音还原到语义的解码过程。在口语中强调和突出信息可以用重音来表达，同一个句子(如下例1)可以作为不同问句(如下例2)的答句，例如：

(1) Jack has flowers for Mary.

(2) a. Who has flowers for Mary?

b. What does Jack have for Mary?

c. Who does Jack have flowers for?

例(2)中的三个问句所突出的词语是不同的，也就是不同的词语被焦点化,第一个问句的答句“Jack”被焦点化,第二个问句的答句“flowers”被焦点化,第三个问句的答句“Mary”被焦点化。焦点化在口语中用重读来实现,当然词语是否焦点化取决于它在句子中的相对重要性和句子的语境。曹文(2010: 5)提到,这一现象称为“同文异焦句”,即这些句子有相同的音段序列,由相同的词语构成,语法结构及语法关系也完全一样,但是在叙述或回答时,被赋予不同的焦点重音,以突出不同的信息焦点。例如,同是“他姓卢”这样一个音段序列,在回答诸如“谁姓卢?”、“他姓什么?”和“他姓不姓卢?”这样的问题时,就会变成三个焦点不同的句子。

目前语音学界较为通行的看法是: 重音是发音时较用力、语流中听起来比其他音节突出的音节。也就是说,重音的主要韵律体现是音高升高、时长延长,此外重音还和音强、元音音质等相关。在自然语言的韵律结构中,重音可以分为词汇重音(word stress)和音调重音(pitch accent),其中词汇重音作用于词汇内部,一般比较固定,变化规律也较易掌握,基本可以实现从词库中直接读取。而音调重音作用于话语层面,从本质上说是话语焦点在语音上的表现形式,主要通过与语句中的其他词项相比在音高、音长及音强等方面所表现出来的显著性来体现,分布规律要复杂得多。(详见陈虎,2003: 94)

汉语是声调语言,其重音的表意功能比较复杂,它的声学特征和非声调语言的重音不完全一样。赵元任(1979: 23)认为,汉语重音首先是扩大音域和持续时间,其次才是增加强度。因此,第三声重读时会降得更低些,第四声重读时起点更高些,降得更低些。林焘、王理嘉(1992: 179)认为,普通话重音音节一般都是音长比较长,调域比较宽,调型也比较完整。音强往往也有所加强,但这不是主要的。所以在汉语中,一般认为重音与音长、音高有密切的关系,但在强调时重音与音强也有密切关系。

关于汉语重音的分类,赵元任(1979: 23—26)认为,从物理学的观点看,有许多程度不同的可以感觉得到的重音,但从音位学的观点看,最好分为三种重音:正常重音、对比重音和弱重音。所谓正常重音,是指所有音节中既没有弱重音,又没有对比重音,那就是正常重音。在没有中间停顿的一连串的带正常重音的音节中,不论是一个短语还是复合词,其实际轻重程度不是完全相同的,其中最末一个音节最重,其次是第一个音节,中间的音节最轻。而对比重音不同于正常重音,在于它的音高幅度更宽,持续时间更长,音强通常也增加。弱重音即轻声,其声调幅度差不多压缩到零,其持续时间也相对地缩短。在大多数情况下,弱重音出现于后附音节(enclitic),也就是说,它紧跟在一个重音音节之后,这个重音音节的声调决定这个弱重音音节的声调的高度。

冯胜利(2009:86—87)区分了四种不同的句重音,分别是强调重音(lexical focal stress)、对比重音(contrastive stress)、问答重音(narrow scope focal stress)和正常/普通重音(wide scope focal stress/normal stress)。他认为,所谓普通重音,是指在没有特殊语境造成的局部重音的干扰下所表现出来的句子重音形式。例如:

(3) 他是打了我一下。(不是没打)

(4) 他打了我一下。(不是两下)

(5) 你打了他几下?(寻求答案)

例(3)不再具有普通重音,因为它已让位于强调重音成分“是”。例(4)也不再具有普通重音,因为它是对比重音。例(5)同样也不具有普通重音,因为特殊问答的重音总是落在问词和答词上。以上三种重音形式的一个共同特点就是:每个重音成分都是句子中的局部焦点,因为焦点是通过重音形式实现并表现出来的,所以句子带上特殊焦点重音以后,全句其他成分的发音分量都因凸显焦点而全部降低。在这种情况下,普通重音就让位于局部焦点重音。

但是冯先生是承认“宽焦点”以及句子焦点的,所以他认为,如果句子的焦点是整个句子,那么普通重音与局部焦点重音是绝不相同的。对句子普通重音的一般测验方法是看该句能否回答“怎么回

事?"(what happened?)一类问题。例如:

(6) 甲:你哭什么,怎么回事?

乙:我摔了一个盘子。

乙的焦点是整个句子,所以是普通重音,而其韵律重音与例(3)—(5)中的各句绝不一样。

实际上,在我们看来,例(6)乙中没有什么句子焦点,而是以"盘子"或"摔"为焦点的,因为并不是新信息要求被凸显赋予重音,而是新信息的核心要求被凸显赋予重音。该句在不同语境中分别凸显"盘子"或"摔",以表明说话者认为是东西重要一些,还是发生的事重要一些,具体如下:

(7) 乙本来在洗盘子,不小心打碎一个。

甲:你哭什么,怎么回事?

乙:我**摔**了一个盘子。

(8) 乙已多次打碎东西,不小心又打碎一个盘子。

甲:你哭什么,怎么回事?

乙:我(又)摔了一个**盘子**。

(9) 乙被多次警告小心别打碎东西,但不幸打碎一个盘子。

甲:你哭什么,怎么回事?

乙:我摔了一个**盘子**。

当然,如果乙自觉或不自觉地想掩盖自己的错误,也有可能故意轻读,下意识中是不想让对方听清楚,于是句子可以没有对比重音。这显然是相当特殊的情况:

(10) 甲:你哭什么,怎么回事?

乙:……

甲:怎么回事!

乙:我……摔了……一个盘子……

冯胜利(2009:79)还指出,普通重音有人叫它"核心重音"

(nuclear stress),有的叫它“无值重音”(default stress),也有的叫它“正常重音”(normal stress),它是句子在最一般的情况下表现出来的重音形式,这一形式的特点是“后重”,并引用了韵律学创始人 Liberman 概括的形式规则:

普通重音规则

在下面的语串中:

……$[A\ B]_P$

如果“P”是一个短语,那么“B”重于“A”。

[A B]是任何一个语串中的最后一个短语,这条规则要求最后一个短语中的最后一个成分必须重于它前面的成分。

以上两位学者对汉语重音的分类与他们对焦点的分类密切相关。先看赵元任先生的重音分类,其中的两类,即正常重音和对比重音,与之相对应的焦点分类是常规焦点(或无标记焦点)和对比焦点(或有标记焦点)。所谓常规焦点指的是话语在没有特殊因素影响的情况下,带调核(nucleus)的信息焦点总是在句末焦点这个正常位置;而当话语受到特殊因素的影响,带调核的信息焦点就会出现变化,调核可落在话语的任何一个词项(lexical item)上,这样的焦点就被认为是有标记的焦点,它们常见于对比和强调的场合。后一种焦点也包括有焦点敏感算子的语义焦点。例如:

(11) 他吹破了气球。(常规、无标记焦点:句末宾语“气球”,重音在调核“球”上)

(12) 是他吹破了气球。(对比、有标记焦点:主语“他”,重音在调核“他”上)

(13) 总是他吹破了气球。(强调、有标记焦点:“他”,焦点敏感算子“总是”,重音在调核“他”上)

再看冯胜利先生的重音分类,他所谈到的正常重音和其他三类重音,分别对应于宽焦点和窄焦点。他的宽焦点一般指整个句子都是焦点,通常用于回答诸如“发生了什么事?”、“怎么了?”这样的问题,而窄焦点是指某个句子成分作焦点,可回答一些具体的问题,诸如"你昨天去了哪儿?"、"谁昨天去了北京?"等。

但承认宽焦点的人也不得不承认,汉语宽焦点句的重音通常落在句末的实词上,不少研究发现,所谓宽焦点句与重音居后的窄焦点没有明显的区别。例如:

(14) 我看了两本书。→我看了两本书。/我看了两本书。/我看了两本书。/我看了两本书。

(15) 我看了两本书。→我看了两本书。

例(14)的重音在句尾宾语的中心词"书"上,该句的焦点既可能是宽焦点(整句用于回答"昨天你做了什么"),也可能是若干范围不同的窄焦点中的一个(如宾语焦点,可回答"你看了什么",或者谓语焦点,可回答"你做什么了",甚至只有宾语中心成分是焦点,回答"你看了两本什么")。作为对照,例(15)的重音在一个直接成分(述宾结构的宾语)的居前部分(数量定语)"两"上,该句只能是窄焦点句(数量定语作焦点,回答"你看了几本书")。

总之,不论是常规焦点还是对比焦点,宽焦点还是窄焦点,焦点的语音形式都是以语句重音来凸显的,可以说,重音是焦点在语音学层面的关键性的标志。曹文(2010:3—4)认为,所谓焦点重音(focal accent)就是句子焦点成分里在语音上最为凸显的那个音节。从语调研究的角度来说,它实际上就是传统语音学中所说的调核,只是焦点重音偏重于音节的语义聚焦(focusing)功能,而调核偏重于它的语调构造功能。

4.1.2 以往对重音的分布原则及其语义解释的研究

学术史上有些研究者直接从重音和重音的分布这一角度来开展研究,焦点理论对他们来说,即使不是完全不必要的,也只是一个可供参照的系统。这种研究的缺点是缺乏理论性与深度的解释能力,其成绩以描写现象为主。但这一研究是有价值的,对我们构建焦点理论有重要的启示作用。

下面介绍一些主要的发现或观点。

陈虎(2003：95—98)，王丹、杨玉芳(2004：119—120)都介绍了英语重音分布中所发现的四条主要的原则，它们分别涉及了词类、句法、语义和语用等四个方面对重音分布的影响，在各自的领域都有其适用性。这四条原则分别为：

第一，实词重读、虚词不重读的原则。实词(content words)主要包括名词、动词、形容词以及语义与名词或形容词相当的部分副词等所谓开放词类(open class)，虚词(function words)包括其他如代词、助词、介词等所谓封闭词类(closed class)。

这些研究者中，承认宽焦点理论的人认为，焦点所对应的句法成分，叫做焦点范域(focus domains)，根据包含的词项的数目，可分为狭域(narrow domain)和广域(broad domain)。狭域焦点直接与词项相对应，一般只包含单个的词，其重音指派比较简单，直接落在相应的词项上。广域焦点所包含的词项不止一个，但是在一般情况下，人们不会重读广域焦点内的全部词项，而只会将重音落在其中的几个甚至一个词项上，这种情况被称作"重音渗漏"(accent percolation)。将重音渗漏现象和词类重读规律结合起来考虑，可以分为两种情况：一是焦点范域内只包含一个实词词项，此时重音指派比较简单，一般就直接落在该词汇上，如英语中的"in FRONT of"、"a BOOK"、"in the PARK"等。二是范域内所包含的实义词项不止一个，如整体充当焦点的主谓结构、主谓宾结构、述宾结构及结构较复杂的各类短语等。此时重音的指派除了受词类规律支配外，还往往受到韵律、句法、语义和语用等多种因素的制约。

我们认为，所谓"重音渗漏"现象，实际上是证明了宽焦点的不存在，焦点一般都具有局部性。

第二，重音居后的原则。Newman(1946)较早地论及了复杂结构中的重音分布问题，他指出，当没有表义性重音(expressive accents)

干扰时，一个强重音(heavy stress)序列的最后一个强重音是取得核心强重音(nuclear heavy stress)的语调单位(intonational unit)。Chomsky & Halle(1968)认为，一旦确定了句法结构，重音的指派是完全自动的，他们分别从词汇和句法层面提出了两条重音规则：一是合成词重音规则：在名词、动词或形容词中，重音指派给最左边的可重读元音；二是核心重音规则(nuclear stress rule)：在主要的句法成分中，重音指派给最右边的可重读元音。

在汉语中最一般的情况下(即我们所说的无标记情况)表现出来的重音特点也是"后重"，即在句子和短语里，较重(较长或较复杂)的成分一般都是比较轻(较短或较简单)的成分靠后。赵元任(1968：35)把这种"重则靠后"的原则简化为"最后的最强(the last being the strongest)"，并举例加以说明：

(16) 人人都想去。

(17) 我没懂。

继赵元任先生提出"最后的最强"以后，汤廷池(1988：122—126)把"最后的最强"的提法归结为一条"从轻到重"的原则("from light to heavy" principle)，并举例说明这条原则怎样影响汉语的词序安排，例如：

(18) a. ?? 我们应该一清二楚地调查这个问题。

b. 我们应该把这个问题调查得一清二楚。

汤先生指出，动词和补语的分量越重，在句尾的位置出现的可能性也越大。如果动词的前面还有状态形容词修饰，那么"把字句"就比"非把字句"更顺当。如果状态形容词作状语的语气特别重(如"一清二楚")，那么就得用"把字句"把宾语移开，让较重的成分出现在句尾。这就是为什么(18b)比(18a)顺口的原因。

冯胜利(2009：89)则指出，汉语的重音居末绝不是英语意义上的重音居末，我们通常所感觉到的"重音居后"或者所谓"最后的最强"、"从轻到重"的现象，实际上是以动词为中心建立起来的。例如，汉语的动词后面不允许有两个不能轻读的成分出现，即动词后只有一个重音成分最合适，可是英语没有这种限定。试比较：

(19) a. 他放在桌子上一本书。

He put a book on the table.

b. ？他放在一张新桌子上三本语言学书。

He put three linguistic books on a new table.

c. ?? 他放在三张桌子上三本语言学书。

He put three linguistic books on three tables.

第一句是没问题的，第二句就要打问号了，第三句读起来就非常拗口以至不可接受了。可是与之相应的英文各句子都很自然。进而观察可发现，"桌子"在(19a)中可以是定指的，如果是定指则可轻读，而"一本书"也可轻读，所以句子没问题。在(19b)中，"三本语言学书"要重读，而"在一张新桌子"很难轻读，所以句了不容易接受。(19c)中的两个成分都不能轻读，所以句子更难接受了。

第三，内论元优先重读的原则。国外学者的研究发现，当说话人想要强调一个述宾结构时，动词不一定重读而作宾语的名词短语却必须重读。例如：

(20) Q：What did Mary do yesterday?

A：She [read a NOVEL]$_{Foc}$.

在答句中宾语"novel"在相应的论元结构中是受事，是动词中心语的域内论元，它负载焦点，因此域内论元可以先于动词得到重音，也就是说，当句子或述宾结构成为焦点时，重音可以直接渗漏到内论元上。对此，Gussenhoven(1983)在其句子重音指派规则中用形式化的语言作了如下概括：

in [A(X)P] or [P(X)A], accent A.

意思是，在由论元—谓词(分别由 A、P 代表)所构成的焦点范域(由[ ]代表)里，重音落在域内论元上。可以说，内论元优先重读的原则较好地解决了重音居后原则的主要遗留问题，但在实际话语中也

常有反例出现,例如:

(21) Q: What did John's mother do?

A: She [PRAISED him]$_{Foc}$.

所以单纯靠句法结构(如重音居后原则)或语义结构(如内论元优先原则)都无法完全解释自然语言中的重音分布问题,因为它们只是提供了话语的静态信息,进一步的研究必须考虑在实际话语中起重要作用的语用、语篇等方面的动态信息。

在我们看来,上述例子其实不难解释,并不是新信息整体争当焦点,而是新信息的核心争当焦点,所以在上述例子中,问题在于是事件本身更重要,还是事件的内论元更重要。一般而言,发生的事是以事件为最重要,所以"praise"为焦点;但对"read"而言,"read book/read magazine/read novel"这些都是不同的事件,它们的进程与影响都是不同的,所以内论元是事件的区别性特征,内论元为焦点。而"praise"与"read"的不同之处就在于,无论表扬谁都是同一表扬,内论元不具有区别性。

第四,新信息优先重读的原则。新信息与已知信息的对比是话语语用因素的一个重要方面,一般的原则是新信息重读,已知信息(或旧信息)不重读。但在实际操作中何为新信息、何为已知信息却是个比较复杂的问题。Halliday(1967)在论及这一问题时,将已知信息定义为"回指对象可及的"信息;而新信息则分为三种情况,即"上下文或情境中不可推导的"信息、"与某一推测的或言明的选择相反的"信息以及"替换一个预设问题中的疑问成分的"信息。实验研究证明,听话人对重音和信息结构之间的关系非常敏感。当新信息被重读而旧信息不被重读时,听话人对韵律的合适度评价更高,而听话人会认为把旧信息重读和新信息不重读是不合适的,而且把重音放到信息结构中不合适的位置时,理解事件会延长。如果新信息不被重读,听话人会觉得不自然。尽管旧信息被重读比新信息非重读更容易为听话人所接受,但是旧信息重读似乎会影响对句子的理解。

以上这些研究表明,当句子中的重音设置与信息的新颖度一致时,将有利于句子的理解。

以上四条重音分布的原则在实际运用中,应用结果可能不完全一致,有时会出现互相矛盾之处。根据优选论的有关思想,解决问题的方法是为这四个原则进行等级排序,这些研究者排出的优先顺序是:新信息优先重读＞实词重读、虚词不重读＞内论元优先重读＞重音居后。但他们没有给出理论解释。

前面提到,由于他们大多承认宽焦点,就不得不承认所谓重音渗漏现象的存在,即并非焦点范域内的每个词项都可以得到重音,这样一来,重音的语义解释问题实际上就是一个从单个(或多个)重音到相应焦点范域的"焦点投射"(focus projection)过程。到目前为止,西方在焦点投射问题上主要有三种观点:一是认为焦点投射不能超越词本身的界限;二是认为焦点投射可以限制在论元与谓词所构成的序列内;三是认为焦点投射可以扩展到全句。三种观点中,第一种观点一般被认为比较激进,后两种观点分别被称作"限制性焦点投射"观和"扩展性焦点投射"观。

扩展性焦点投射理论是目前影响最大的重音语义解释理论,主要以 Selkirk(1984、1995)为代表。其基本观点是:语句的焦点(记作FOC)可以看作是对一个特指问句(wh-questions)的恰当回答所聚焦的成分,FOC 的成分范围的确定建立在焦点标记(f-marking)的基础上。她认为焦点是语义上的凸显,重读词汇可以表现焦点,那么根据以下原则可以把焦点投射到更高一级的成分上:(一) 如果短语的中心语是焦点,那么整个短语可以是焦点;(二) 如果中心语的域内论元是焦点,那么中心语就可以是焦点。例如,单个词汇的重读可以把焦点投射到整个动词短语上。如:

(22) Q: What did Mary do?

A: Mary bought a book about BATS.

在答句中,"bats"是焦点被重读,根据焦点投射原则(二),可以把焦点投射到整个介词短语的中心语“about”上；根据焦点投射原则（一），可以把焦点投射到整个介词短语；“about bats”是“book”的论元，可以将焦点投射到“book”上，这样又可以依次把焦点投射到整个名词短语上；名词短语是动词“bought”的论元，“book”是焦点，又可以将焦点投射到动词“bought”上，这样整个动词短语就可以成为焦点。因此对一个词汇“bats”重读，通过焦点投射原则可以将焦点投射到整个动词短语上，整个动词短语成为句子的焦点，整个动词短语也可以重读。Selkirk 的理论比较巧妙地解决了重音渗漏现象，并且形式化程度较高，易于实现成果转化。

限制性焦点投射理论主要以 Gussenhoven(1983、1992)为代表，是 Gussenhoven(1983)所提出的“句子重音指派规则”(Sentence Accent Assignment Rule)的派生理论，该理论与扩展性投射理论最大的不同是，它对焦点投射的起点和范围都有更加严格的限定，即焦点投射只能按由重读论元到邻近的谓词(不管中间有无非焦点成分)的方向进行，投射的范围只能是由论元和谓词所构成的一个序列。根据句子重音指派规则，所有的非焦点成分都不重读，所有的焦点成分包括谓词、论元和修饰语都要重读。但是如果谓语焦点邻近一个论元，或者谓词焦点和论元之间存在非焦点成分，那么谓词焦点可以不重读，焦点通过重读论元投射到非重读的谓词上。例如：

(23) Q：Where's the canary?

A1：The **CAT** killed it.

A2：The **CAT GRACEFULLY KILLED** it.

在这个问答句中，如果问句的答句是 1，“killed”就是新信息，但它不重读，因为它邻近重读的主语论元“cat”；当问句的答句是 2 时，“killed”可以重读，因为“killed”和主语论元之间存在重读成分“gracefully”。

对比以上两种焦点投射原则，Selkirk 认为控制焦点结构和重读模式之间关系的基本因素是句法分析，而 Gussenhoven 认为是焦点结构的表层位置反映着焦点和重读之间的关系。两种焦点投射理论的争论还有待于进一步研究。

4.1.3 以往对汉语焦点重音的实验研究

国内焦点重音的研究主要是通过实验研究的方法,涉及焦点重音的分布、韵律表现,焦点强度的语音感知等。

王韫佳、初敏、贺琳(2006: 86)通过实验研究的方法观察了300个自然语句中焦点重音和这些句子的短语中语义重音的分布情况。实验结果表明,主谓、述宾结构中的语义重音倾向于后置,偏正结构中的语义重音倾向于前置。在句子中,焦点重音倾向于后置。如果句子有宾语,焦点重音倾向于落在宾语的附加语上。如果句子没有宾语,焦点重音倾向于落在谓语部分,但在谓语的附加语和中心词之间没有表现出显著的倾向性。该文认为,焦点重音在谓语内部和在宾语内部的不同分布倾向有可能都是宽焦结构的语音表现。

莫静清、方梅、杨玉芳(2010: 18)通过文本标注、语音感知实验和对发音人的声学参数的辅助分析三个方面,对汉语中三种引导焦点的句法形式在多重强式焦点共现句中的强弱差异进行考察和实验检验。实验结果支持了刘探宙(2008)把"唯量词"作为一种新的引导焦点句法形式从传统的"焦点敏感算子"范围内独立出来的观点。唯量词引导焦点的强度(即我们所说的要求由唯量词决定句子焦点的强烈程度)要高于一般焦点敏感算子引导的焦点强度,而低于焦点标记词及句式引导焦点的强度。

曹文(2010)通过发音分析与合成听辨两种方法共三个实验考察了普通话短句焦点重音的韵律表现,结果表明:汉语二、三音节的20种声调组合可以构成陈述短句语调的核心单元。它们包括无上声调的9个双音节声调组合、9个上声居中的三音节声调组合及上声在句首、句末两种情况。每个单元内部基于韵律表现的重音构成规则具有稳定性和递归性,人们通过有关单元的韵律信息可传达并感知句子的调核或语义焦点所在。在这些韵律信息中最重要的是高音点落差级别,其次是音长。如同声调可分为高、中、低,音节间高音点基频差值也可以分为大、中、小。具体来说,小级别落差在 2st 左右,中等级别落差在 6st 左右,10st 左右的落差为大级别落差。不同的基本单元对这些落差别有不同的要求,借以凸显不同的声调/音节。通过对高音点落差值及有关音节时长的调节,特定的重音及焦点基本可以实现。此外,该研究还发现,对于上声音节来说,除了其前后音节的音高点落差及时长信息以外,它本身是否带吱嘎声也是它加重与否的重要指标。

4.2 焦点的两种重音配置模式

对于"句重音"(sentence accent),不同的语言有不同的表示方法,既可由音强、音高、音长来表示,也可以由音节的多寡来表示。采用重音来显示焦点是符合象似性原则的,焦点的信息量大,所以它的语音形式也大。

前面提到,英语重音分布的原则之一是实词重读、虚词不重读,汉语基本上也符合这一原则。不过刘丹青(2008: 239)指出,一些副词如"只、也、总是、通常、必须"等,即所谓的焦点敏感算子,其作用是与句中的一个实词性焦点成分相关联,它们成为表达焦点结构的手段之一,一般本身不作为强调对象,但在特殊情况下,也可以用重读手段被强调,表达特殊的意义。例如:

(24) a. 他总是在'**晚上**读杂志。

b. 他总是在晚上读'**杂志**。

c. 他'**总是**在晚上读杂志。

例(24a)中的副词"总是"关联重读的"晚上",表示他读杂志的时间总是在晚上而不在白天,但不排除他在晚上也读其他读物。例(24b)中的"总是"关联重读的"杂志",表示他在晚上总是读杂志而不读其他读物,但不排除白天也读杂志。这两句中的副词“总是”都不被强调。例(24c)是“总是”被重读,成为焦点,实际上是以“总是”以外的整个命题为预设,表示“他在晚上读杂志这样的事情是经常发生的”,这是这种副词的特殊用法。

我们认为,刘丹青先生的例子很好地说明了汉语焦点的重音配置模式至少有两种:这就是前文讲过的说话者焦点操作的“顺向策略”和“逆向策略”。下面以汉语的疑问句为例,具体说明这两种不同的重音配置模式。

4.2.1 重音的常规配置模式——顺向策略

询问句具有一般重音,它的音强不是特别重,音长也不是特别长,更为重要的是,它一般落在疑问句的常规性的信息成分上。如在是非疑问句中,是非问句的一般句重音不会落在句子中的疑问形式(如句末“吗”)之上,而是在其他某个凸显的或具有对比性的成分上,例如:

(25) 你去过<u>北京</u>吗?

而正反问句的一般句重音会落在句子中的疑问形式(如句中“V不/没V”)之上,不过这时没有特别突出的韵律表现,而且语义内容是问事件是否为真,例如:

(26) 你<u>看没看</u>过那本书?

在特指疑问句中,一般句重音落在疑问代词上,例如:

(27) a. 你喜欢<u>谁</u>?

b. 你到<u>哪儿</u>去了?

c. 你靠<u>什么</u>生活?

不过,有时在一定的上下文中,疑问代词做定语修饰一个中心语,句重音也会落在该中心语上,例如:

(28) a. 你看过什么<u>书</u>?

b. 你见到了哪一位<u>同学</u>?

4.2.2 重音的非常规配置模式——逆向策略

汉语疑问句有时会产生特别重音,它的音强特别重,音长特别长,更为重要的是,它不是落在疑问句的常规性的信息成分上,而是落在句中特定的成分上,造成特殊的重音配置。

汉语的特别句重音,又称为对比重音(contrastive stress),不论其语义层面是肯定还是否定,在语用层面上大都是一种否定,即有着外部信息 X 和内部信息 X' 的对立,并且常常是强调说话者自己的认识 X'为真,而否定对方或他人的认识 X。

先看是非疑问句,分为两种情况:

1. 是非疑问句的特别句重音可以像陈述句的对比重音那样配置,例如一般问:

(29) 张三打了[你]吗?

这时是在问张三打你的事儿是否为真,而加上对比重音可以问:

(30) [张三]打了你吗?

这时是在问是不是张三打了你。

2. 是非疑问句的特别句重音"特别地"落到句子谓语的核心上。

在是非问构成的疑问句中,特别句重音落到句子谓语的核心上,如下例中重读"打":

(31) 张三[打]了你吗?

对谓语核心的特别强调,表明说话者对命题意义的特别的怀疑,以及这一命题是外部信息 X。所以,句子就很容易转化为反驳,成为反诘句,说话者的意思趋向于"张三没有打你"。

而在正反问构成的疑问句中,特别句重音落在某个凸显的或具有对比性的成分上,例如:

(32) 甲询问张三打人的对象是不是乙。

甲问:张三打没打[你]?

张三是不是打了[你]？

此外，特别句重音也可能落到句子谓语的核心上，即“V 不/没 V”“VP 不/没 VP”上，更准确地讲，是落在前一个“V”或“VP”上。如下例，特别句重音则落在“打没打”、“是不是”，或第一个“打”和“是”上，读为：

(33) 张三[打没打]你？

张三[是不是]打了你？

张三[打]没打你？

张三[是]不是打了你？

同样，在这种情况下，句子也很容易转化为反驳，成为反诘句，说话者的意思也趋向于“张三没有打你”。

在处理正反问句时，需要辨别句子谓语的核心。关于谓语及谓语核心的讨论很多，有各种不同的观点。但在韵律问题上，我们可以有一个简单的判别法，即句中能用正反问形式提问的那个成分。例如，当句中有助动词时，按我们采用的方法，助动词是谓语核心，例如：

(34) 甲和乙二人在讨论举重运动员丙的成绩时。

甲问乙：他(丙)能举起<u>两百公斤</u>吗？

这是常规配置。而在表示反问的特别重音配置中，句重音落在了“能”上，而不是“举起”上，例如：

(35) 甲：他(丙)[能]举起两百公斤吗?!

再如：

(36) 甲问乙：明天会下<u>雨</u>吗？

这是常规配置。而在表示反问的特别重音配置中，句重音落在了“会”上，而不是“下雨”上，例如：

(37) 甲问乙：明天[会]下雨吗？

再看特指疑问句的特别重音配置，有四种情况：

1. 句重音落在谓语的核心，主要是针对带必有论元"谁、什么、哪一个"等的疑问句。例如：

(38) 甲问乙：你(乙)打得过**谁**呀？

这是常规配置。而在表示反问的特别重音配置中，句重音落在了"打"或"打得过"上，例如：

(39) 你(乙)**打**得过谁呀？

原来的询问句预设"存在一个人，乙打得过他"这件事为真，只不过这个人是谁不明确，所以加以询问。而当句重音落到"打"上后，"乙打得过某人"这一事件的真实性受到了说话者的怀疑，这一事件为假，也就意味着不存在一个人，这样便得到了全称否定意义。不过，这种非常规配置并不常见，一般要疑问代词在谓语核心之后。

2. 在表原因时，当疑问代词是某个介词的宾语时，一般询问句重音落在疑问代词上，例如：

(40) 你凭**什么**不放他走？

这是常规配置。而在表示反问的特别重音配置中，句重音落在了介词"凭"上，例如：

(41) 你**凭**什么不放他走呀？

3. 句重音落在疑问代词上，但这时疑问代词比常规询问句读得更重，音长更长，有刻意强调的意味，这时从存在肯定向全称否定转化，从而得到反问句。例如：

(42) 甲问乙：你(乙)会喜欢**谁**呀？

当"谁"读得较轻时，趋向于为询问句；而刻意重读时，趋向于反问句。

4. 极为罕见但仍然存在的是，句重音落在强调的当前对象上，也向全称否定转化，从而得到反问句。例如：

(43) 甲问乙：你喜欢我吗？

乙打量一下甲，说：长这样儿，谁喜欢**你**呀！

需要说明的是,句重音的非常规配置是一种倾向性,不同的人有不同的口音习惯,而且不同的方言也有不同的配置方式。我们这里的讨论是就普通话而言的。

总之,在疑问句里,对应于上述两种不同的重音配置模式,句重音主要有以下两方面的功能:一是信息层面上的凸显,如强调新信息等;二是语用层面上的否定,即利用重音表达对比,或表达反驳等,语用上有主观语气。后一种功能有时也可以通过重读焦点算子或焦点标记来实现,例如:

(44) a. 你[还]喜欢他吗?

b. 你[可]喜欢他(吗)?

通过重读"还"、"可",来实现从一般疑问句到反问句的转化,因此这也是句重音的一种非常规配置模式。这里需要补充说明的是,一般认为焦点标记是不能重读的,可以重读的是它所关联的焦点成分。但这实际上涉及上述两种不同的句重音配置模式。可以这样说,在一个句子中,被加上特别重音的成分就成为焦点成分,重读"还"、"可"这些"算子",其实是完成了句重音的功能提升。

4.3 与新信息有关的焦点韵律表现

徐烈炯(Xu Liejiong, 2004: 277—299)认为,自然语言中的信息焦点总是能够在句法上得到实现,但是不同的语言有着不同的实现方式。在欧洲语言中,焦点是通过音高(pitch)系统地表现出来,而与焦点成分是否处于句法上倾向的焦点位置无关。在汉语中,焦点成分尽可能地占据基本的焦点位置,语音的实现方式在汉语中只是一种补充性手段,即只有当作焦点的成分处于某些结构上的限制不能出现在基本焦点位置时,才有必要使用语音手段。例如:

(45) a. <u>老李</u>上个月去过上海。

b. 老李<u>上个月</u>去过上海。

c. 老李上个月<u>去过</u>上海。

d. 老李上个月去过<u>上海</u>。

上例句中的每个成分都可以获得语音上的重读,但是汉语在表达焦点的语音手段上和英语有着显著的不同。一个主要的区别是,汉语主要通过发音的长短和强度而不是音调的高低来表示焦点,音调上的差异在汉语中主要用于区别不同的词或者句子类型的差异。更为重要的差别是,对于英语而言,无论一个句子单独出现还是在某种语境下出现,句中的某个成分必然带有韵律上的重音。而在汉语中,语音手段在句子的焦点表达上不是必需的。例如:

(46) 老李上个月去过上海。

当例(46)在没有任何语境的情形下出现时,句中的任何成分都不比其他成分读得重。即使在某个语境中某个成分显然是焦点成分时,它也不一定总是需要重读。事实上,如果该焦点成分已经占据了焦点的基本位置,它就不再需要通过重音来表达其焦点性质。如果被赋予焦点的成分没有占据焦点的基本位置,我们就很可能通过重音手段来表达其焦点意义。因此在汉语中,为了避免在焦点的显性表征上的冗余,句法定位和语音凸现之间存在着互相对立的关系。

我们认为,这实际上是说出了顺向策略下的韵律配置,尤其是关于新信息的焦点重音,对英语而言,这时是需要韵律上的突出性的,但对汉语而言则不然,这时不需要特别重音,只需要"不可简省"的韵律配置就行了,而"不可简省"性实际上是从"减法"而不是从"加法"上规定的重音,它在实际读音中,甚至可以看不出在韵律上有什么突出的地方。

周韧(2006: 24—38)同意徐烈炯(Xu Liejiong, 2004)关于汉语尽可能利用句末这个位置来标记信息焦点的看法和汉语的句子不必有重音(作者按:即我们的特别重音)的观点,但不同意关于音系手段只是信息焦点标记的一种补偿手段的看法。他认为,焦点标记所利用到的音系手段并不仅仅局限于指音高的升降变化,也可以利用音

步等节奏概念,即汉语的信息焦点的常规表现形式要受到韵律因素的制约,例如:

(47) 老张喜欢看报。

上例中的“报”虽然处在常规焦点位置,却无法成为信息焦点,而是需与“看”组合在一起,以“看报”这个整体担任新信息。他用反意疑问句的形式说明这一点,我们对他的例句分析有疑问,但承认他对音节数目的说法是有道理的,即汉语信息焦点的结构划分对音节数目十分敏感,语序和句法结构在某些时候会失去效力。即单音节形式要受到限制,而双音节形式不受到这个限制。

按照韵律句法学的相关研究,汉语在韵律上是单音节轻而双音节重,即“单轻双重”,而按照焦点显著性规则,焦点要“重”,这样汉语中的单音节成分就不具备成为信息焦点的条件。要成为汉语的信息焦点,就必须是一个音步以上的韵律单位,因此例(47)中的“看报”尽管在句法上是一个词组,但是在韵律阶层上只是一个音步,在汉语信息焦点结构的划分上,它只能作为一个整体来看待。而“报”尽管在句法上是一个词,但在韵律阶层上只是一个音节,没有能单独构成一个音步。

如果一个单音节要成为焦点,它们就必须重读延长,独自形成一个独立的音步。这时,必须要有条件来允准它,例如下面的例子就可以说。

(48) 甲:老张喜欢看什么?

乙:老张喜欢看<u>报</u>。

当然,也并不是所有的音步都成为信息焦点,因为信息焦点要求必须有完整的语义,例如:

(49) 老张去了加利(福尼亚)。

上例中,“福尼亚”虽然是个音步,但它本身没有任何意义,所以不能成为信息焦点。周韧进一步以普通话上声连续变调的方式来划分汉语句子中的音步结构,总结规则为:在没有重音标示的情况下,汉语的信息焦点在韵律阶层上必须至少有一个音步而且句子音步结构的划分不能破坏句子信息焦点结构的划分。

至于句末的“报”处在句末常规焦点位置，充当焦点的例子，周韧(2006：35—36)用预测度的高低来进行解释，他举到以下例子：

(50) a. 空姐(问)：您喝什么？　　乘客(答)：我喝茶。

b. 空姐(问)：您喝什么？　　乘客(答)：我喝醋。

他认为，在这个发生在飞机上的场景中，“茶”是一个被高度预测的成分，因为我们平时“喝”的东西并不多，因此在这个场景中，“茶”的信息量并不大。而“醋”不是一个被高度预测的成分，如果在回答中“醋”没有音高重音，句子就显得不大自然。不过，他也指出，每个人对世界的观察以及所得出的经验是不同的，因此同一句话，个人对焦点结构的理解就会不同。

冯胜利(1998：40—47)研究了汉语中不受句法、语义影响和限制的“自然音步”，他通过考察一些音译词和并列结构，得出以下几条结论：一是两个音节组成一个独立的音步；二是三个音节也组成一个独立的音步；三是单音节形式不足以构成独立的音步。也就是说，双音节是一个“自然音步”，而单音节不行。为此我们认为，焦点成分所在的音步在韵律上会被赋予句子重音，如果一个词不足以组成音步，则它需与其他成分合并为音步后再指派重音。例如：

(51) 张三|很好。

(52) 张三很|快乐。

这两句的区别是，“好”一般不能自成音步，而“快乐”可以。所以前者“很好”是一个音步，句子重音是指派给这个音步的，并且“很”一般比“好”更重。而对“快乐”而言，句子重音是指派给这个词的，“很”在外面，所以一般“很”比“快乐”轻。

最后，需要说明的是，虽然重音是焦点的表现形式，但与焦点问题相比，重音问题更为复杂一些。这主要是因为重音还可分为无意义的节奏重音和有意义的重音，前者仅是为了满足发音节律的需要，不对语句的意义表达作出贡献的重音，有时甚至仅仅是一个人的发音习惯，包括某种“毛病”。只有后者才是与焦点有关的重音。但是二者在句中是一个有机的整体，前者对后者有重要的影响，这又会给焦点分析带来一定的困难。

除此之外，有时同一场景会有多种重音分布的选择，这也是一个很重要的焦点问题。目前尚没有一个穷尽性的分析，可以告诉我们哪些是正确的选择，哪些比较难成立。如下面的英语句子用不同的句子语调轮廓来标记不同类型的焦点(转引自杨彩梅，2011：276)：

(53) Q：What seems to be the problem?

A：a. Our CUStomers aren't admitted.

b. Our CUStomers aren't adMITted.

c. Our CUStomers AREN'T adMITted.

上例中，a 标记的是新信息焦点；b 隐含了“That is the way it is”之意，强调一种定义性；c 则隐含了“in case you had forgotten”之意，标记的是说话者的主观意外。

在汉语中也有这种复杂的情况，例如：

(54) 甲与乙在看戏，这时台上发生了一个意外。

甲问：怎么啦！

乙：a. 幕，布，掉，下来，啦！

b. 幕布，掉下来啦。

c. 幕布掉下来啦。

d. 幕布掉下来啦。

e. 幕布掉下来啦——

最后一个 e，一般不会出现，但确实有这种用法，对语气词“啦”的强调，特别给人一种“说话者正在幸灾乐祸”的感觉，其原因可能是源于“夸张”，不过，这一问题尚需进一步的研究。

第五章

汉语若干"焦点强迫形式"辨析

以往关于焦点的论著,大多会有一部分专门来讨论所谓"焦点的表现形式",并且说焦点的表现形式"可能是音位的、形态的或句法的"(Rebuschi & Tuller, 1999)。这种观点认为,焦点的表现形式可以是语音手段、词汇手段和句法手段。

例如,据 Gundel(1999)说,以语音手段使用最为普遍。关于焦点的表现形式,Kiss(1995)、Van Valin & Lapolla(2002)、徐烈炯(2001)等都有论述。Kiss(1995)汇集了多篇讨论不同语言中话题和焦点表现形式的论文,把通过语法层次结构来体现话题和焦点这两个话语概念的语言称为话语概念结构化语言(discourse configurational language),把通过语法层次结构来体现话题的语言称为 A 型话语概念结构化语言,把通过语法层次结构来体现焦点的语言称为 B 型话语概念结构化语言。Van Valin & Lapolla(2002)在谈到焦点形态句法编码时,指出所有的语言都不同程度地使用语调(intonation)来标记不同的焦点结构构造(focus structure construction),而在其他的句法形态手段上则会有所不同。具体来说,他们认为,英语是一种主要用语调来体现焦点的语言,其词序比较固定,焦点可以落在句中的任一成分上,通过重读来体现,而词序不发生改变;另外,英语也可以用分裂结构(cleft construction)或存现句来表现焦点。而法语、意大利语限制焦点在动词前的出现,如果动词前的 NP 是焦点,或者整个句子是焦点,法语一般用分裂结构来表示,意大利语也可以用分裂结构表示,但是用倒装结构更为自然。分裂结构和倒装结构的使用都属于句法手段(syntactic means)。

除了重音和句法手段外,还有用形态标记来表示焦点。如日语中用 wa 标记话题,用 ga 标记句焦点(ga 轻读)和窄焦点(ga 重读)。

徐烈炯(2001)则归纳了汉语焦点的四种表现形式:零形手段、重音、语序和焦点标记。当焦点为句子焦点或谓语焦点时用零形标记,即句中哪一个词都不需要重读,也不需要特殊的焦点标记,也没有特殊的焦点位置。在介绍语序手段时,提到“汉语中在句法允许的条件下,把信息焦点置于句末”。因为“句末是个线性分析概念,Cinque(1993)用层次结构来分析,指出常规的焦点位置是递归方向内嵌最深的位置(most deeply embedded position on the recursive side of branching)”。而在介绍焦点标记时,他举到“是”作为例子,指出汉语中带“是”的句子语义上相当于英语中的分裂结构,并详细介绍了“是”作为焦点标记的用法。

上述关于“焦点的表现形式”的讨论,都是因为研究者们没有区分焦点强迫形式与焦点操作策略这两个层次而造成的。实际上,只有重音,只有韵律上的凸显性分布(包括不可简省和特别重音),才是焦点的表现形式。其他所有的东西,无论是词汇上的、语序上的、句式上的、语法标记上的等等,都是焦点强迫形式,即它们要求自己或受自己约束的某一成分成为句子的焦点,但说话者既可以采取顺向策略满足它们的要求,也可以采取逆向策略不满足它们的要求,所以它们并不能最终决定句子的焦点。

当然,也不能说除了重音之外不可以有一种辅助性的手段来标注焦点。如果某个词汇或语序或句式或语法标记,它一旦出现,说话者就只能采用顺向策略,不能采用逆向策略,只能满足它对焦点的要求,那么这种手段,实际上已经和重音“捆绑”在一起,共同担任焦点的表现形式了。如日语中的 ga 很可能就具有这样的属性。

汉语中是否存在这样的情况呢？一些研究者把“是”称为焦点标记，这里的“标记”意味着它一旦出现，就要使其约束的成分成为句子焦点。若真如此，则它也是和重音“捆绑”在一起，共同担任焦点的表现形式。但是，实际的情况并不如此，前面我们已经多次提到说话者对汉语“是”字句采取逆向策略的例子，这足以证明它是且仅是焦点强迫形式，并未与重音捆绑起来。

有些汉语词汇与重音共现的概率很高，如张黎(1987：63)提到一些句法成分(如表示结果或程度的补语)和有些副词(如“又、还、也、在”)在正常语调下都带重音，以表示焦点所在，不过这些也都有例外，即有时不带重音，它们反而成为了句中的背景。

为了澄清有关问题，本章我们将具体辨析一下一些在焦点研究中提到的词汇语法手段，分析它们的性质。初步的观点是，它们也都仅是焦点强迫形式。至于汉语词汇语法中是否存在与重音捆绑的成分，且待将来的研究。

5.1 词汇性焦点强迫形式举隅分析

词汇手段就是焦点研究中经常提到的“焦点标记词”(focus marker)，一般是指加在句中某一成分上用来标记其信息地位的虚词。当然，这实际上只是提出焦点要求，能否实现还需看说话者的焦点操作策略及语境上下文的要求。不过，这些词汇毕竟是提出了相当强烈的要求，不容轻视。在某些语言中，它们中有一些甚至已经完全与焦点重音捆绑在一起，不容分离。

据刘丹青(2008：225)介绍，非洲不少语言有专门表示焦点的助词，索马里语就以焦点标记发达著称，这种语言要求每个主句都要出现焦点标记，但是每句也只能出现一次，特指问句中的疑问代词作为信息焦点也必须加焦点标记。名词焦点标记都是后置性助词，加在焦点之后，例如：

(1) Amida baa　　　wargeyskee keentay.

　　人名 (焦点)　　　　　报纸　　　买

(2) Amida wargeykee bay(=baa ay) keentay.

　　人名　　　报纸　　　　(焦点)她　　　买

例(1)中焦点标记 baa 用于主语 Amida 后,标示主语是焦点。例(2)中同一个 baa(与复指主语的代词 ay 合音为 bay)用在表示报纸的宾语 wargeykee 后,标示宾语是焦点。此外,索马里语还有标示动词焦点的 waa,加在焦点之前,属于前置性助词,例如:

(3) Cali moos　waa-uu　　cunay.

　　人名 香蕉　　(焦点)他　　　吃

所以在索马里语中,焦点标记词作用很大,被列为其九大词类之一。

我们认为,语法学中所谓的"标记"(marker),其实是一些属于不同标记强度的概念。陈振宇、安明明(2013)在讨论反问标记时,把标记分为以下几种:

最强的标记只表示一种清晰的语法意义(专一性),而且表示该种语法意义一定要用它(强制性);

次强的标记,意义有一点模糊,但多种功能中有一种功能是最突出的(中心性),表示该种语法意义不一定要用它,不过却常常要用到它(常用性);

稍弱的标记,多种功能中并不只有一种主要功能,可能有多个主要功能(选择性),表示该种语法意义不一定用它,不一定常常用它,但用它时往往能很容易地得出该种语法意义(倾向性);

最弱的标记,表示该种语法意义不是其主要功能,只是一个附带的功能(伴随性),表示该种语法意义不用它,但它的存在对该种语法意义有加强功能(辅助性)。

他们认为,汉语缺乏最强势的那种语言标记,只有一些次强的标记。例如,对汉语时间系统而言,并无英语的-ed、-ing 那样的强势标记,时间助词"了$_1$、着、过$_2$"等,虽然其核心功能是表时间,但它们也有情态功能,只不过时间功能最为突出罢了。另外,在表时间意义时它们也并不是不可缺少的。汉语大量存在着弱的标记,如任何一个表变化的句末语气词(如"了$_2$、矣、哉"等),都使事件的边界——开始与终结得以凸现,从而较容易得到完成意义,而表确定语气的句末语气词(如"的、来着"),也同时表示事件的已然性。

我们认为,这一结论也适用于汉语的焦点标记。从本质上讲,焦点标记都是焦点强迫形式,只不过在索马里语中已经成为了最强的标记,即它只表示一种焦点成分的位置(专一性),而且句子的焦点一定要用它(强制性);而在汉语中,只有稍弱的焦点标记,即它有多种功能,焦点标记功能并不是它的主要功能,它有自己的语义内容,表示焦点成分的位置也不一定要用它,但它确实经常以焦点成分作为它所约束的成分,二者经常共现,所以句中一旦出现这一标记,往往能很容易地找到焦点成分的位置,虽然并不总是成功(倾向性)。

汉语中哪些成分可以作焦点标记词?它们的作用究竟有多大?综合以往的研究文献,各家的看法是不同的。下面我们试作一些分析。

5.1.1　"是"

学界一般认为,由系词语法化来的"是"是现代汉语中最接近焦点标记的词,"是"经常直接用在被强调的成分前,并随焦点的变动而在句子中浮动(floating)。"是"也常常和"的"配合使用,构成突出焦点的专用句式,作为焦点标记词,"是"是前加性的。

范开泰(1985: 406)认为,汉语里可以用"是"来表示强调,表示强调的"是"有两种读法:一种是轻读,一种是重读。两种"是"有不同的表达功能,例如:

(4) 小王昨天在学校里是买到了一本新词典。

(5) 小王昨天在学校里是买到了一本新词典。

例(4)中是轻读的“是”,从心理结构的角度分析,它的位置总是在新信息前,可以看作新信息的一种辅助标记。而例(5)中是重读的“是”,它表明整个句子“小王昨天在学校里买到了一本新词典”是前面话语中已经提供了的已知信息,这里用重读“是”再强调地“确认”一下,这个“确认”口气才是所要表达的新信息,但是这个重读的“是”本身是不是句子的焦点,有不同的看法。

徐杰、李英哲(1993：82)认为不存在单纯的焦点标记词,它必然属于一定的词类。标记词除了强调焦点外,没有另外的意思。“是”不是一个单纯的焦点标记,而是以动词的身份充当焦点标记,遵循动词的语法规则。跟“连”、“才”、“就”相连的语法单位很容易成为其所在句子的焦点成分,但是它们也有自己独立的意义,所以不把它们看作焦点标记,但是它们都有附带地强调焦点的作用。

方梅(1995：281—283)提出了确认标记词的三条原则：一是作为标记成分,它自身不负载实在的意义,因此不可能带对比重音;二是标记词的作用在于标示其后成分的焦点身份,所以焦点标记后的成分总是在语音上凸显的成分;三是标记词不是句子线性结构中的基本要素,因此它被省略掉以后句子依然可以成立。据此她认为焦点标记词只有两个：一个是轻读的“是”,一个是“连”。这两个标记词都可以标示对比焦点,其中用“是”标示的成分有施事、时间、处所、工具,但一般不能是动词后的受事成分,例如：

(6) *我们明天在录音棚用新设备给片子录是主题歌。

用“是”标示的受事成分仅限于被动句,例如：

(7) 是小王叫蛇咬了。

方梅的研究在汉语学界影响很大,但她说的三条原则,对“是”而言,只有第三条成立。前面我们已经多次举过焦点重音不在“是”后成分上的例子,方文可能没有注意到说话者焦点操作策略的概念,尤其是逆向策略。

下面我们主要来看看“是”本身的重读问题。

这里涉及两种不同语音形式的“是”：一种是不重读的，一种是重读的。例如：

(8) a. 都开学了，他怎么还在家住着？

b. 他是没考上。

c. 可是我记得他考上了。

d. 他是没考上。

过去的研究中，对这两个“是”的区分一般只说重读的“是”有“的确、实在”的意思，或指出重读“是”的使用条件，即在背景中原命题的正确性已处在判断之中时，把重读“是”放在变项之前。轻读“是”后的变项可以有多种选择，重读“是”后面变项的选择只有“是”和“非”两种。但是，在标示焦点的问题上对这两个“是”一般不加区分。方梅根据焦点标记词的确认原则，认为只有不重读的“是”是焦点标记，而重读的“是”是表示确认意义的副词。原因有两点：一是标记词的作用在于标示其后成分的焦点身份，所以它后面的成分总是在语音上凸显的成分。而重读“是”后的成分却比“是”读得轻，所以这个重读的“是”不是焦点标记。二是重读的“是”有比较实在的意义，意思是“的确、实在”，在句子中不能省略。

石毓智(2005：46—50)从数量语义特征区分了焦点标记“是”和强调标记“是”。他指出，焦点化一个成分具有三种条件限制：一是“是”只能焦点化紧邻其后的成分；二是被焦点化的成分必须具有离散性质；三是跟焦点化成分有关的变项必须是大于或者等于2。所以谓语动词之前的成分，凡具有离散量特征的，诸如施事、时间、地点、工具等短语，都可以在其前面直接加上“是”而使其焦点化。焦点标记“是”在很大程度上退化掉了动词的特征，不是句子的主要成分，去掉之后句子仍然成立。而当“是”出现在连续量的成分之前时，则起强调的作用。该连续成分通常是句子的谓语，被强调的是其后的整个谓语，而该谓语既可以是一个词，又可以是一个复杂的结构。根据所搭配词语的不同，被强调的方面也有变化：其后为动词短语时，一般强调事实发生的真实性；其后为形容词短语时，则强调性质的程度之高。例如：

(9) 她昨天是没来。

(10) 她是聪明。

例(9)中的“是”是强调“没来”这件事的确发生了，例(10)中的“是”是强调“聪明”的程度很高。

刘丹青(2008：221)也分析了两个“是”：轻读的“是”和重读的“是”，他举到的例子是：

(11) 甲：小王不相信摩托车爆胎了。/这种天摩托车怎么会爆胎呢？

乙：是摩托车爆胎了。/摩托车是爆胎了。

(12) 甲：汽车坏了。/摩托车没油了吧？

乙：不，是摩托车坏了。/摩托车是坏了。

例(11)中的“是”是重读的“是”，例(12)中的“是”是轻读的“是”，即一般认为的典型焦点标记词。例(11)乙的答语所要强调的命题是“摩托车爆胎了”，这一命题已完整出现在甲的话语中，不算新信息，但是甲的话语显示这一命题是被否定或质疑的对象，所以乙需要用有针对性的全句强调方式来确认这一命题，即采用在句首或谓语核心上加上重读的强调标记“是”这一方法，英语相应的强调法是在谓语动词前加助动词“do”，如“The motorcycle did break down”。需要注意的是，例(11)中的“是”必须重读，而被“是”所强调的整个命题都不重读。这是这类焦点句的区别性特征。而例(12)中的“是”不重读，“是”后的主语成分“摩托车”、谓语成分“坏”重读，就成为其他类型的焦点，即一般所说的对比焦点。这个“是”也可以删除，只要保留相关的重读成分即可。

综合以上各家关于“是”作为焦点标记词的分析，主要的问题在于如何来处理两个“是”：轻读的“是”和重读的“是”。对于轻读的

“是”，各家看法比较一致，认为轻读的“是”是焦点标记词，即“是”后的成分是句子的焦点，一般可重读。对于重读的“是”，各家看法不尽相同，范开泰(1985)的看法是：重读的“是”表示一种“确认”的口气，这个“确认”口气是句子所要表达的新信息。从焦点类型来看，属于口气性焦点，但“是”本身不是句子的焦点；方梅(1995)的看法是：根据其焦点标记词的确认原则，认为重读的“是”是表示确认意义的副词，意思是“的确、实在”，所以不是焦点标记；石毓智(2005)没有专门区分轻读的“是”和重读的“是”，即他没有从语音角度区分，而是从数量语义特征角度区分焦点标记“是”和强调标记“是”。但是从他的分析来看，他提到的强调标记“是”就是一般理解的重读的“是”；刘丹青(2008)的看法是：重读的“是”是一种有针对性的全句强调方式，表示确认意义。

但是，上述各家都忽略了一种介于其间的现象，即重读的“是”在语义上指向后面的成分，而不是全句，例如：

(13) 甲：怎么了？

乙：链条坏了。

甲(不相信链条出了毛病)：是链条坏了吗？不是吧，是不是齿轮卡住了?!

乙：**是**链条坏了！不是齿轮。

在这里，重读的“是”强调的是后面的“链条”，而不一定是“链条坏了”这一整体，因为“是”将链条与齿轮相对比。

与之相反，轻读的“是”也有指向全句的情况，例如：

(14) 甲：怎么了？

乙：是链条坏了。

这里轻读的“是”用于对“链条坏了”整个情况的判明。

上述例子实际上说明重读的“是”不过是轻读的“是”的一种特殊情况，即在特殊的语境下，焦点意义从“是”确认的成分转向了“确认”本身，而这是说话者采用逆向策略的结果。把它们人为地分为两个

“是”，既无必要，又容易掩盖语境对重读的“是”的允准性。

5.1.2　“连”

下面我们再来看“连”。方梅(1995：281—283)根据其焦点标记词的确认原则，认为焦点标记词只有两个：一个是轻读的“是”，一个是“连”，这两个标记词都可以标示对比焦点。其中“连”用于标示极性对比话题。“连”字句中“连”后的成分都有强制性对比重音，“连”自身不带对比重音，多数“连”字句中的“连”都可以省去。但是，“连”字标示焦点跟“是”字标示焦点是不同的，“是”字一般不标示话题成分，作为对比项，所标示的成分也不是最极端的一个。

曹逢甫(1990：249—279)也认为，“连”字成分总是表示话题……它伴有或隐或显的对比，因而带来重读。例如：

(15) 连**星期天**他都去上班。

例(15)中的“星期天”暗含着与一周中其他几天的对比，但是曹先生认为“星期天”不是焦点，其理由很可能源自一个一般的观点，即焦点传递新信息，与传递已知信息的话题正好相反。因此，焦点出现在话题的位置就显得自相矛盾。

刘丹青、徐烈炯(1998：249)认为“连”是个前附性的话题标记，它所带的成分就是他们所说的话题焦点，有明显的对比性，但这不妨碍它所在句子的后面部分表达句子的重要信息，如：

(16) 连老王都忍受不下去了。

上例中的“老王”充当话题焦点，而“忍受不下去”是句子的信息重心。他们进一步指出，无论提供什么样的语境，“连”字焦点句都不能省略对“连”所带成分进行陈述的部分，因为那是句子的语义重心所在，而“连”前的成分则可以省略。例如：

(17) a. 我连鸵鸟肉都吃过。

b. 连鸵鸟肉都吃过。

c. *我连鸵鸟肉。

d. *连鸵鸟肉。

王灿龙(2004: 87)在分析“连”字的语法性质时指出,“连”字的出现不是句法和语义的需要,它实际上已经成为一个语用性成分。其功能旨在提升话题成分为焦点成分,从而将该话题凸显为与话题相关的事物组成的集合中的极端个体,以强调句子所表达的事物的现实性或事理的真实性。因此,从这个意义上说,即使把“连”字归为介词,那么也应该看作一个较为特殊的介词,或者不妨直接将它处理为一个焦点敏感算子。

屈承熹(2006: 162)从信息处理(information management)的角度来看焦点,认为焦点是利用特殊标记,让受话者容易确认话语中信息值最高的那部分(集中的)信息。至于是新信息还是已知信息,则与焦点无关。像上面举到的这些“连”字句,其中的焦点同时也是话题,因为它们具有高信息性,因此通常要重读。

综合以上各家关于“连”作为焦点标记词的分析,主要的问题在于“连”所标示的极性对比话题能否视为焦点成分,这实际上涉及了对焦点和话题两个概念之间关系的不同看法:一是焦点和话题相对说;二是焦点和话题兼容说。

我们认为,把“连”看成焦点标记是没有问题的,但有以下几点必须澄清:

1. “连”是什么样的标记?显然不是最强的标记。“连”后成分常常需要焦点重音,但并非绝对,在极特殊的情况下,也有成功的逆向策略操作例子,如下例中乙以强调来表惊讶:

(18) 甲:这事连他也不知道。

乙:这事连他也不知道?

但是应该看到这种特例很少,远少于“是”的情况,而“连”自身重读的例子我们没有找到,所以说“连”的标记强度要远大于“是”。

2. “连”是否有实在的意义,即它是否增加了原句的命题意义?我们认为这是焦点标记与焦点算子的基本区别。但是,如果仅凭感觉，不同的人会有不同的看法。这里仅就典型的“连”字句作一分析。

(19) 连**张三**都去了！

徐杰、李英哲(1993)，方梅(1995)，刘丹青、徐烈炯(1998)对此都提出了自己的看法。徐杰(2001)在总结前人观点的基础上，提出“连”字句除含有“不寻常”意义的附带信息、“最不”意义的预设信息、“更加”意义的推断信息外，还蕴涵“居然/竟然”的语气。这种“居然/竟然”语气用在疑问句中常常形成“问而不必答”的反问句。即使提供答句，也不会像在非反问句中那样对其中的疑问焦点提供信息，而是使用整个句子或句子结构的中心成分“谓语”进行肯定，否定，辩解。所有这些都跟“连”和“连”字句无关。例如：

(20) Q：你连小刘都不认识？（真是不合常理！）

A：a. （纠正、惊奇地）认识啊，怎么不认识？

b. （纠正、惊奇地）认识啊，当然认识，谁说不认识？

简言之，“连X都/也Y”与原句“XY”的区别是，“连”字句引出一个级差{X，X1，X2，……}，X是这一级差的最高项，即X是最不容易发生Y的，既然X发生了Y，所以X1、X2等也应该发生Y。如例(19)，张三是最不应该去的，他去了，也就意味其他人也应该去。

请注意，在“连”字句中，X发生Y得到了肯定，但并不意味着X1、X2等一定发生Y，而仅仅是“应该”。这个“应该”可以是表认识情态，即其他人也应该已经去了；也可以是表道义情态，即其他人也应该去，但现在也许还没去，所以我们可以把“连”字句的意义码化为：

XY　　　　并且　　　　X1、X2等也应该Y

从这一点看，“连”字句是比原句意义有所增加，不能说毫无实意。但是，这并不意味“连”是焦点算子。

我们认为，区别焦点标记与焦点算子的根本之处在于是否影响真值，焦点标记可能为原句增加意义，但不会影响真值。检验的方法是“否定测试”。

【否定测试】：有非独立的焦点强迫形式F加在原句S^0上，构成句子 S。

若对 S 否定，一定有对 S^0 的否定，则 F 为焦点标记。

若对 S 否定，不一定有对 S^0 的否定(可以是对 S^0 的肯定，也可以是 S^0 的真值不定)，则 F 为焦点算子。

如下所示，我们把典型的焦点标记"是"与"连"作一对比：

(21) 甲：是张三去了！

乙：不，不是张三去了！　　　　＊不，是张三去了！

是，是张三去了！　　　　＊是，不是张三去了！

(22) 甲：连张三都去了！

乙：不，张三没去。　　　　＊不，他是去了。

是，他是去了。不过他去他的，关我们什么事！　　　　＊是，张三没去。

可以看到，当对"是"字句和"连"字句进行否定时，原句都被否定了，因此可以得出结论，"是"字句和"连"字句都不会影响原句的真值。

在"连"字句中，很有意思的是，如果要否认"X1、X2 等也应该 Y"这一意义，得先承认 XY 为真，再用个转折关系来加以否认。这也是因为"X1、X2 等也应该 Y"仅仅是在 XY 基础上语用引申的结果。我们认为，"连"字格式就是表示言外之义的焦点标记。

5.1.3 副词

副词在语义上多表现出强调义，一些学者认为它们有标记焦点的作用。张斌(1998：85)指出副词"就"是焦点标记词，用在焦点之后标记焦点，如："你找校长吗？他就是校长。"范开泰、张亚军(2000：198)认为，副词"就、难道"等也有标记焦点的作用，例如：

(23) 你们去吧，我就不去了。

(24) 你叫我去，我就不去。

(25) 难道你还不了解他？

他们认为，例句(23)中的"就"轻读，它所标志的焦点在它的前面,是后置性的焦点标记。例句(24)中的“就”重读,含强烈的转折义,相当于“偏偏”,是前置性的焦点标记,表明它后面的成分是焦点。例句(25)中的“难道”也是前置性的焦点标记,表明它后面的成分是焦点。陈昌来(2000：34—35)认为,范围副词“只、仅、仅仅、就、光、单”往往把它后面的词语视为焦点,“才”可以把它前面或后面的词语视为焦点,“尤其、特别、尤其是、特别是”也可以用来提示它后面的词语是焦点。副词“也、还、甚至、连”往往可以凸显焦点,否定副词“不、没有、没”也可以帮助凸显焦点。相应的例句有:

(26) 他们队只来了**一个人**。

(27) 他**星期一**才交了论文。

(28) 小王才**18 岁**。

(29) 他喜欢语言学,尤其对**语法学**情有独钟。

(30) 他会唱歌,也会**作曲**。

(31) 他没有在**办公室**聊天。

他还认为,副词作标记词,只能出现在谓语之前作状语,这样当标记词之后有多个可能成为焦点的词语时,孤立地看就可能有歧义,如“我最近只发表了一篇语法论文”一句,“只”后面有“发表、一篇、语法、论文”四个可能成为焦点的部分,从下面的对比中可以看出:

(32) a. 我最近只**发表**了一篇语法论文,没有再写。

b. 我最近只发表了**一篇**语法论文,却写了好几篇。

c. 我最近只发表了一篇**语法**论文,没有发表修辞论文。

d. 我最近只发表了一篇语法**论文**,没有出版语法著作。

而表示范围的副词如果用在句首主语或其他名词性词语前,就没有歧义了,例如:

(33) 只**小王**一个人来了。

(34) 仅**论文**就发表了 50 篇。

上面各位学者所提到的各种副词,从副词的语义指向关系来看,该副词跟其前面或后面的句法成分构成语义关系,该副词本身也具有一定的意义，一般在句中不能省略。但是，它们是焦点标记还是焦点敏感算子，却需要检验才可知道。

前面我们已经说过，运用否定测试，可证明“只”是焦点算子，现在看看与之相似的“就”、“仅”。

(35) 原句：张三发表了 50 篇。

甲：张三就(只)发表了**50** 篇。

乙：不，张三不只发表了 50 篇。

(36) 原句：张三发表了 50 篇。

甲：张三仅发表了**50** 篇。

乙：不，张三不只发表了 50 篇。

由此可知，“就”、“仅”也是焦点算子。再看“才”，下面第一个“才$_1$”表“刚刚”，第二个“才$_2$”表示时间晚。

(37) 原句：张三发表了 50 篇。

甲：张三才(刚刚)发表了**50** 篇。

乙：不，张三没发表 50 篇。

(38) 原句：张三到今年发表了 50 篇。

甲：张三到**今年**才(晚)发表了 50 篇。

乙：不，张三早就发表了 50 篇。(“到今年发表了 50 篇”也为真)

所以说“才$_1$”是焦点标记，“才$_2$”是焦点算子。再来看“就”，下面第一个“就$_1$”表强调语气，第二个“就$_2$”表示时间早。

(39) 原句：张三论文发表了 50 篇。

甲：张三**论文**就发表了 50 篇。

乙：不，张三论文加散文才有 50 篇。

(40) 原句：张三到今年已经发表了 50 篇。

甲：张三到**今年**就(早)已经发表了 50 篇。

乙：不，张三到今年还没有发表 50 篇。

可以看到，与“才”不同，“就$_1$”、“就$_2$”却都是焦点标记，因为对它们的否定都意味着对原句真值的否定。再看各种语气副词。

(41) 原句：张三对语言学感兴趣。

甲：张三尤其(是)对**语言学**感兴趣。

乙：不，张三对语言学不感兴趣。

(42) 原句：张三对语言学感兴趣。

甲：张三就对**语言学**感兴趣。

乙：不，张三对语言学不感兴趣。

(43) 原句：张三对语言学感兴趣。

甲：张三甚至对**语言学**感兴趣。

乙：不，张三对语言学不感兴趣。

(44) 原句：张三对语言学感兴趣。

甲：张三也对**语言学**感兴趣。

乙：不，张三对语言学不感兴趣。

可以看到，表示强调的语气副词都是焦点标记，因为对它们的否定都意味着对原句真值的否定。这也印证了语气符号不影响句子真值，只是表示更多的主观意味的观点。

再来看否定副词。

(45) 原句：张三去了北京。

甲：张三没去**北京**。

乙：不，张三去了北京。

可以看到，对否定副词的否定意味着对原句真值的肯定，这证明否定副词是焦点算子。

最后来看功能性虚词，限于篇幅，这里仅举一个时间副词"在"。它一般不带重音，但有焦点强迫功能，即要求后面 VP 中的某一成分来充当句子焦点，例如：

(46) a. 你在看**这本书**吗?

b. 这本书你在**看**吗?

用否定测试，证明"在"是焦点标记，而不是焦点算子，因为对它的否定也是对原句的否定。

(47) 原句：张三看这本书。

甲：张三在看<u>这本书</u>。

乙：不，张三没看这本书。

“在”在特殊情况下，自身可以成为焦点，例如：

(48) 甲：你看过这本书了吗？

乙：我在<u>看</u>啦。

甲：你看过吗？

乙：我[在]看啦！

5.1.4　提顿词

刘丹青、徐烈炯(1998：247)认为，后置的话题标记在汉语中就是所谓句中语气词，称为提顿词，其后常常伴随停顿，实际上停顿也有帮助突出话题焦点的作用。跟北京话的提顿词大多兼有一定的其他语气相比，上海话的提顿词“末”是更加中性更加典型的话题焦点标记，例如：

(49) a. 夜到末，朝北房间会有暖气个。(晚上么，朝北的房间会有暖气的。)

b. 夜到朝北房间末，会有暖气个。(晚上朝北的房间么，会有暖气的。)

例(49a)和(49b)的命题义相同，其中的“夜到”、“朝北房间”是由时间地点词语充当的话题。例(49a)“夜到”(晚上)带“末”成为话题焦点，句子以听说者共有知识中的白天为背景，构成话题的对比；例(49b)“朝北房间”带“末”成为话题焦点，句子是跟“朝南房间”或其他朝向的房间构成话题的对比。

我们基本同意刘、徐两位先生把突出的语篇话题作为焦点的一种语义功能，如果这么看，把作为语篇话题标记的语气词作为焦点强迫形式也没有什么问题。可用否定测试看它对原句真值的影响，由于否定会带来对原句的否定，所以它是焦点标记。

(50) 原句：张三，喜欢看书。

甲：张三嘛，喜欢看书。

乙：不，张三不喜欢看书。

但是，语篇话题作为焦点究竟涉及怎样的认知动因和限制条件，还需要更多的研究。

5.1.5　其他的焦点标记词

除了“是”、“连”这些焦点标记词以外，学者们还提到汉语中的其他焦点标记词“给”、“来”、“数”、“有”，具体如下：

温锁林、范群(2006：19—25)认为，用于句末谓词性成分前的“给”可以看作是一种凸显自然焦点的定位标记词，也是现代汉语中凸显结果成分的专职焦点标记词，一般出现在口语或口语性强的叙述体文本中。首先，这里的“给”是助词，语义上已经成为一个羡余成分，去掉后不会影响完整的语义；句法上也可以省略而不影响结构的完整。其次，“给”后的成分原本就是自然焦点负载自然重音，“给”出现后，其后的成分并不负载强制性的对比重音，只是在自然重音的基础上又加上了词汇的手段，从而将该成分所代表的信息从语流中凸显出来。例如：

(51) a. 我记性不好，保不住把你托的事忘了呢。

b. 我记性不好，保不住把你托的事给忘了呢。

(52) a. 前些天，方小姐被他骗了。

b. 前些天，方小姐被他给骗了。

否定测试也证明“给”是焦点标记，而非焦点算子。

(53) 原句：张三把这事忘了。

甲：张三把这事给忘了。

乙：不，张三没忘。

鲁晓琨(2006：20—30)提出“来 VP”结构中不表趋向义的“来”是

焦点标记词,在信息结构中起标记句子焦点的作用,即标记其前的成分为对比焦点或自然焦点。这一"来"的特点是语义空灵,句法上可以省略。

"来"标记对比焦点一般用于未然句,出现在施事主语或兼语后,用来提议未来行为由某一施事来实现。主语或兼语一般是旧信息,不能成为句子的新信息;而"来"前的主语或兼语是新信息,往往在前后句中有对比项,从而构成对比焦点。例如:

(54) 你去歇一会儿,吃点儿东西,**我们**来看着吧。

(55) 母亲看着姜永泉,意思是让**他**来对付。

当"来"出现在由介词短语、动词短语充当的状语之后,或者出现在由形容词或形容词短语充当的状语之后,标记这一成分为焦点。也就是说,状语比述语更容易成为自然焦点。这种用法在文学作品中出现较少,一般用于书面语体的论说文或新闻报道。例如:

(56) 只要您一个电话,其余的事情由**我们**来办。

(57) 民主集中是党委内部议事和决策的基本制度,必须**认真**来执行。

同样,否定测试也证明"来"是焦点标记,而非焦点算子。

(58) 原句:这事由他办理。

甲:这事由**他**来办理。

乙:不,这事不由他办理。

宗守云(2008:95—98)认为,不表查点数目意义的动词"数"可以用作焦点标记,标记对比焦点。首先,在句子中"数"在语义上是个羡余成分,句法上也可省略;其次,"数"在来源上与确认义有关,具有认定焦点的穷尽性和排他性特征。例如:

(59) 在小羊圈,论年纪、身量和人品,数**钱先生**跟天佑最相近。

(60) 当年村里那些知青,数**吕建国**有出息。

同样,否定测试也证明"数"是焦点标记,而非焦点算子。

(61) 原句:他跟天佑最相近。

甲：数他跟天佑最相近。

乙：不，不是他跟天佑最相近。

我们认为，"数"可以看成"是"类焦点标记。

温锁林(2012：29—37)认为，"有＋数量结构"中的动词"有"的用法很特殊：句法作用模糊，语义上空灵虚化，即使省略也不会影响到句法和语义的完整性。根据"有"的这种句法语义特点，认为"有"具有凸显新信息的功能。"有"由于与数量成分共处于自然焦点的位置，在语义上与被突出的数量信息相互影响，不仅强化了数量信息多而大的特点，也使其原有的超乎寻常的领有义得以保留，并最终出现句法和语义功能虚化，成为凸显数量信息的焦点的专职标记成分。例如：

(62) a. 他在教室坐了有两个小时。

b. 他的身高有一米八。

同样，否定测试也证明"有"是焦点标记，而非焦点算子。

(63) 原句：他坐了两个小时。

甲：他坐了有两个小时。

乙：不，他没坐两个小时。

我们认为，这个"有"也可以看成"是"类焦点标记。

5.2　句法性焦点强迫形式举隅分析

句法手段主要指语序、句法格式等，汉语中如何通过语序、句法格式等句法手段来提出对句子焦点的要求，各家看法也不同。

5.2.1　语序

焦点可以通过语序来表达，学者们一般认为在汉语中位于句子末尾的成分相对容易成为句子的焦点，这就是一般所说的"尾焦点"，是一种符合主位—述位信息流向的常见现象，但远不是所有语言和所有焦点种类都遵循的共性。据刘丹青(2008：227)介绍，在很多非洲语言中,焦点前置于句首是疑问句和陈述句共同遵守的句法规则,在移位的同时,焦点还常要带专用的焦点标记。如加纳的 Akan 语:

(64) Q: **Hena** na Ama rehwehwɛ?
谁 (焦点)人名 在找
A: **Kofi** na Ama rehwehwɛ.
人名 (焦点)人名 在找

上例中问句的疑问代词 Hena 和答句中针对疑问代词的信息焦点 Kofi 都位于句首,而且带一样的焦点标记 na。另外,像英语等印欧语也常要求特指疑问句的疑问代词置于句首,这是一种疑问焦点前置于句首的规则,只是这种句法化的焦点位置只适合特指疑问句而不施及陈述句。

范开泰(1985: 405)指出,除了重音以外,语序也可以表达交际内容的重点。一般来说,这个重点在句子的后面部分,尤其是动词后面的部分,即补语性成分。例如:

(65) 他在马路上飞快地**跑**。

(66) 他在马路上跑得**飞快**。

例(66)把"飞快"放在动词"跑"的后面作补语,与例(65)相比,更强调了"飞快"这一意思。又如:

(67) 他修了半天**电视机**。

(68) 他修电视机修了**半天**。

例(68)用重复动词的办法,把时量补语"半天"移到句末,放在更显著的位置上,与例(67)相比,更强调了"花了半天"的意思。因此,要强调"时间花了很多,效果却不大"时,一般就说:

(69) 他修电视机修了**半天**,还没有修好。

方梅(1995: 281)指出,疑问词在句子中的位置在一定程度上决定了相应回答的焦点性质。问句的疑问词在句首时,相应的回答倾向于为对比焦点;问句的疑问词在句末,相应的回答倾向于为常规焦点。

刘鑫民(1995：82—83)指出，现代汉语的特点是在序列中分散地形成信息焦点，这样就造成了焦点和主题、述题关系的错综复杂，而且焦点强调程度的差别会影响到它在序列中出现的位置。一个明显的倾向是把无标记焦点放在述题末尾，最重要的标记焦点置于句首，较次要的标记焦点放在句末(述题之外)。和无标记焦点相比，句首的标记焦点信息负荷量要大些，而句末的标记焦点信息负荷量要小些，例如：

(70) 桌子，他收拾好了，很快。

不过，刘丹青(2008：228)指出，汉语的尾焦点主要还是一种语序倾向，尚难以将句末位置看作焦点所居的固定句法位置。这是因为：一、焦点移位，是指按常规不在此位，为了成为焦点而移至此位。而汉语常规焦点的句末成分限于句法常规语序所允许的成分，这是在几种常规语序之间的优先取舍，不是真止的焦点移位，句末位置不能是句法上不允许的成分，因此汉语中没有一个专放焦点成分的句末句法位置。二、常规焦点的范围有模糊性，对复杂一些的句子，没有什么句法标准可以确定尾焦点的位置从句末开始朝前到哪儿为止。三、某些结构即使有可选的语序也看不出明显的焦点差别(若不依靠重读)，如“他送了女朋友三枝花”和“他送了三枝花给女朋友”。四、汉语中靠语序表现的常规焦点属于信息焦点中信息强度较弱的类别，不但不具有穷尽性和排他性，而且信息强度比回答问句的信息焦点还弱一些，而答句的信息焦点不一定能放在句末。比如问“谁明天去银行”，答句可以是“小张明天去银行”，其中的信息焦点是“小张”，但按句法它不能移到句末，而位于句末的成分“银行”显然不能成为焦点。据刘丹青(2008：229)介绍，在句法语序较灵活的 SVO 语言中，如斯拉夫语言中，将信息焦点置于句末是一个常见的策略。例如在俄语中，遇到“谁写了这封信”之类的问题，答句通常会用“信—写了—彼得”这种语序，信息焦点“彼得”虽为主语却位于句末。这些语言强烈地体现出“主位—述位”的信息流向，事实上开创这一学说的布拉格学派正是以斯拉夫语言为主要研究对象的一批东欧学者。

5.2.2 句法格式

5.2.2.1 准分裂句

分裂句(cleft sentence)是不少语言用来表达对比焦点(具有穷尽性、排他性)的手段,分裂(cleft)的意思是将一个单小句的句子变成一个双小句的句子,句子的论元结构并未改变。通常是让焦点成分成为新主句的表语,让原主句的其余成分变成修饰该焦点成分的关系从句。以英语为例,一个小句中的任何题元,包括充当主、宾语的名词性成分和充当状语的介词短语都可以选出来充当焦点。

汉语也有类似分裂句的结构,最典型的焦点结构是"是……的"构成的准分裂句,方梅(1995)对"是……的"和"SVP 的是 NP"这两种格式作过深入研究,认为用"是……的"把一个句子分成两段,以便把对比焦点放到"是"的后面,"是"一般仅限于标示动词前的名词性成分,功能相当于英语的分裂句"it is ... that",但这种格式不用作标示动词后成分,所以不涉及成分的移位。而"SVP 的是 NP"格式有三个特点,区别于"是……的"句:一是句子本身没有强制性对比重音;二是对比重音几乎可以加在每一个成分上,没有固定位置;三是"是"前后的成分可以互换位置。这种"准分裂句"(pseudo-cleft sentence)只有带上对比重音以后才可成为对比焦点句,带上对比重音以后的"准分裂句"多用于显示动词后成分,与对比焦点句"是……的"句式形成互补分布,例如:

(71) 王老师前天送给我们的是<u>安徒生童话</u>。

英汉分裂句的最大区别在于跟普通单句相比,焦点是否需要移位。汉语的分裂句跟中性句相比是无须移位的,如"是我先出国的"变成普通陈述句就是"我先出国",这种现象被称为原位分裂句(cleft sentence in-situ),原位分裂句所用的机制和手段也并非汉语独有,而是人类语言表示焦点的分裂结构的常用手段。

不过,刘丹青(2008: 234)指出,"是"和句末"的"配合的句式虽然也可以有强调作用,但不是焦点特有的句式,因为该句式不具有分裂句所需的穷尽性、排他性。试比较:

(72) a. 我**是**<u>昨天</u>喝葡萄酒的(,我**前天**也喝了葡萄酒)。

b. 我**是**<u>昨天</u>喝的葡萄酒(,*我**前天**也喝了葡萄酒)。

例(72a)用"是 VO 的",虽可突出焦点,但并不排除其他同类对象,所以括号中的后续句成立。而例(72b)用"是 V 的 O",焦点已穷尽了可能性,排除了任何其他可能,因此括号中的后续句不成立。可见"是 VO 的"不是焦点理论中表达对比焦点的分裂句。刘丹青还指出,汉语中的分裂句有一种省略"是"的简式,如"我昨天用支票买的书"。这种句式仍具有穷尽性、排他性,是焦点的专用句式,但与其完整形式相比,结构有了歧义,不能单靠结构指明焦点的位置,也可以通过重读来改换焦点,例如:

(73) a. 我[昨天]用支票买的书。(以"昨天"为焦点)

b. 我昨天用支票买的[书]。(以"书"为焦点)

不过这种歧义在具体语境中是可以分化的,每句只能表达一处焦点。句末"的"的功能目前研究得还很不够,有待于进一步研究。

5.2.2.2 "把"字句

"把"字句是汉语的一种特殊句式,"把"字句的焦点是句末动词结构还是"把"后的宾语,研究者们说法不一。范开泰(1985: 405)认为,介词"把"把原来的宾语提到动词前,使动词的补语处在句末,作为表达上的重点。徐杰、李英哲(1993: 83)认为,"把"字所引进的名词词组较容易成为焦点成分,这个名词词组本来的深层位置是在动词之后,表层上它没留在原位置而移至动词之前,原因可能有两个:一个是某种句法规则的要求,另一个是为了强调焦点的需要。方梅(1995: 286)认为,"把"字句"把"的后一成分不一定总要带对比重音,"把"字句如果有对比重音的话,也不一定非得紧贴在"把"后的成分上。例如：

(74) a. 我把我的自行车卖了。

b. **我**把我的自行车卖了。

c. 我把**我的**自行车卖了。

d. 我把我的**自行车**卖了。

可见,"把"字一般不能标定对比项,"把"的作用在于将旧信息放到动词前,把句末位置让给带有新信息的词项。但是,"把"字句又是一个说明句,"把"后某一成分带上特别重音的话,会具有指别功能,也就是语篇话题的功能。"把"字句中的焦点配置,目前的研究还不够充分。

5.2.2.3 周遍句

周遍句是指"都/也"前的成分以一定的形式表示其所指具有周遍意义的句式。温锁林(1998：373)认为"周遍句"是汉语中表示对比焦点的焦点结构,理由是：一是句中带有强制性的对比重音,这种对比重音必然落在"都/也"前表示周遍意义的成分上,而且一般落在这个成分的第一个音节上,如"谁也不认识","谁"就是焦点所在。二是句中暗含对比项,这个暗含的对比项是言谈中提及的或交际双方心中认可的某一范围内的任何一个。三是这类句子的否定形式只能是在周遍性成分前加"不是",而且只能将"是不是"加在周遍性成分前形成反复问句。例如：

(75) a. **一盏灯**也不亮。

b. 不是**一盏灯**也不亮。

c. 是不是**一盏灯**也不亮?

需要说明的是,量化成分在用"否定测试"来检验时,其原句的确定需遵循一个特别的规定：原句的量确定为存在量。以下例而言,原句应为"有灯不亮",即至少存在一盏灯不亮。

(76) 原句：有(存在)灯不亮。

甲：**一盏灯**也不亮。

乙：不，有的灯亮。

由于乙说的话并没有否定原句的真值，或者说，如果乙说的为真，原句并不一定就是假的，所以周遍句中“都/也”是焦点算子而不是焦点标记。实际上，所有全称量化成分都是焦点算子，而存在量化成分都是焦点标记。

5.2.2.4　对举格式（平行结构）

刘鑫民（1995：81）认为，平行结构是表达焦点的句法手段，它往往具有对比的意味，对比的成分往往为强调的对象。例如：

（77）我花费了自己不少的眼泪和欢笑，也消耗了别人不少的眼泪和欢笑。

例（77）中前后两个分句结构相似，大部分词语也相同，在平行的两个分句中，通过“自己”和“别人”两个不同成分的相互对比形成信息焦点。

刘丹青、徐烈炯（1998：247）谈到话题焦点时，指出有一种常见的情况，就是平行的句子互以对方的话题焦点为背景，这样构成真正的对比。

陈昌来（2000：32）认为对举句这种对比的方式可以显示焦点，对比使得焦点可以处在句子中的不同位置。例如：

（78）我作业做完了，家务也做完了。

（79）他在北京读书，我在上海读书。

请注意，对举格式中对比项往往不需要特别重音，这证明说话者在这儿采用了顺向策略。

5.2.2.5　倒装句

陈昌来（2000：36）认为，倒装是使焦点位置变化的一种方式，倒装的部分往往是焦点，例如：

（80）六十岁了，老张。

（81）他们去北京了，几天前就。

（82）他还是来了，尽管下了很大的雨。

但是,在倒装中究竟哪个部分是焦点,仍然值得讨论,因为它并不是都以在前面的作为焦点,如例(82)中究竟“他还是来了”是焦点所在,还是“尽管下了很大的雨”是焦点所在,不同的人会有不同的感觉。我们暂时只能存疑。

5.2.2.6 双宾句

用韵律手段来标记焦点时会受到句法的制约,例如(转引自杨彩梅,2011:276):

(83) a. I [heard a clock tick]$_{Foc}$

(回答 what happened?)

b. I [heard]$_{Pred}$[[a CLOCK]$_{Arg}$[tick]$_{Pred}$]$_{Arg}$

(84) a. I [forced a clock to tick]$_{Foc}$

(回答 what did you do?)

b. I [forced]$_{Pred}$[a CLOCK]$_{Arg}$[[[to TICK]$_{Pred}$]$_{S}$]$_{Arg}$

(注:例 83、84 中大写表示重读)

例(83)是单宾结构,而例(84)是双宾结构,例(83)只须重读“clock”就可以了,而例(84)中必须重读“clock”和“tick”才能标记大焦点[forced a clock to tick]$_{Foc}$,可见同一类型的焦点会因为句法的不同而呈现不同的句子语调轮廓。

双宾句中最为特殊的是两个宾语同时重读的情况,这在汉语中也存在:

(85) 我给了[他]一本[参考书]。

相关问题尚需进一步研究。

综合以上各位学者的分析,我们认为,讨论汉语中与焦点有关的句法格式,首先要看采用这一格式是否有凸显句子焦点的功能,因为一般来说,每种句式都多多少少会要求句中某一成分成为句子的焦点,只是要求成为焦点的类型不同,要求成为焦点的强度也不同。有些句式是典型的较强焦点标记形式,像(准)分裂句、“连”字句等。而有的句式,像“把”字句这样的句式,它要求哪一部分成为焦点成分是存在很大争议的。此外,还要区分单句和复句,像对举格式(或平行结构)这类句式,宜放在复句中去分析其焦点性质。

5.3 焦点标记的语法化——以"X的是"为例

一般认为,语法化是指实词虚化和短语的词汇化,尤其是指实词虚化。某些焦点标记词的固化其实也是语法化的结果,如"是",在先秦时代的古汉语里本是指示代词,和"此"的意义相近,后来逐渐演变为关系动词,最后演变为焦点标记词。又如"连",本是动词,有"连接"之意,后由空间的"连接"引申为时间上的"连续",再引申为"包括、连带",最后引申并语法化为焦点标记词。

下面讨论的对象是"X的是",属于汉语中的评价性话语标记语(self-assessment discourse marker),例如:

(86) 父母都不希望我们成为职业运动员。那时我比姚明球打得好。他已经很高,差不多两米了,但打球并不很好。他的水平直到去了东方青年队才真正提高了。好笑的是,因为我和姚明一起长大,我一直不觉得他特别高。

(87) 高原是我们的语文老师,不用说,他长得很帅。更要命的是,他还很有才华,早在读高一他还不是我们的任课老师时,我就听说,他经常在省级文学刊物上发表小说。

(88) 第一次来北京,像所有第一次出门远行的人一样,一路上我瞪大双眼,好奇地望着车窗外陌生的世界,让我失望的是,直到临近北京城,我看到的都是一派破败的景象。这与我对北京的想象出入颇大。

(89) 为了方便吴琼的工作,我们决定在市四环买套商品房。富有戏剧意味的是,我在北京待了几年都没有办过暂住证,这次要买房定居了,售楼小姐却要我出具暂住证。

从形式上看,"X的是"是"的"字结构和判断词"是"的组合,构成一种表述关系,其结构相当于英语的分裂句,如"it is X that ..."。在语篇中,"X 的是"一般用于句首,前后有停顿隔开,表现当前话语与前一话语之间的某种联系,以引导听话者对前后关系的识别和说话者意图的准确理解。

我们认为,话语标记语"X 的是"在长期使用的过程中,该动态用法逐渐"凝固化",并和后面的句子"Y"形成一个凸显焦点信息结构的构式"X 的是,Y","X 的是"标记其后面的信息焦点,即"X 的是"后面的句子"Y"是全句的新信息所在。在句子内部,它是说话人赋予信息强度最高的部分,跟句子的其他部分相对,可以用"突出"来概括它的功能;在话语中,它又经常有对比的作用,跟语境中或听说者心目中的某个对象对比,可以用"对比"来概括它的功能。(徐烈炯、刘丹青,1998: 94)话语标记语"X 的是"的逻辑关联功能正体现出"对比性"和"突出性",因此"X 的是"的话语功能和它作为焦点标记的表达功能是具有一致性的。例如:

(90) 与巴黎比起来,我们中国除了北京,还有上海、广州两个城市也有可能成为艺术之都,可惜的是,上海居住条件太差,广州的繁华则容易使人浮躁,只有北京,才最有条件成为又一个世界艺术之都。

(91) 绿洲中,高大的枣椰林郁郁葱葱,成群的牛羊在安静地吃草,在湖泊周围散布着几个居民点,生机盎然。更为重要的是,在撒哈拉这片广袤的土地上,已经发现了储量丰富的石油、天然气、铁、铀、锰等矿藏。

"是"是学界公认的典型的焦点标记词,主要指"是"字标记,还包括"是……的"和"SVP 的是 NP"句式。一般认为,单个焦点标记词"是"后面的成分是对应于特定预设的对比焦点,语义上相当于英语中的分裂结构,例如:

(92) a. 是约翰昨天打了比尔。

b. It was John that hit Bill yesterday.

(93) a. 约翰是昨天打了比尔。

b. It was yesterday that John hit Bill.

(94) a. 约翰昨天是打了比尔。

b. It was Bill that John hit yesterday.

例(92a)和(93a)都没有把句中的焦点性成分与非焦点性成分在结构上分离开,例(94a)的焦点如果仅仅是宾语“比尔”,那么(94a)也没有把句中的焦点性成分与非焦点性成分在结构上分离开。而例(92b)、(93b)和(94b),即英语中的分裂结构,是把焦点性成分和非焦点性成分在结构上分离开。在构式“X的是,Y”中,“X的是”这一结构整体上可视为焦点标记,语义上也相当于英语中的分裂结构,但是把焦点性成分与非焦点性成分在结构上分离开。例如:

(95) 我转头看他,这个男人长得不错,唯一让人无法接受的是,和他睡觉的女人太多,让他变得满脸的淫邪。

(96) 这会是个很难的决定,幸运的是我不需要做这样的决定,但如果我只能从火箭队和国家队中选择一个,我一定会选择国家队。

最后需要说明的是,虽然“X的是”已经大大语法化了,但它仍然不是强的焦点标记,在实际言语活动中,说话者可以对它采用逆向策略。

(97) 甲:你把真皮的那件大衣给妈妈了吗?

乙:我给[你]的是真皮。

第六章

焦点基本的逻辑意义结构

形式学派的焦点研究是基于逻辑的，这正是他们把焦点作为信息单位放入研究视野的原因，这是得益于数理逻辑的发展，存在与全称算子的创立，以及对预设理论的研究。

在信息结构研究中，最早提出“焦点”概念的是 Halliday(1967)，该文认为焦点是一种强调，是说话人在话语中标记出的一部分或者全部信息块，以期听话人能将之解释为具有信息价值的部分，焦点往往是述位的一部分，是上下文或情境中不可获得的、信息单元中的新信息，表现为焦点本身或其一部分附带语调重音，是信息单元中韵律突出的部分。

但是，更重要的是“预设/话题—焦点”逻辑式的建立与发展，也就是说，焦点信息结构是具有特定信息状态的各个信息单位的搭配和排列，体现的是话语中的信息分配形式。Lambrecht(1994)认为焦点结构是信息结构与句子形式的结合。信息结构是信息的分布(the distribution of information)，也就是句子的前提、断言、焦点和辖域的语用组配，是一种在整个句子或命题层面上的语义关系，即焦点结构不是单个句子成分的语用特征的表达，而是一种语用关系(或语义关系)。例如，在提问“Did you see John or Bill?”和回答“Bill”中，“Bill”已经是活跃的(即上文已经出现过并为听说双方所共知)，但它仍然与前提“speaker saw X”有焦点关系：“Bill”是断言的焦点，新信息不是“Bill”，而是“X = Bill”。也就是说，“Bill”使断言具有信息价值(informative)。

一般认为，句子的焦点结构(focus structure)是一种焦点—预设或焦点—话题二分的结构，或是焦点敏感算子—焦点—背景三分的结构。

本章我们将讨论焦点所涉及的逻辑意义及其语义结构。因为本书主要是汉语语法学研究，所以为了照顾读者的阅读习惯，文中若非必要，我们将尽量少使用繁琐的逻辑符号与公式。另外，由于目前逻辑研究尚有不足，因此能用逻辑描写的主要是与新信息有关的焦点现象，以及部分涉及主观性意义(如“反预期”)的现象，而不能覆盖焦点研究的全部，对言外之义、主观态度评价以及语篇话题等都难以描写。

6.1 与焦点相对或相关的几个概念

6.1.1 预设

焦点具有明显的凸显性，则句子的其余部分不具有凸显性或不那么凸显。这些跟焦点相对的成分是什么？Jackendoff(1972)指出，在某解释层面上，每个句子都可以分成“焦点”和“预设”两个基本部分。据此，不管(1)是否用“是”，只要“老张”是说话者提供的新信息或强调的重点，其焦点和预设都应分析为(2)：

(1) (是)老张批评了小李。

(2) 预设：某人批评了小李；焦点：此人是老张。

那么何为预设呢？先看如下定义：

Presupposition: Relation between propositions by which a presupposes b if, for a to have a truth-value, b must be true. (Matthews, 1997: 294)也就是说，预设是指两个命题之间存在的如下关系：当 a 有真值时，b 必然为真，那么 a 预设 b。再看《现代语言学词典》的定义：预设指某一事态成立所必须满足的条件，或指说话

人说某一句子时持有的假设,与"断言"相对立。预设也可分析为两个陈述之间的一种特定的逻辑关系,与"衍推"相对立。有些语言学家按狭义使用这一术语,在对句子作二分分析时把说话人认定的(即"预设的")信息与其在信息传递中最关心的中心信息相对立,即把这种意义上的"预设"与"焦点"相对立。例如,句子"盐在哪儿?"预设盐不在说话人跟前,说话人认为有人可能知道盐在哪儿等。

但是,更为重要的是从否定角度对"预设"所下的定义,在本书中采用以下两个逻辑公式来区别预设与蕴含(也译为衍推):

若有命题 A 和命题 B,则:

当 A 为真时,B 为真,并且当 A 为假时,B 真假不定,则 A 蕴含 B,或 B 为 A 的蕴含意义。

当 A 为真时,B 为真,并且当 A 为假时,B 仍然为真,则 A 预设 B,B 为 A 的预设。

这一定义已广泛用于逻辑研究,这里就不去对它作更多的分析和解说。下面让我们来看例子:

(3) 命题 A:李四打了老张　　否定命题 A:李四没打老张
　　命题 B:老张被人打了
　　命题 C:有一个人叫李四

在命题不具有焦点结构,依然是抽象的命题时,如果 A 为真,则 B 也为真,而对 A 否定,即如果李四没打老张,那么老张是不是被人打了,我们无法加以确定,所以 A 蕴含 B。

至于 A 与 C 则不同,即使对 A 否定,即如果李四没打老张,那么还是有一个人叫李四(同样有个人叫老张),所以 C 是 A 的预设。

引起预设的因素可以是词汇方面的,像很多事实性的动词(factive verbs)可以引发预设,如"regret、realize"等,例如:

(4) a. I do **regret** leaving London.(我确实后悔离开伦敦。)
　　b. I left London.(我离开了伦敦。)

(5) a. She **realized** she missed the chance.(她意识到她错失了

机会。)

b. She missed the chance.(她错失了机会。)

上例中的(4a)预设(4b),(5a)预设(5b),从这个角度看,预设谈的是命题之间的历时关系,在事件发生上有先后顺序,但实际上,这也是通过否定关系来判断的,即当对(4a)、(5a)进行否定时,也即"我不后悔离开伦敦"、"她没有意识到她错失了机会","我离开了伦敦"和"她错失了机会"也依然为真,所以才有预设关系。

不过,这类预设关系并非焦点理论关注的内容。在焦点理论中,我们实际上使用的只是句子可能的预设命题中的一个。下面用一个具体的句子,即有焦点的命题来看看其中的安排。

(6) 命题A:李四打了老张　　否定命题A:李四没打老张

命题B:有人打了老张

命题C:这人是李四

这里的命题A与前面抽象命题中的A几乎一样,唯一的区别是,在本例中,"李四"具有焦点重音(不论是不能简省的还是特别的重音,都一样)。焦点的功能(就本例而言是新信息功能)是,把命题C凸显出来,即认为命题B为旧信息,命题C是新信息。这就意味着,命题B是已知的,它必须为真,所以即使否定命题A,B也为真,这样一来,在抽象命题中只是作为A的蕴含的B,在具体命题中成为了A的预设。

焦点的新信息功能,就是这样改变为命题的逻辑结构,写成逻辑公式是:

(7) 抽象命题:打了(李四,老张)

具体命题:

$$\underbrace{\exists X(\text{打了}(X,\text{老张})}_{\text{预设命题B}} \quad \& \quad \underbrace{(X=\text{李四}))}_{\text{焦点命题C}}$$

这一公式的正确读法是:"至少存在一个人打了老张,并且这个人是李四。"

除了焦点以外,其他一些语法原因也可以导致同样的预设结构,这就是焦点强迫形式,唯一的不同是,对焦点强迫形式而言,其“焦点命题”只是对句子焦点的一种要求,而不一定实现为句子焦点。不过这种潜在性在现有的逻辑公式中尚无法反映,所以下例和前面的例子有完全相同的逻辑式:

(8) 是李四打了老张/打了老张的是李四

$\underbrace{\exists X(\text{打了}(X,\text{老张})}_{\text{预设命题B}} \quad \& \quad \underbrace{(X=\text{李四}))}_{\text{焦点命题C}}$

Chomsky(1971)和 Jackendoff(1972)都是从预设的角度给焦点下定义的,他们认为句子中的信息分配可以看作由预设和焦点两部分组成的,因此句子的焦点结构可以描写为焦点—预设的划分。Chomsky(1971)在论证句子的语义解释是跟表层结构、而不是跟深层结构直接相关时,引出了下列答句对于问句的自然反应(natural response)问题。例如:

(9) a. Is it JOHN who writes poetry?

b. It isn't JOHN who writes poetry.

(10) a. No, it is BILL who writes poetry.

b. No, John writes only SHORT STORIES.

(10a)是对(9a)的一种可能的回答(即是一种自然反应),也是对(9b)的进一步证实,而(10b)就不是对(9a)的一种自然反应。那为什么呢?如果把句子的语义表达分成预设和焦点两部分,那么就可以说明这个问题:在(9a—b)中,“John”是焦点,“someone writes poetry”是预设。而(10a)跟(9a—b)有共同的预设,所以它们在语义表达上有某种相关性。它们的差别只在焦点表达方面:(9a)怀疑“John”是焦点,(9b)否定“John”是焦点,(10a)通过肯定“Bill”是焦点来进一步证实(9b)。而(10b)则以“John writes something”为预设,并且肯定“short stories”是焦点,它与(9a)没有共同的预设结构,所以在语义上缺乏关联。

根据Jackendoff(1972),句子的信息结构可以按照预设—焦点进行划分,在某种语义表达层面上,句子可以解读为预设和焦点两部分,并且在句子的句法结构上有所反映。Jackendoff给出了焦点和预设这两个概念的工作定义(working definition):句子的焦点指句子中说话人假定的不是他跟听话人所共享的那部分信息;句子的预设指句子中说话人假定的他跟听话人所共享的那部分信息。这种非共享的信息在陈述句中表现为:说话人假定其为说话人所知,但是听话人不知;而在疑问句中表现为:说话人假定其为听话人所知,但是说话人不知。例如:

(11) What does John write?

PRESUPPOSITION: John writes something

FOCUS: what

由于焦点信息在陈述句和疑问句中具有对称的关系,因而问句的焦点结构跟答句的焦点结构必须一致(question-answer congruence)。简言之,即在信息传递中,问句与答句必须有完全相同的预设命题,它们的差异仅仅体现在焦点命题上,在疑问句中,句子的焦点命题是以疑问词为宾语的判断式,而陈述句则是一个以非疑问信息为宾语的判断式。例如,如果"John writes short stories"是针对例(11)的回答,则有:

(12) What does John write?

预设命题: John writes something X

焦点命题: WHAT is the X?

(13) John writes short stories.

预设命题: John writes something X

焦点命题: The x is short stories.

那么其中跟"what"相应的"short stories"才被称为焦点。

范开泰(1985: 404)指出,焦点是由心理重音来表示的,预设则是用一个焦点的上位概念来替代焦点以后得出的一个命题,例如:

(14) 小王看到过熊猫。

当"小王"是焦点时,用"小王"的上位概念"一个人"替换"小王"得到"有一个人看到过熊猫",这就是它的预设。

最后,"预设—焦点"的逻辑结构是随着焦点位置的变化而变化的,例如:

(15) 小王昨天在学校里买到了一本英汉词典。

预设命题:小王昨天在学校里买到了一本什么书(X)。

焦点命题:这本书(X)是英汉词典。

(16) 小王昨天在学校里买到了一本英汉词典。

预设命题:小王昨天在学校里对一本英汉词典实施了某种行为(X)。

焦点命题:这种行为(X)是买到。

(17) 小王昨天在学校里买到了一本英汉词典。

预设命题:小王昨天在什么地方(X)买到了一本英汉词典。

焦点命题:这个地方(X)是学校里。

(18) 小王昨天在学校里买到了一本英汉词典。

预设命题:小王在某一时间(X)在学校里买到了一本英汉词典。

焦点命题:这个时间(X)是昨天。

"预设—焦点"二分结构使语言信息结构的研究走向了形式化道路,但是并不是所有的句子都有预设,如没有新信息的句子或整句都是新信息的句子都没有预设,也就无法进行"预设—焦点"二分结构分析,所以"预设"分析方法仅对部分焦点现象适用。

例如下面这个打招呼的句子,根本没有新信息(因为听话者当然知道自己在干什么),所以无所谓"预设—焦点"结构。

(19) 在洗衣服啊! 辛苦啦!

但这个句子并不是没有焦点,它以"衣服"为重音,表明了说话者对洗衣服事件的关注,后面一个"辛苦啊"正透露了他的关注是一种慰劳，这正是打招呼的一种常见方式。

再如下面乙所说的句子，全句都是新信息（都是甲不知道的），所以也无所谓“预设—焦点”结构。

（20）甲：怎么了？

乙：我的[腿]，抽筋了。

但这个句子也有焦点，它以“腿”为重音，表明了在新信息中“腿”的重要性。

6.1.2 话题

话题与焦点相对说认为，与焦点相对的语用概念是话题，那么话题是什么呢？根据《现代语言学词典》，在对句子结构的二分描写时，用话题/评述来取代传统的主语/谓语二分法。句子的话题是对其作出说明的那个实体（人、物等），而对这个实体的进一步说明则是评述。话题有时称作“心理主语”。徐烈炯、刘丹青（1998：7—10）提到普通语言学界关于话题的各类定义，大致有四类：一是把话题看作已知信息。可是对已知信息本身存在不同的看法，从而影响到对话题的定义。二是话题表示一个（话语的或信息的）出发点，或者说是句子的基本参照点。这样理解的话题，基本上相当于功能主义信息结构中的主位（theme），而说明部分则相对于述位（rheme）。这种观点的另一个特点是把话题的位置限定在句首。三是话题是关于句子要说的事。这一观点的关键是“关于”（aboutness），而“关于”本身是个含糊的概念，句法学、类型学、话语分析等都用这一概念。四是话题是交际动力（communicative dynamism）的基点，由话题作为出发点来推动交际进行。句子中各种成分推动交际的能力不同，有的作用大，有的作用小，而话题则是交际价值最低的成分。持这一观点的人，往往认为话题的选择与语义功能有关。

新布拉格学派就语言信息结构问题提出了“话题—焦点”二分结构，主张句子成分应该按照信息状态分为话题和焦点两部分，从而形成话题—焦点的信息结构，其中话题是受语境约束的（contextually bounded），焦点则是不受语境约束的（contextually non-bounded）。

Erteschik-shir（1997）则采用档案卡隐喻说，认为交际双方的共知语境（common ground）是一个档案系统，这个档案系统里有带有索引标题的档案卡，代表已经存在的话语所指对象。按照档案卡隐喻说，话题是处在档案的上层的卡片，焦点则是说话人通过话语要引导听话人开出并且放到档案的上层的新卡片。任何句子都有话题，一般所认为的全句都表达新信息的句子，在她的系统里也可以分析成是由特定的时—空成分作话题，因而每一个句子都能分析成话题—焦点结构。焦点结构有两种：主焦点结构（main f-structure）和次焦点结构（subordinate f-structure）。有的句子除了有主焦点结构外，还有次焦点结构。焦点和话题都是由语用（即语境）决定的，因而焦点结构也是由语用决定的，并且焦点结构决定句子的解释（interpretation）。

但是迄今为止，我们尚未看到适用于语法研究的基于“话题—焦点”二分结构的逻辑描写。可以想象一下，由于话题是与述题相对，焦点只是述题的一个部分，那么怎样才能确定它们的关系呢？这一学派的研究似乎会导致“焦点”概念的无限泛化。

其实，我们说的“焦点”是可能出现在话题位置的，限于知识，我们尚不知如何在“话题—焦点”二分结构中处理这种现象。

在形式学派中，对于话题谈论的是另一个问题，即它能否成为焦点，不同学者有不同的看法。从信息传递的角度看，话题、述题常常跟已知信息、未知信息联系在一起，焦点被他们看作是新信息或新信息中的一部分，所以话题在很大程度上处于跟焦点对立的状态，因此话题不能是焦点。Sgall et al.（1986）把句子分为话题和焦点两个部分，使焦点成为跟话题相对的成分。当然，他们的话题—焦点结构已经跟主位—述位结构相当，在这种体系里，作为述位的焦点就不能再出现在话题中。但是这一看法并不是语言学界的共识。

一般认为，焦点的重要特征之一是对比，所以焦点重音（focus

stress)又叫对比重音。范开泰(1985：406)指出,信息结构与话语结构并不全面对应,“来的人是他”这个意思,由于话语结构的需要,比如要构成一组对比性的话题,也可以说成“他来了,他的弟弟没有来”,“他”尽管是在话题位置上,但带了对比重音,作焦点,就可以表示一种对比性的新信息。Gundel(1988)指出,有些语言的话题标记主要用在新话题或跟其他话题构成显著对比的话题,构成明显对比的成分应该说就是具备了焦点的作用。刘丹青、徐烈炯(1998：247)提出了“话题焦点”的概念,认为话题焦点只能以句外的某个话语成分或认知成分为背景,在本句中得到突出,而不能以本句中其他成分为背景。在本句中,话题焦点并不比句子的其他成分突出,句子可以另有突出的部分。但在跟句外成分的对比上,话题焦点有强调作用。同时他们也指出,带话题焦点的句子其整个表达重点仍在话题后的成分即述题上,这是由话题和述题的信息关系所决定的。以上这些讨论,涉及对话题和焦点这两个概念之间关系的不同看法：一是话题和焦点对立说;二是话题和焦点兼容说。这一分歧其实源自对话题和焦点这两个概念的不同看法。如果是从信息结构中的已知信息和新信息这一角度来看,那么一般来说,话题和焦点相对立;但如果从对比性这一角度来看,话题和焦点有时都可具有对比性,都可带上对比重音,此时两者具有一致性。

6.1.3　背景

除了上述的“预设”、“话题”以外,还有学者认为与焦点相对的成分是“背景”。根据《现代语言学词典》,背景(background)是跟“前景”相对,前景(foreground)是指在话语中相对突出的某个成分,而背景是指话语的其余部分。刘丹青、徐烈炯(1998：244)认为,跟焦点相对的内容在语言学上叫“背景”。根据背景存在形式,可以分为两类：一是话语成分,即话语中的某个部分;另一类是认知成分,即并没有在话语中出现、而是存在于听说者的共享知识中的对象。根据背景跟焦点的位置关系,焦点所对的背景又可以分出两类:一类是本小句中焦点外的部分,另一类是在上下文或共享知识中的某个对象或某项内容。

吴为善(2011:181)介绍了认知语言学中以凸显原则(prominence)为基础的"焦点—背景"(figure-ground)理论,该理论究其渊源来自完形心理学(格式塔心理学)的研究。完形心理学虽重视整体,但也承认分离性的存在。知觉主体的知觉场始终被分成焦点和背景两部分:"焦点"是一个格式塔,是突出的实体,是我们感知到的事物;而"背景"则是尚未分化的、衬托焦点的东西。焦点和背景是可以互换的,如丹麦心理学家 Rubin 著名的"脸与花瓶幻觉图"(face-vase illusion)。以这一理论为基础的相关汉语句式研究有"V 着(NP)+VP"的研究,方梅(2000)在对现代汉语持续体标记"着"进行全面考察的基础上,从语篇的角度进一步论证了"V 着"表达背景信息的功能。她指出,在实际语篇中,特别是叙述语体中,有些语句是直接报道事件的进展、人物的活动的,而另一些则是对事件进行铺排、衬托的。前者被称作前景部分,后者被称作背景部分。在叙述语体中,前景部分实际在回答发生了什么,而背景部分不回答发生了什么,而是描绘那些相伴而生的状态。需要注意的是,上面提到的"figure-ground"这一术语,一般的认知语言学著作将它翻译成"图形—背景",应该说,"figure"这一概念与一般所说的"焦点"是不同的,但是如果从凸显性这一角度而言,两者在本质上是一致的。

从认知上讲,"背景—焦点"二分结构可适用于一切汉语焦点现象,但是到目前为止,"背景"这一概念依然无法用逻辑来加以刻画,因为它太强大了,几乎是无所不包。因此,我们暂时还无法准确把握住它,有待于今后进一步研究。

6.1.4 预期

在"焦点"的主观特性研究中,与"焦点"相对的是"预期"。在形式语法的焦点研究中，目前我们还很少看到对“预期”的论述。但在汉语学界“主观量”及“预期—反预期”研究中，它已经广为人知。

袁毓林(2008：109—121)把“甚至”、“反而”称为焦点算子(作者按：按照本书的观点，“甚至”和“反而”是焦点标记，因为对“他甚至没来”否定得到“不，他来了”，这也是对原句“他没来”的否定。“反而”同此。)，他将“预期”与“焦点”放在了一起，不过在具体公式中他把“预期”写成了“预设”。

下面在袁文的研究基础上，按本书的观点，将这两个反预期语气副词的逻辑结构写出来。

(21) 甲和乙在讨论丙，认为丙特别不爱看书，复杂难懂的丙不看，简单的也不看。

甲告诉乙：他(丙)甚至不看<u>**小人书**</u>。

预设：他不看 X1

焦点：X1＝小人书

预期(说话者)：存在一个选项集合{ X1，X2，……}，其中有可能性大小等级：他不看 X1 最不可能，他不看 X2 其次，……

言外之义(推论)：根据可能性等级，他不看 X1 为真，则他不看 X2、X3……也应该为真。

语气：1. 他不看 X1 与预期相反，令说话者感到惊讶。

2. 他不看 X1 是极端事件，应予责备。

这也是“连……都/也……”的逻辑结构。其中焦点处于一个横、纵两方面的对比之中，如下所示：

预设命题		焦点命题	
∃X1（不看（他，X1）	&	（X1=小人书））	显性命题
∃X1（不看（他，X1）	&	~◇（X1=小人书））	隐性自预期命题

在横轴上，焦点与预设对立；在纵轴上，整个显性命题又与隐性

的预期命题对立。语气意义也好，言外之义也好，都是产生于后一对立之中，而不可能产生于前一对立之中。

在本例的预期命题中，有一个符号“◇”，意为可能，命题意义读为“存在一个 X1 且他不看 X1，不可能 X1 是小人书”，简言之即“他不看的不可能是小人书”。

(22)（考试之前，）他不去读书，反而去**打游戏**了。

预设：他没做一件事 X1，做了一件事 X2，X1 是读书

焦点：X2＝打游戏

预期（说话者）：存在一个选项集合{ X1，X2}，其中有可能性大小等级：他做 X1 最可能，他做 X2 最不可能

语气：1. 他做 X2 与预期相反，令说话者感到惊讶。

2. 他做 X2 是极端事件，应予责备。

与“甚至”、“连……都/也……”不同，这里只有两个项 X1、X2，不过句子意义与预期的对立，以及语气功能的产生，都是与“甚至”一样的。“反而”句的逻辑结构如下所示：

预设命题　　　　焦点命题

~∃X1（X1（他）&（X1=读书））& ∃X2（X2（他）&（X2=打游戏））显性命题

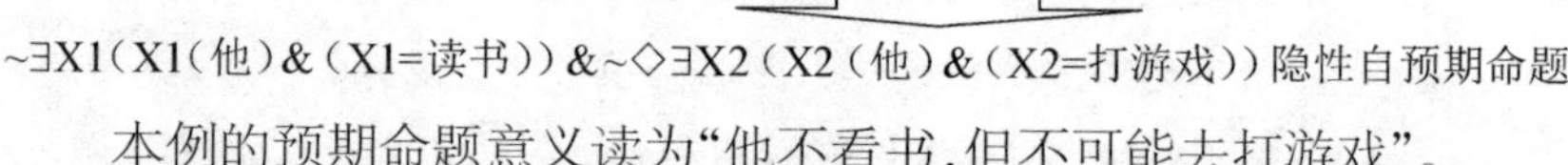

~∃X1（X1（他）&（X1=读书））&~◇∃X2（X2（他）&（X2=打游戏））隐性自预期命题

本例的预期命题意义读为“他不看书，但不可能去打游戏”。

总结以上公式，可以得到一个基本规则，即“反预期规则”：

在“反预期”意义中，预期命题就是在句子焦点命题外加上“不可能（～◇）”而成的。之所以用一个表认识的“可能（◇）”符号，是表明预期仅仅是一种认识，在这里是说话者的认识，而不是事实。

在“焦点—预期”对立中，预期的性质决定了整个结构的性质。就预期的主体而言，至少可分为两类：

1. 自预期：即预期的主体为说话者，所有“反预期”副词如“甚至、反而、竟然”等都是如此，与之相似的“连……都/也……”结构也

是如此。此时即表示说话者的惊讶,又表示说话者认为该事件极端不合理,应予责备。

2. 他预期：即预期的主体为说话者的对立面(包括听话者与第三方等),所有“反预期”结构都不具有这一点,但所有表“肯定”的语气副词及与之相似的焦点现象都是如此,此时表示说话者对对方的反驳,又表示说话者认为该事件合理,对方应对自我认识进行修正。下面举一个例子：

(23) 张三和王五去了北京(,我们没去。)

预设：有 X1 去了北京

焦点：X1＝张三和王五

预期(对方)：存在一个选项集合{ X1,X2,……},其中有可能性大小等级：X1 去北京最不可能,X2 去北京其次,……

语气：1. X1 去北京与预期相反,对方认识错误。

2. X1 是合理事件,对方应纠正自我的认识。

本例的逻辑结构如下所示：

预设命题		焦点命题	
∃X1（去（X1，北京）	&	（X1=张三和王五））	显性命题
∃X1（去（X1，北京）	&	~◇（X1=张三和王五））	隐性他预期命题

本例的预期命题意义读为“有人去了北京,但不可能是张三和王五”。

在语言中,只要语境允许,任何焦点命题都可以有一个“他预期”命题与之对立,从而产生肯定与反驳的语气,“肯定”是肯定自己,“反驳”是反驳他人。例如一个最基本的新信息传递的例子：

(24) 我要茶。

只要这个“茶”读得重一点,就可能产生说话者以为对方认为自己不要或不需要茶的感觉，这就是“他预期”。如果加上语气成分，例如：

(25) 我要茶呀！

肯定与反驳的语气就产生了。

与“他预期”相比，所有的“自预期”在汉语中都不能仅靠重音与语气成分产生，而是需要显性的标记，如表示正预期的“果然”（事实与说话者预期相同）等、表示反预期的“居然”（事实与说话者预期相反）等、表示解反预期的“怪不得”（开始认为事实与说话者预期相反，后来发现其实一致）等。所以相对而言，“他预期”是无标记的，“自预期”是有标记的。

在“预期”问题上，有一些复杂的地方。下面介绍几个，但更进一步的研究有待于将来。

1. 在一般陈述句中，与新信息相对的旧信息是预设。而 Rochemont (1986)正确地认识到，在事实句、否定句和是非疑问句中，预设往往并不足以解释，但他没有明确说明在这种情况下与焦点对立的是预期。下面我们用汉语的句子来说明。

(26) 小王喜欢她。（预设：有人喜欢她；预期：？）

(27) 没人喜欢她。（*预设：有人喜欢她；预期：有人喜欢她）

前一句中的“小王”是填入预设中的新信息；而后一句的否定是对预期的否定，反预期有辩驳的语用功能，因此否定的焦点性既是传递信息，也是语用中的反对或反驳功能。又如：

(28) 甲：你买了什么东西吗？

（*预设：你买了东西；预期：你买了东西）

乙：是，我买了一件衣服。

（“是”是对预期的肯定）

所以上例中的“是”在这里既提供信息，也具有语用中的赞成功能。

2. 当主句动词（如下例的“后悔”）具有创立心理空间的功能时，

从句的预期常常与主句主体有关，例如：

(29) 他很后悔参加了这样一个没品位的聚会。

上例中的预设是“他参加了这样一个没品位的聚会”，或者说“他参加了聚会”为真，但强调的“没品位”也在这一预设命题中，所以焦点与预设相对立的观点受到了挑战。实际上，这里他后悔的是预期：“这是一个有品位的聚会”，焦点“没品位”表明的是反预期。又如：

(30) 我从来没想到你是个坏蛋。

上例中的预设是“你是个坏蛋”，所以也不是焦点与预设相对立，而是我预期“你是个好人”，但实际情况相反。因此事实句也有语用功能，它承认从句为事实，但强调的是该事实与主句主体预期的对比性。

6.1.5　对比与排他

在形式学派的研究中，一般的新信息，与排他对比性的区别已经描写得相当成熟了，本书基本上按照数理逻辑的方法直接书写即可。

简言之，排他对比都是一种语义否定，肯定自身命题，也就否定了其他命题。例如对比句式：

(31) a. 他去了北京，没去上海。

　　 b. 他没去北京，去了上海。

“对比”也称为“选择”，指有限的几个项之间的对比。而“排他”是排除论域中除已知项外的全部的项。这里介绍一下“排他”性的逻辑结构。“排他”性是加在一个已经成立的命题之上的“高层语义结构”，例如下例中的限定副词“只”：

(32) 他只买了红酒。

在这一句子中存在两个逻辑语义层次：

第一层原句：他买了红酒

$\exists$X(买了(他,X)　　　&　　　(X∈红酒))

第一层预设命题　　　　　　　　　第一层焦点命题

第二层排他句：**他只买了<u>红酒</u>**

$\exists$X(买了(他,X)&(X∈红酒))&～$\exists$Y(买了(他,Y)&～(Y∈红酒))

第二层预设命题　　　　　　　　　第二层焦点命题

意为“存在属于红酒的X并且他买了X，但不存在不属于红酒的Y并且他买了Y”。

可以看到，第二层的预设命题其实就是第一层的“预设＋焦点”整体，这也是为什么当对“只”字句进行否定时，第一层原句仍然为真的原因。对“只”字句的否定，仅仅是否定第二层的焦点命题，否定以后的结论是“$\exists$Y(买了(他,Y)&～(Y∈红酒))”，即“他买了不属于红酒的Y”。

任何表示排他意义的焦点现象都适用于这样的公式，包括仅以特别重音凸显的排他性。另外，排他性比一般的新信息有更强的反驳语气功能，即它更容易触发一个“他预期”，如：

第二层预设命题　　　　　　　　第二层焦点命题

$\exists$X（买了（他，X）&（X∈红酒））&~$\exists$Y（买了（他，Y）&~（Y∈红酒））　显性命题

$\exists$X（买了（他，X）&（X∈红酒））&~◇（~$\exists$Y（买了（他，Y）&~（Y∈红酒）））隐性他预期命题

这里的“他预期”可运算得到：

～◇(～$\exists$Y(买了(他,Y)&～(Y∈红酒)))

＝□$\exists$Y(买了(他,Y)&～(Y∈红酒))

意为“肯定存在不属于红酒的Y而他买了Y”，而相应的“只”字句正是对这一意义的反驳。

6.1.6　主观量

“主观量”这一概念最初是在汉语副词“就、才”研究中提出来，后来扩大到其他有量阶用法的副词。限于篇幅，这里不作详细的介绍了。

我们认为，“主观量”并不是一个独立的概念，而是在当“量阶”(scale)意义出现在焦点的逻辑结构中时，自然而然产生的一个衍生意义，是显性命题与预期命题对比的结果。下面以“只”字句与“已经”句为例说明它的产生过程。例如：

(33) 他只看了三本书。

第二层预设命题　　　　　　　　第二层焦点命题

∃X（看了（他，X本书）&（X=3））&~∃Y（看了（他，Y本书）&~（Y>3））　显性

∃X（看了（他，X本书）&（X=3））&~◇（~∃Y（看了（他，Y本书）&~（Y>3）））预期

首先，主观量的产生必须有“量阶”，所谓量阶，指在时间中延续的一个事件序列，其中任一阶段的达到，都意味着在它以前的所有阶段都已达到，例如“他看了三本书”为真，就意味着“他看了一本书”、“他看了两本书”也为真，因为看书的量是逐步累积起来的。

其次，量阶的引入，将带来逻辑式中有关焦点命题的改变，如本例中，焦点命题有“Y＞3”，指不存在看了多于三本书的情况。

第三，主观量产生于显性与隐性的预期命题的对比之中，在本例中，显性命题告诉我们他看了三本书，而隐性命题告诉我们预期他要看三本以上的量。

在量阶中，当隐性命题的预期量大于显性命题的量时，焦点表示主观小量；反之，当隐性命题的预期量小于显性命题的量时，焦点表示主观大量。据此，“只”表示主观小量。

下面再看“已经”：

(34) 他已经看了三本书。

预设命题　　　　　　　　焦点命题

∃X（看了（他，X本书）　&　达到（X，3））　显性

∃X（看了（他，X本书）　&　~◇达到（X，3））　预期

因为在时间上,“看了三本书”就意味着看书的量已达到了三本,所以在显性命题中不能只写“X=3”,而必须写“达到(X,3)”。在本例中,显性命题告诉我们他看书的量达到了三本,而隐性命题告诉我们预期他达不到三本,也就是只有三本以下的量。由于隐性命题的预期量小于显性命题的量,所以“已经”表示主观大量。

6.2 焦点三分结构

所有非独立的焦点强迫形式,都会产生一个所谓的“焦点三分结构”。不过这“三分”并不是指逻辑式中的“三分”,对所有焦点问题而言,逻辑式中依然最多是两个“两分”,即“预设命题—焦点命题”和“显性命题—隐性预期命题”。这里的“三分”指在句子的表层结构中,焦点强迫形式、它所指向的可能焦点成分以及句子的其他部分之间的三分局面。

这一理论来自形式学派的研究。Jackendoff(1972)提出“焦点关联”(association with focus),是指“even、only、just”这样的词语将表层结构上的一组节点确定为一个辖域,这组节点与该词语之间有着特定的结构关系,从而构成焦点关联。Gundel(1999)认为焦点可以划分为三类,分别是心理焦点、语义焦点和对比焦点,其中语义焦点是一种关系性的概念,它反映的是由句子表示的信息内容的表达方式和句子真值的评定方式,会影响句子的真值条件,焦点位置不同,句子的真值就会不同。这类焦点一般都会与焦点敏感算子或焦点副词(focusing adverbs)相关联,就是Jackendoff(1972)所说的“焦点关联现象”,即焦点会对句子语义的真值条件产生影响。“语义焦点”是真值条件语义学研究的重要课题之一,有的把它单独列为一类,有的把它看作是一种对比焦点,因为它不仅与句内的焦点敏感算子关联,而且与句外的词语形成对比。(参见徐烈炯,2001、2005)

如果句中的一个成分,它受到另一个成分的约束,变成具有焦点性质(不论是对比焦点还是信息焦点)的成分,则称为“约束焦点”

(bound focus)；如果句中的一个成分，在没有受到特定成分的约束时，也变成了具有焦点性质的成分，则称为“自由焦点”(free focus)。显然，所谓的“语义焦点”(涉及焦点算子)同样也是一种“约束焦点”。语义焦点在焦点敏感算子的激发下，会引出一个三分结构。三分结构最早是由 Kamp(1981)和 Heim(1982)提出的，主要是为了处理量化和回指词的问题，其中量化现象包括限定词量化(determiner quantification)和修饰语量化(adverbial quantification)，Heim(1982)认为二者同属量化现象，语义层面上具有共同点，可以用同样的语义表达式将二者统一起来，就提出了三分结构，即算子(operator)、限定部分(restrictor)和核心部分(nuclear scope)，例如(转引自李宝伦、潘海华，2005)：

(35) a. Most logicians like linguistics.

b. Most [**nice**]$_F$ logicians like linguistics.

(36) a. Mary always took [**John**]$_F$ to the movies.

b. Mary always took John to the [**movies**]$_F$.

上述句子的三分结构，分别如例(37)和例(38)所示。

(37) a. MOST　(logicians)　(like linguistics)

算子　限定部分　核心部分

b. MOST　(nice logicians)　(like linguistics)

算子　限定部分　核心部分

(38) a. ALWAYS　(Mary took x to the movies)　(x=John)

算子　限定部分　核心部分

b. ALWAYS　(Mary took John to x)　(x=the movies)

算子　限定部分　核心部分

从上面两句的语义解释来看，只有修饰语量化(即例 38)，而非限定词量化(即例 37)，会受到焦点位置的影响。Partee(1991)把这个限定词/修饰语量化理念应用到焦点话题上，认为话题(或背景)会被映射到限定部分，而焦点映射到核心部分上。如果句内存在焦点敏感算子,该句子便会被划分成焦点敏感算子、焦点和背景三个部分。因此,焦点的位置是决定这个三分结构的一个重要因素,焦点的位置不同,会影响这个三分结构的组成,并形成不同的语义解释。

关于焦点关联现象,国内语言学界用的术语是“语义指向”(semantic orientation),陆俭明(2005: 142—147)认为,狭义的理解是指句中的某个成分在语义上跟哪个成分发生最直接的关系。例如:

(39) a. 我才做。

b. 我才做第二道题。

c. 我才做三道题。

d. 我才做完。

例(39)中各句都是由副词“才”作状语,但是各句作为状语的“才”,语义指向各不相同: a 句副词“才”指向谓词“做”; b 句副词“才”指向“做”的受事名词性成分“第二道题”; c 句副词“才”指向数量成分“三道”; d 句副词“才”指向表示行为动作的结果的谓词“完”。关于语义指向,其中一个值得深入探讨的问题是副词的前指还是后指问题,即副词有的只能前指,有的只能后指,有的既可以前指也可以后指。例如:

(40) 新中国成立以后,所有外国列强跟中国签定的不平等条约一律废除了。

(41) 他馒头吃得不多,只吃了两个馒头。

(42) 今年我和他先后去过广州和福州。

例(40)中的副词“一律”在语义指向上是前指的,它指向前面的“所有外国列强跟中国签定的不平等条约”。例(41)中的副词“只”在语义指向上是后指的,它指向后面的数量成分“两个”。例(42)中的副词“先后”既可以理解为前指,分别指向“我”和“他”,也可以理解为后指,分别指向“广州”和“福州”。这里为了行文的统一,我们还是采用“焦点关联”这一术语。

下面我们来看汉语的例子,如“张三总是去上海”中,“总是”的语义指向"上海",从而形成一个"焦点的三分结构",我们认为"总是"是一个焦点算子,因为在下面的否定测试中,原句并不一定为假。

(43) 原句:张三去上海。

甲:张三总是去上海。

乙:不,张三只是偶尔去上海。

整个"总是"句子分为三个部分:

A. 可能焦点成分,如"上海";

B. 约束可能焦点成分的"焦点敏感算子",简称"焦点算子",如"总是";

C. 其他部分即背景部分,如"张三去某个地方"。

具有焦点三分结构的,不但有焦点算子,还有焦点标记,例如:

(44) a. 他竟然在昨天去了上海。

b. 他竟然在昨天去了上海。

用否定测试:

(45) 原句:他在昨天去了上海。

甲:他竟然在昨天去了上海。

乙:不,他在昨天没去上海。

(46) 原句:他在昨天去了上海。

甲:他竟然在昨天去了上海。

乙:不,他没在昨天去上海。

但无论是哪一个,都同时否认了原句,所以焦点标记不影响句子的真值。

整个"竟然"句子分为三个部分:

A. 可能焦点成分,如"上海";

B. 约束可能焦点成分的"焦点标记",如"竟然";

C. 其他部分即背景部分,如"他在昨天去某个地方"。

不过,在焦点三分结构研究中讨论最多的还是焦点算子。

第七章
汉语焦点算子及三分结构的逻辑运算

下面我们先概括地看一看汉语中有哪些主要的焦点算子，然后再来探讨一下三分结构的逻辑语义结构和运算问题。

7.1 汉语若干焦点算子辨析

刘探宙(2008: 261)增设了"唯量词"(only-quantifier)这个概念，是指一些语义上表示唯一的量化副词，如英语的"only"。唯量词也是非独立的焦点强迫形式，它们在汉语中有如下几个特点：本身有确指和排他义，常重读；主要修饰体词性成分；其后成分可不重读；省略后改变句义。其实，唯量词也是一种特殊的焦点敏感算子，它对焦点引导的强度比其他焦点算子要高一些。在汉语中，唯量词是传统语法类别中表小量的范围副词，如"只、就、唯、惟、唯独、仅、仅仅、单、单单"。

所谓焦点敏感算子，或称聚焦词(focalizer)，是指和可能焦点成分相关联，并能够影响句子语义真值的算子性成分。英语中的焦点敏感算子，如全称量词"all"、表示频度的"always"、表示情态的"must"、表示条件的"if"、表示否定的"not"、表示说话者看法、态度的"it is strange that ..."、表示疑问的"why"等，往往属于不同的词类，而且句法位置相对比较固定。而汉语中用作焦点敏感算子的词语词类比较一致，基本上是副词，而且语序较为灵活，往往要求在句法位置上接近其所关联的可能焦点成分。

以往的研究者提到的汉语焦点算子大致有：全称量化副词："总、都"；频率副词："通常、常常、有时候、偶尔"；疑问副词："为什么、怎么"；否定副词："不、没"；程度副词："最"；重复副词："也、又"；语气副词："真的、居然、竟然、幸亏、反正、大概、偏偏、甚至、可"（作者按：这些语气副词都是焦点标记）；连词："如果、要是"；助动词："必须、应该"；其他成分："很奇怪……、越来越……、更别说……"等，下面我们具体来分析一下其中的一些焦点算子。

7.1.1　疑问焦点算子与疑问焦点标记

疑问代词内部有不一致性，汉语中表原因的"为什么、怎么、干嘛"等疑问代词，与一般的疑问代词不同。在语义上，原因并不属于谓词表达的事件内容，而是事件外部的因素；在句法上，表原因的疑问代词在整个句子的外围，甚至可以在句首，是附加性的成分，而不是替换性的成分，代表的是原因状语（如果把整体视为状中结构的话）甚至是原因偏句（如果把整体视为偏正型因果复句的话）。它们与其他的附加性疑问成分，如前加的"是不是、是否"，后加的"吗、么"一样，不但自己表示疑问信息，而且还在语义上指向其管辖范围内的某个成分，主要有以下三种情况：

1. 焦点算子是"V不V"、"V否"等疑问形式，例如：

(1) a. 是不是**老张**去了上海？

b. 老张是不是去了**上海**？

c. 老张经常不经常去**上海**？

(2) a. 是否**老张**去了上海？

b. 老张是否去了**上海**？

2. 表是非问和附加问的"吗、么、对吗、是吗"等疑问表达式，问"是还是不是"，可以是针对事件的某一个方面，也可以是针对事件的发生，例如：

(3) a. **他**昨天去了上海吗?
b. 他**昨天**去了上海吗?
c. 他昨天**去了**上海吗?
d. 他昨天去了**上海**吗?

3. 表原因的疑问代词,说话者问原因,可以是针对事件的某一个方面问原因,也可以是针对事件的发生问原因,例如:

(4) a. 为什么**他**昨天去了上海?(为什么是他,而不是其他人。)
b. 他为什么**昨天**去了上海?(为什么是昨天,而不是其他时间。)
c. 他昨天为什么**去了**上海?(为什么是去上海,而不是其他事。)
d. 他昨天为什么去了**上海**?(为什么去的是上海,而不是其他地方。)

例(4)中"为什么"所约束的成分是一个可能焦点成分,而"为什么"位置的不同,会带来可能焦点成分位置的改变。

比较麻烦的是,我们如何来判定它们是一个焦点敏感算子,还是焦点标记。问题在于,疑问语气从本质上来讲是不能否定的,这使得否定测试无法进行。但是,如果我们认为上述疑问句并没有进行中性的询问,而是有所偏向的,就可以进行否定测试。测试结果如下:

(5) 原句:他昨天去了**上海**。
甲:他昨天是不是去了**上海**?
乙:不,他昨天没去**上海**。

(6) 原句:他昨天去了**上海**。
甲:他昨天去了**上海**吗?
乙:不,他昨天没去**上海**。

这两个疑问形式其实是倾向于原句为真,只不过要求证实,所以在回答"不"时,要对原句进行否定。因此,"V 不 V"、"V 否"及"吗、么、对吗、是吗"等疑问表达式是焦点标记,而不是焦点算子,我们称之为“疑问性焦点标记”。而“为什么”在否定测试中的表现则很不同。

（7）原句：他昨天去了<u>上海</u>。

甲：他为什么昨天去了<u>上海</u>？

乙：不，他不为什么，反正就是去了。

乙在回答“不”时，是认为事件没有原因或目的，但并未否定原句的意义，所以“为什么”是焦点算子，我们称之为“疑问性焦点算子”。

7.1.2　否定算子

否定是一个与焦点有关的重要现象，除了否定全句以外，我们也可以只否定句中的某个成分，而被否定的成分一般都是焦点成分。所以焦点位置不同，被否定的成分不同，句子的解释也自然不一样。转引李宝伦、潘海华、徐烈炯（2003a：5）中的例子：

（8）a. This time our defeat wasn't caused by [**Harry**]$_F$.

（这一次，[Harry]$_F$没令我们失败。）

b. This time Harry didn't cause our [**defeat**]$_F$.

（这一次，Harry 没令我们[失败]$_F$。）

例（8a）所否定的成分是“Harry”，其意思是“这一次，令我们失败的人并不是 Harry，而是其他的人”。例（8b）所否定的成分是“失败”，其意思是“这一次 Harry 给我们带来的并不是失败，而是其他的结果”，所以否定词所否定的成分不同，给出的预设也会相应改变。

请注意，上例中英语和汉语的表述方式是不同的：因为英语的 a 例句中，“Harry”是处于否定词“not”的管辖范围之内，所以成为焦点成分是正常的。而对应的汉语例句中，“Harry”则在“没”的管辖范围外，它怎么会成为否定的焦点成分呢？

我们认为，这一句的翻译出了错，准确地讲，应译为：

（9）This time our defeat wasn't caused by [**Harry**]$_F$.

(这一次,令我们失败的不是[Harry]。)

试比较可知,在英语句子中,有如下逻辑意义:

预设:我们失败了,而且是由某人X引起的失败。

焦点:X不是Harry。

这一"预设—焦点"关系也是例(9)中的汉语译句所有的,它们都预设我们失败了。

但在例(8a)的汉语译句中,只是强调"Harry"没让我们失败,却不一定指我们失败了。退一步讲,即使"Harry"有特别重音,也可能是表示"Harry"为语篇话题。

仅仅"Harry"有特别重音,且表示排他对比意义时,(8a)的汉语译句才和英语句子意义差不多,但仍有微妙的差异,它是指:

预设:Harry没让我们失败。

焦点:但在谈论的范围内,不存在一个Harry以外的人,他也没让我们失败。

这一焦点命题可以进一步演算为:在谈论的范围内,所有Harry以外的人都让我们失败了。

可以看到,(8a)的汉语译句有一个全称意义,而英语句子则不然,对后者而言,只要有一个Harry以外的人让我们失败就行了。

如果在谈论的范围内只有两个人:Harry和John,则(8a)的英汉语句子都得出结论是John让我们失败,因为Harry以外只有一个John。

如果在谈论的范围内有三个或三个以上的人,如Harry、John和Smith,则(8a)的英语句子的意思是:不是Harry让我们失败,而是John和Smith中的某一个(或他们俩一块儿);而汉译句子则是说,Harry没让我们失败,但John和Smith都让我们失败了。

在汉语中,由否定词"不、没、别"等担任非独立的焦点强迫形式,它们指向所要否定的成分,使后者成为可能焦点成分。前面已证明它们是焦点算子,因为在否定测试中没有否定原句,我们称之为"否

定性焦点算子”,例如:

(10) 原句:你明天去**上海**。

甲:你明天别去**上海**。

乙:不,我明天要去**上海**。

这些否定算子是分层次的,大致分为三层,按句法位置由高到低排列:

不是 > 没 > 不

别

情态层 时态层 VP层

所以有以下这些套叠用法,例如:

(11) a. 我不是 没**用心**。

b. 我不是 不**用心**。

c. 你别 不**用心**。

d. 我没 不**用心**。

其中“不是”表认知情态的判断,“没”表示过去时,“不”只是表示对事件意义的反转,“别”比较特殊,兼表情态与时态意义,即道义情态的命令和未来时,既不受“不是”的约束,也不约束“没”。上述否定算子的套叠实际上是我们后面要说的“融合”。

7.1.3 限定算子

主要是“只、仅、光、单单、就$_1$”等,例如:

(12) a. 张三只给**李四**做饭。

b. 张三只给李四**做饭**。

胡建华(2009:83—91)讨论了“只”、“都”、“常常”的量化特点、焦点敏感性以及它们所处的句法位置。他通过“都”和“只”在区别性句法环境中不同的表现,发现“都”和“只”的区别之一可能就在于“只”的词汇信息(lexical information)中天然含有对比性、排他性或穷尽性,而“都”的词汇信息中可能并不含有这些因素,所以读者在没有足够的语境信息支持下,很难按照解读例(13a)和(14a)的格式来解读例(13b)和(14b)。

(13) a. 小王只买英文书,不看英文书。

b. *小王都买英文书,不看英文书。

(14) a. 小王只买英文书,不做别的事情。

b. *小王都买英文书,不做别的事情。

胡建华还发现,在特定的区别性句法环境中,"都"实际与量化副词"常常"的特性相同,而与"只"却有根本性的区别:"都"在右向量化时,和"常常"一样,除了与NP关联之外,还要求谓语中含有事件变量(event variable),即需要约束事件变量,而"只"可以只与NP关联。例如:

(15) 他只喜欢[**邓丽君**]$_F$。

(16) *他都喜欢[**邓丽君**]$_F$。

(17) *他常常喜欢[**邓丽君**]$_F$。

在以上例句中,"只"显然只关联焦点,对谓语的性质没有特别的要求,而例(16)和例(17)就是给宾语指派焦点也无法改变与焦点关联的"都"和"常常"对事件变量的要求。

7.1.4 频率算子

主要是表示事件频率的"经常、常常、一贯、一直、总是"等,例如:

(18) a. 总是**他**去上海。

b. 他总是去**上海**。

否定测试证明它们是焦点算子,例如:

(19) 原句:他去**上海**。

甲:他常去**上海**。

乙:不,他不常去**上海**。(没有否定"他去上海")

限定算子与频率算子被总称为"量化算子",因为它们都是表示事件或实体参与事件的量,但是两者还是存在着差异:前者表示排他性，后者表示频率的高低。

7.1.5　情态算子

表示认识、道义情态的情态动词或情态副词，如“会、应该、必须、可能”等，可以出现在句首位置，也可以出现在句中，对可能焦点成分有约束作用，它们是非独立的焦点强迫形式。

(20) a. 会**明天**下雨。

b. 明天会**下雨**。

(21) a. 应该**他**去上海。

b. 他应该去**上海**。

(22) a. 这事儿必须**他**去。

b. 这事儿他必须**去**。

(23) a. 可能**他**明天去。

b. 他可能**明天**去。

c. 他明天可能**去**。

但是它们是焦点算子还是焦点标记，则需要否定测试后才能知道。例如：

(24) 原句：他去**上海**。

甲：他应该去**上海**。

乙：不，他不应该去**上海**。

(25) 原句：他去**上海**。

甲：他必须去**上海**。

乙：不，他不是必须去**上海**。

由于乙没有断定原句一定为假，所以表道义情态的“应该、必须”是焦点算子。再如：

(26) 原句：他去了**上海**。

甲：他应该去了**上海**。

乙：不，他也许没去**上海**。

(27) 原句：他去了上海。

甲：他必定去上海。

乙：不，他有可能没去上海。

“也许没去、有可能没去”同时意味“也许去了、有可能去了”，所以乙也没有断定原句一定为假，表认识情态的“应该、必定”也是焦点算子。

但是有些表道义情态和认识情态的情态词并非如此，例如：

(28) 原句：他去上海。

甲：他可以去上海。

乙：不，他不能去上海。

(29) 原句：他去上海。

甲：他能去上海吗？

乙：不，他不能去上海。

(30) 原句：他去了上海。

甲：他可能去了上海。

乙：不，他没去上海。

(31) 原句：他去了上海。

甲：他也许去了上海。

乙：不，他没去上海。

(32) 原句：他去上海。

甲：他会去上海。

乙：不，他不会去上海。

(33) 原句：他去上海。

甲：他将(要)去上海。

乙：不，他不去上海。

上述例句中，乙都否定了原句，或者是“去上海”没发生，或者是“去上海”不会发生，所以表道义的“可以、能”、表认识的“可能、也许、会、将(要)”都是焦点标记。

7.1.6 认识及心理算子

主要指表示主语的认识或心理活动的动词,这种算子一般具有对焦点敏感的特性,如"以为、了解、喜欢、爱"等,其焦点位置不同,会得出不同的句子意义。例如:

(34) a. 张三以为他去了上海。

b. 他张三以为去了上海。

(35) a. 我喜欢张老师给我们上课。

b. 张老师我喜欢她给我们上课。

在例(34)中,(34a)和(34b)的焦点位置不同,会得出不同的句子意义。在例(34a)中,"以为"与焦点成分"他"关联,句子的意思是"我觉得去上海的人是他,而不是其他人"。而在例(34b)中,"以为"与焦点成分"上海"关联,句子的意思是"我觉得他去的地方是上海,而不是其他的地方"。

否定测试证明它们的情况比较复杂,心理动词的主体是谁很重要,例如:

(36) 原句:他去了上海。

甲:他张三以为去了上海。

乙:不,张三没以为他去了上海。(没有否定"他去了上海")

从这个例子看,"X以为"是焦点算子。但把主体换作"我"就不一样了。

(37) 原句:他去了上海。

甲:他我以为去了上海。

乙:不,他没去上海。(否定了"他去了上海")

从这个例子看,"我以为"是焦点标记。

究其原因,很可能是因为"我以为"已经进一步语法化为"话语标记",不再具有实义,仅是"传信"符号,所以在否定中不起什么作用了。

有的心理动词的表现则与主体无关,例如:

(38) 原句:张老师给我们上课。

甲：张老师我喜欢她给**我们**上课。

乙：不，你不喜欢她给**你们**上课。(否定“张老师给**我们**上课”)

所以“我喜欢”是焦点算子。

7.1.7 评价算子

主要指表示说话者对事物的评价的动词或形容词，这种算子一般具有对焦点敏感的特性，如“很奇怪、合适、好、更别说”等，在文献中也称作“态度动词”(attitude verbs)，例如：

(39) a. 很奇怪**张三**娶了李四。

b. 张三很奇怪娶了**李四**。

(40) a. 更别说**他**会帮你啦！

b. 他更别说会帮**你**啦！

否定测试证明它们是焦点算子，例如：

(41) 原句：**张三**娶了李四。

甲：很奇怪**张三**娶了李四。

乙：不，一点也不奇怪。

(42) 原句：**他**会帮你。

甲：更别说**他**会帮你啦！

乙：不，**他**(一定)会帮我的！

可以看到，上例中乙都肯定了原句的意义。

7.1.8 量级算子

汉语的最高程度副词“最”类和高程度副词“很”类存在不小的区别。陈振宇(2010)认为，“最”类是客观的，而“很”类是主观的，因为“最”是对象之间的比较，谁最大并不是说话者说了算，而“很”是对象与说话者自身的标准进行比较，谁最大完全由说话者说了算，所以“最”后可问，而“很”后一般不可问，例如：

(43) a. 他最喜欢**什么**？

b. ?? 他很喜欢什么?

另外,测试表明,"最"与"很"的重音配置也有所不同。

(44) a. 他[最]高。 ? 他最[高]。

b. 他很高。 他[很]高。

在默认时,往往是"最"自己带重音。"最"字重音后置,一般只出现在前述的疑问句,以及对立句式之中,例如:

(45) a. 他最[强]最[快]。

b. 他最[强],但不是最[快]。

所以这不是"最"本身的性质,而是外在的上下文的作用。因此应该说,汉语的"最"很可能既不是焦点算子,也不是焦点标记,而是一个独立的焦点强迫形式,它要求自己成为句子焦点,只不过它的焦点要求不是那么强,所以容易被上下文的要求所超越。

"很"则符合非独立的焦点强迫形式的重音分布特点,进一步在否定测试中发现:

(46) 原句:他高。

甲:他很高。

乙:不,他不高!

在测试中,乙的答话主要是否定原句的"高",所以"很"是焦点标记,其语气作用大于程度作用。但也有人提出这样的答语:"不,他不太高!"按此,则"很"是焦点算子,其程度作用大于语气作用。

我们的初步分析是,后一种答语实际上主要出现在以下辩驳语境中:

(47) 甲:他守规矩吗?

乙:他[很]守规矩!("很"有特别重音)

丙:不,他不太守规矩!

这就是说,这是说话者采用逆向策略的结果,由于逆向策略是焦点强迫形式外在的东西，因此不是“很”本身的性质。就“很”本身而言，它是焦点标记。

在文献中还有把“最高级形容词”(superlatives)称为“量级算子”的，例如：

(48) a. 十一月<u>布拉格</u>发生了最大规模的示威。

b. <u>十一月</u>布拉格发生了最大规模的示威。

例(48a)和例(48b)是两个相同的句子，但是由于焦点位置的不同，句子的真值就出现了差别。(48a)的焦点在“布拉格”上，因此只要十一月全球最大规模的示威发生在布拉格，(48a)便会为真。(48b)的焦点在“十一月”上，因此只要布拉格发生最大规模的示威是在十一月，则(48b)为真。如果布拉格发生的示威并不是世界上最大规模的示威，(48b)还是可以为真，但是(48a)则不再为真。

我们认为，这种分析至少对汉语而言是不适当的，因为“十一月”和“布拉格”都在“最”的辖域之外，不受后者的控制。它们是在“最”字结构之外加上的重音模式，以表达外在的新信息要求或排他对比性。例如：

(49) 甲：什么时候布拉格发生了最大规模的示威?

乙：<u>十一月</u>布拉格发生了最大规模的示威。

7.2 辖域问题

非独立的焦点强迫形式一定要在句法结构中管辖其语义指向的可能焦点成分，即非独立的焦点强迫形式后面的部分就是它的辖域(scope)，从理论讲，非独立的焦点强迫形式可以与辖域内任何一个成分关联，使它成为可能焦点成分。根据Cinque(1993)的看法，焦点副词位于动词词组(VP)或句子(IP)的标志语(spec)位置，统制动词词组或句子的其他成分。汉语中焦点敏感算子的辖域就是算子统制的范围。例如(转引自徐烈炯，2001)：

(50) 行李必须提着。

句中“必须”是焦点敏感算子，语义焦点是“提着”，不论这句话怎么读，意思都是：如果旅客有行李，必须拿在手里，不能放在架上。相当于例(50)的英语句子是：

(51) Baggage must be carried.

这个句子有歧义。如果重读动词“carry”，动词是焦点成分，句子意思和汉语句子(50)一样。但如果重读名词“baggage”，名词成了焦点成分，可以理解为：必须提一件行李在手，也就是说不可以不带行李。后一层意思汉语句子(50)是没有的，这句话无论重读动词词组“提着”，还是重读名词“行李”，都不会产生歧义。徐烈炯(2006：5—6)认为，原因在于英语用语调标示焦点，只要核心语调落在某个成分上，它就是焦点，并不一定要受焦点敏感算子的统制。而汉语焦点不论是否重读，必须要受焦点敏感算子的统制。所以如果要把“行李”作为焦点，表示非提行李不可，必须把它置于算子统制的辖域之内，例如：

(52) 必须提一件行李。

对上述的分析，我们的看法是：对汉语来说，重音是焦点的表现形式，而焦点敏感算子是焦点强迫形式。在上例(50)中，可以重读动词性成分“提着”，也可以重读名词性成分“行李”，但是句中存在着焦点敏感算子“必须”，这是一种焦点强迫形式，说话者一般采用顺向策略，而“必须”这一焦点敏感算子的辖域在其后面，即动词性成分“提着”，此时重读“提着”，即重音落在动词性成分“提着”上，因此焦点强迫形式和重音这一表现形式在焦点的表达功能上具有一致性。如果例(50)的重音落在名词性成分“行李”上，那么这一重音的表现形式跟焦点强迫形式发生冲突，此时说话者要采取逆向策略，即需要用积极的特别重音。而例(52)似乎很好地解决了例(50)中重音这一表现形式(重读“行李”)和焦点强迫形式(焦点敏感算子“必须”)之间的这种矛盾，但实际上还是说话者的顺向策略在起作用。

可见，如果说话者采取顺向策略，该句重音选择与句中焦点强迫形式的要求一致,则可以用消极重音(强调不可简省性);而当它们不一致,即说话者采取逆向策略时,需要用积极的特别重音。

关于焦点敏感算子辖域这方面的研究,主要的争议还是围绕“都、也”,有人认为它们也是焦点敏感算子,但表总括的“都”是约束它上位/前面的主语或主题,而不是其管辖范围内的成分,而“也”所约束的可以是句中的任何一个成分。例如:

(53) a. **他们**都来了。

b. 他把**书**都买了。

c. 他在**几个地方**都埋了地雷。

(54) a. 他去了南京,也去了**上海**。

b. 小王去了上海,**他**也去了上海。

表甚至的“都、也”则被认为是上指/左指的,例如:

(55) a. **他**都/也来了。

b. 连**这事儿**你都/也不知道。

曹逢甫(1994: 109—110)在研究“连”字结构时谈到“也”的辖域既可以向前,也可以向后,同一个小句内有对比重音的某个成分能决定“也”的指向,例如:

(56) a. (他去过广州,)**我**也去过广州。

b. (我去过上海,)我也去过**广州**。

上面例(53)中的“都”分别约束“他们”、“书”、“几个地方”,即都是前指的;例(54a)中的“也”约束的是其后面的成分“上海”,例(54b)中的“也”约束的是其前面的成分“他”。

下面我们试作一分析:

1. “都”字句

潘海华(2006: 163—184)试图用三分结构对“都”的几种不同意义作出一个统一的解释。但我们认为,表总括的“都”是左指/前指的焦点算子,因为在否定测试中,乙说的话仅是对原句的部分否定,并未得出原句一定为假的结论。

(57) 原句：他们会帮她。

甲：他们都会帮她。

乙：不，只有部分人会帮她。

但表列举的"都"和表甚至的"都"充其量只是焦点标记，因为在否定测试中，乙说的话仅是对原句的否定。

(58) 原句：他买了些纸呀笔的。

甲：他都买了些纸呀笔的。

乙：不，他没买纸笔。

(59) 原句：他来了。

甲：他都来了。

乙：不，他没来。

至于"他都写小说"的"都"是总括"都"，是左指/前指的焦点算子，请看其否定测试：

(60) 原句：(这段时间)他写小说。

甲：(这段时间)他都写小说。

乙：不，(这段时间)他不都写小说。

这一例句真正特殊的是，作为"都"总括的"这段时间"，也就是由"都"指向的可能焦点成分没在句中出现，而实际的语料中，句重音往往落在"小说"上，给人一种错觉，似乎"都"是向右约束"小说"。

(61) (这段时间)他都写[小说]。

我们认为，实际上这是一个逆向策略的结果，说话者将"都"辖域外的"小说"处理为特别重音，以表达排他对比义，即"(这段时间)他都写的是小说，而不是别的东西"。因此这个句子具有其他"都"字句一般不具有的"唯一性"意义，与"(这段时间)他只写[小说]"有相似的逻辑语义。

2. "也"字句

表示类同的"也"是一个极为特殊的副词，因为它不是作用于一个命题,而是作用于前后两个命题,其基本框架是对比句式,所以从某种意义上讲,“也”自身与焦点无关,是对比句式在决定谁是句子的焦点,简言之,即“前后命题中不同的部分被要求成为可能焦点成分”。

因此在“他去了南京,他也去了上海”中,“上海”为可能焦点成分,而在“小王去了上海,他也去了”中,“他”为可能焦点成分。

除了“都”、“也”等少数后置性的焦点强迫形式以外,汉语中多数焦点强迫形式是前置性的,也就是与之关联的可能焦点成分应在其后的辖域内。

不同的焦点敏感算子,由于其自身的特点,会影响到其焦点辖域的明确性。我们来比较限定算子(如“只、仅、光、就$_1$”等)和频率算子(如“经常、常常、一贯、一直、总是”等),限定算子与频率算子被总称为“量化算子”,因为它们都是表示事件或实体参与事件的量。但是同为量化算子,限定算子主要关联名词,无论它统制的范围多大,无论统制范围内是否有更强的焦点出现,它大多指向那个名词性焦点。而频率算子则不同,它统制范围内的任何成分都有可能与算子关联,这样如果在它统制的范围内再出现一个强式焦点,那么算子关联的对象就有可能发生变化。例如:

(62) 张三就星期一不回家。

(63) 张三就星期一连家也不回。

例(62)中的“就”关联焦点“星期一”,其后部分是其统制范围,即“星期一不回家”,但是当这个范围中出现另一个强式焦点“连”字句时,如例(63),“就”还是只关联“星期一”。再看下例:

(64) 张三总是星期一不回家。

(65) 张三总是星期一连家也不回。

例(64)中的“总是”根据邻接性原则,关联离它最近的“星期一”,辖域是其后部分,即“星期一不回家”,但是当它的辖域内再出现一个“连”字焦点结构时,后面“连”字句涉及的事件成为最突出的部分,“总是”由在例(64)中关联的“星期一”变成在例(65)中主要关联事件

"连家也不回",而"星期一"只表明事件发生的时间,不像之前那么突出,即成为一个背景信息。

以上这些差异的原因在于:"只、就"类限定算子主要关联的焦点是一些需要限定范围的数量名成分或需要排除或确定的名词或名词性短语,张谊生(2004: 89)称这种特性为"附体性",即"虽可以修饰谓词性词语,但主要修饰体词性词语"。而"总是、常常"类频率算子多半修饰动作行为或事件,主要以修饰谓词性成分为主,具有"附谓性"。

7.3　句法位置和约束成分

7.3.1　句法位置

非独立的焦点强迫形式中有的有固定的句法位置,如否定算子"不/没",而大多没有固定的句法位置,即句法位置有一定的自由度,导致了所谓的"算子浮动"现象(这一理论中的"算子"实际上也包括了浮动的"标记",如汉语的"是"),主要是指非独立的焦点强迫形式的句法位置和管辖范围有变化。算子浮动的目的是使非独立的焦点强迫形式尽可能靠近与之关联的可能焦点成分,例如:

(66) a. 总是**老王**星期一值班。
　　b. 老王总是**星期一**值班。
　　c. 老王星期一总是**值班**。

(67) a. 小王竟然和**小张**结婚了。
　　b. 小王和小张竟然**结婚**了。

汉语的焦点敏感算子不能插入动词词组之内,只能在动词词组之外,例如:

(68) a. 只(有)老张星期一投了弃权票。
　　b. 老张只星期一投了弃权票。
　　c. 老张星期一只投了弃权票。
　　d. *老张星期一投了只弃权票。

归纳起来有三个位置:主语或主题之前、状语之前和 VP 之前。

相比之下,英语中只有“only”等极少数的焦点敏感算子可以浮动,大多数英语焦点敏感算子不具备浮动的条件,因此很难通过句法手段来标定语义焦点。

7.3.2　约束成分

第一种看法是:假定焦点敏感算子的约束成分可以在前/在上,也可以在后/在下,那么句中究竟哪个成分是焦点成分,完全由“凸显性原则”控制:句中凸显的成分成为句子的焦点。徐烈炯(2006:5)认为,所谓甲统制乙就是甲处于比乙更加突出的、占优势的结构位置,称之为“优势性”。而我们所说的“凸显性”是指一个句子中意义上比较突出的部分最容易充当焦点成分,也就是说话人希望听话人格外注意的部分。

第二种看法是:假定焦点敏感算子的约束成分只可以在一个方向上,或在后/在下,或在前/在上,即必须在句法管辖范围内,那么就受到“邻接性原则”的控制,分为两种情况:

1. 当算子在主语或主题之前或之后时,又分为两种情况:一般受到严式“邻接性原则”的控制,约束成分只能是紧接在该算子之后或之前受其直接句法支配的那个成分,例如:

(69) a. 就**他**去了上海。

b. 就**上海**他没去过。

c. **他们**都来了。

但是,当该算子是表原因、评价、态度、整体判断的词语时,受到宽式“邻接性原则”的控制,即约束成分只能是在该算子之后,后面的句子成分都有可能,具体是哪一个,再由“凸显性原则”进行进一步控制,例如:

(70) a. 为什么**他**去了香港?

b. 为什么他去了**香港**?

2. 当算子在状语或谓语之前时,受到宽式“邻接性原则”的控制,例如:

(71) a. 他只去了**上海**三次。

b. 他只去了上海**三次**。

这里有意思的是，存在“焦点跨从句约束”现象，是指可能焦点成分在宾语从句中，而焦点敏感算子则在主句中，这时的宽式“邻接性原则”是相当“宽”的，例如：

(72) a. 我只听说**张三**的妈妈来了。

b. 我只听说张三的**妈妈**来了。

还有更为复杂的“焦点跨从句约束”现象，例如：

(73) a. 他只因为**妻子**的唠叨而打她。

b. 他只因为妻子的**唠叨**而打她。

c. 他只因为妻子的唠叨而**打**她。

d. 他只因为妻子的唠叨而打**她**。

现在来看一个英、汉语的不同情况，先看央语中的例句：

(74) a. John only introduced [Bill]$_F$ to Mary.

b. John only introduced Bill to [Mary]$_F$.

对于例(74)而言，如果实际情况是：John 把 Bill 和 Jack 介绍给了 Mary，那么(74a)是假的，而(74b)是真的。如果实际情况是：John 把 Bill 介绍给了 Mary 和 Emily，那么(74a)是真的，而(74b)是假的。这是因为在(74a)中，通过语调重音等手段把焦点指派给了直接宾语 Bill，于是焦点敏感算子 only 就跟 Bill 发生关联；而(74b)中，通过语调重音等手段把焦点指派给了间接宾语 Mary，于是焦点敏感算子 only 就跟 Mary 发生关联。

再看汉语中的例句：

(75) 张三只介绍**李四**给王五。

根据“邻近性原则”，算子“只”约束的是论元“李四”。如果要约束“王五”的话，要改成下面例句：

(76) 张三只向**王五**介绍李四。

英汉两种语言之间的区别就在寸：英语用语调标示焦点，只要核心语调落在哪个论元成分上，它就成为焦点，如例(74)，所以不一定受到“邻近性原则”的制约，但是要受到“凸显性原则”的制约；而汉语焦点成分不论是否重读，都必须受到“邻近性原则”的制约。

7.3.3 “焦点短语”理论

为了解释焦点关联现象，形式学派的语言学家提出了不同的语义框架。[参见李宝伦、潘海华、徐烈炯(2003a、b)的介绍]这些理论框架可以分为两大类，关键在于焦点是否通过移位获得释义。但是不论焦点移不移位，这些框架都主张算子直接与焦点关联，以给出正确的句子释义。Krifka(1997)对焦点的语义提出了一个混合分析法(hybrid model)，认为焦点敏感算子是与焦点短语而非焦点关联。这个混合分析法最大的优点是它既可以正确地解释与句法孤岛相关的焦点句，又可以避免焦点本身需要移位的问题，从而兼顾了两个方面的优点。也就是说，在算子与焦点之间设立了一个中间结构“焦点短语”。关于焦点敏感算子是与焦点关联还是与焦点短语关联，有以下不同的看法：

1. 焦点短语即算子所管辖的全部区域，算子不是直接与焦点关联，而是与焦点短语直接联系，受严式“邻接性原则”的控制；而焦点短语与焦点直接联系，受“凸显性原则”的控制。总之，算子与焦点之间没有直接的联系，仅当焦点短语中只有焦点这一个成分时，焦点短语才与焦点重合，这时只需要第一个步骤就可以了。

显然，这一理论认为“就”类算子在主语或主题之前时，它只管辖主语或主题，而不管辖后面的状语或谓语；而“为什么”类算子在主语或主题之前时，不但管辖主语或主题，而且也管辖后面的状语或谓语。

为了证明即使是“就”类算子在主语或主题之前时，也可能需要做第二个步骤的分析，我们来看复杂的主语句，例如：

(77) a. 就昨天去上海的那个人来了。

b. 就昨天去上海的那个人来了。

2. 焦点短语指的是一种特定的焦点现象，例如：

(78) 我只认识和比尔一起来的那个女人。

其中“和比尔一起来的那个女人”是一个焦点短语，也就是说，定语从句中的成分不能直接与算子发生联系，而只有定中结构整体与算子发生联系，所以“只”并不约束“比尔”，而是约束“和比尔一起来的那个女人”的这个整体，即焦点短语。

假如有三个人：比尔、苏珊和约翰，他们三个一起来的，那么苏珊是和比尔一起来的那个女人，但苏珊同时也是和约翰一起来的那个女人。如果“只”直接约束“比尔”，那么因为“只”有排他性意义，所以“我不认识和**比尔以外的其他人**一起来的人”，即“我不认识和**约翰**一起来的人”成立。但苏珊同时也是和约翰一起来的女人，而我又认识苏珊，于是产生了矛盾。但是，如果“只”直接约束“和比尔一起来的那个女人”这个整体，那么它只指向了苏珊，因为“只”有排他性意义，所以“我不认识**苏珊以外的其他人**”。显然，后一解释更合乎语感。可见，以上两种操作有着逻辑意义上的本质区别。

3. 李宝伦(2010)的看法，她认为这主要取决于算子本身的词汇意义(lexically determined)：对焦点敏感的否定词(如“not”)及否定量词(如“never”)会与焦点关联，而限定焦点助词(如“only”)及添加/级差助词(如“also/even”)则与焦点短语关联；否则会造成语义偏差。不过，反对者也可以认为，对焦点敏感的否定词(如“不”)直接关联的是焦点短语(FP)，而非焦点(F)，例如：

(79) a. 张三不喜欢[[李四]$_F$的妈妈]$_{FP}$。

b. 与焦点短语关联：

不　　[张三喜欢 X]　　[X=[李四]$_F$的妈妈$_{FP}$]

算子　　背景　　焦点短语

假定“李四、李五”是同胞兄弟，他们有同一个妈妈。如果“不”直接作用于“李四”，它会把“李五”也排除掉，于是张三不是不喜欢李五的妈妈,但李五的妈妈又等于李四的妈妈,于是可以得出结论:张三不是不喜欢李四的妈妈,这就与原句构成了悖论。

而如果"不"先作用于"李四的妈妈",则它会把"李五的妈妈"也排除掉,于是张三也不喜欢李五的妈妈,这就合乎了常识。

"焦点短语"理论有它的道理,而且与焦点的局部性并无矛盾。因为所谓"焦点短语"可以不理解为以该短语为焦点,而是理解为以该短语为寻找焦点过程中的中间环节。

但是,"焦点短语"也引起了一些新的问题。例如:

(80) 甲:我只看见了三个人。

乙:那你看没看见两个人?

甲:a. 看见了。

b. *不,没看见。

这一例可以证明量阶式的真实性,即看见三个人为真,则看见两个人或一个人也为真。但毕竟从表面上讲,"三个人"不等于"两个人",这和"李四的妈妈"等于"李五的妈妈"是不一样的。

再如:

(81) 甲和朋友在观看一场演出,其中,张三跳舞,李四唱歌,王五既跳舞又唱歌。

甲:我只喜欢**跳舞**的人,不喜欢**唱歌**的人。

甲喜欢张三,不喜欢李四,但王五呢?无法判定甲喜不喜欢王五。在这里有:

(82) 张三是跳舞的人　　王五是跳舞的人

所以"喜欢跳舞的人"应该"喜欢张三、王五",而"只喜欢跳舞的人"应该排除"李四"。但我们又有:

(83) 李四是唱歌的人　　王五是唱歌的人

所以"不喜欢唱歌的人"应该"不喜欢李四、王五"。

"王五"既被喜欢,又被不喜欢,这就造成了悖论。

7.4　三分结构中的域前重音问题

以往的研究由于没有清晰地区分语句中的焦点强迫形式与说话者的焦点操作策略这两个层次，所以对某些“特殊”现象无法作出清楚的解释。下面来看一个突出的现象。

在现有的关于三分结构的介绍中，大多提到这样的对立：

(84) Officers must escort **ballerinas.**

三分结构：(警察护送 X)must(X＝女芭蕾舞演员)

意为“警察所护送的必须是女芭蕾舞演员”。

(85) **Officers** must escort ballerinas.

三分结构：(X 护送女芭蕾舞演员)must(X＝警察)

意为“护送女芭蕾舞演员的必须是警察”。

这里“officers”位于焦点算子“must”之前，它能受“must”的约束，是因为英语研究者认为“must”实际的位置是句首，它能把主语“officers”管辖。

一些研究者把英语的这一分析套用到汉语中，这就不合适了，因为他们没有看到英语、汉语副词的性质不同。主要的句法差异是：汉语副词可以位于主语之前，并作用于主语，而英语不行，例如：

(86) Officers must escort **ballerinas.**

(87) **Officers** must escort ballerinas.

(88) ＊Must officers escort ballerinas.

(86’) 警察必须护送**女芭蕾舞演员**。

(87’) **警察**必须护送女芭蕾舞演员。(这里只作对比解)

(88’) 必须**警察**护送女芭蕾舞演员。

汉语的第三式是英语所没有的，因此它必将打破英语的格局，即汉语“必须”的管辖范围在且只在它的下面/后面，如(86’)中约束后面的“女芭蕾舞演员”，(88’)中约束后面的“警察”，但(87’)中，无论如何不能约束域前重音成分“警察”。那么对域前重音成分“警察”而言，它的焦点意义不是来自于“必须”，又是来自哪里呢？

我们认为,(87')就是所谓逆向策略的产物,例如:

(89) 甲:警察必须<u>护送</u>女芭蕾舞演员。

乙:[警察]必须护送女芭蕾舞演员,我们(非警察的人)没这必要,可以去,可以不去。

乙说的话是在"必须"结构之外加上了一个对比句式,在对比中把"警察"的身份刻意突出。

除此之外,我们还发现,汉语的这几句话,其逻辑意义是有区别的,三句话都不相同。下面来看看逻辑演算过程。

1. 让我们先给出"必须"(must)的逻辑式。如果把"必须"(must)的逻辑式写成全称量化形式,则有:

(90) X must Y

$\exists t_i(X(t_i)\&Y(t_i))\&\sim\exists t_j(X(t_j)\&\sim Y(t_j))$

预设命题　　　　焦点命题

意为:有一时间 t_i,此时又有 X 又有 Y,并且不存在一个时间 t_j,此时只有 X 没有 Y。逻辑运算可知这一公式实际上是说:所有有 X 的时候,都有 Y。

2. 让我们给出英语三分结构的两个逻辑式(例句编号同上):

(86) Officers must escort <u>**ballerinas.**</u>

(警察护送 X)must(X=女芭蕾舞演员)

$\exists t_i$(护送(警察,X,t_i)& 等于(X,女芭蕾舞演员,t_i))　　预设命题

&~$\exists t_j$(护送(警察,X,t_j)&~等于(X,女芭蕾舞演员,t_j))　　焦点命题

意为"警察所护送的必须是女芭蕾舞演员"。

(87) <u>**Officers**</u> must escort ballerinas.

(X 护送女芭蕾舞演员)must(X=警察)

$\exists t_i$(护送(X,女芭蕾舞演员,t_i)& 等于(X,警察,t_i))　　预设命题

&~$\exists t_j$(护送(X,女芭蕾舞演员,t_j)&~等于(X,警察,t_j))　　焦点命题

意为"护送女芭蕾舞演员的必须是警察"。

3. 现在给出汉语三分结构的三个逻辑式:

(86') **警察必须护送<u>女芭蕾舞演员</u>。**

(警察护送 X)must(X=女芭蕾舞演员)

$\exists t_i$(护送(警察,X,t_i)& 等于(X,女芭蕾舞演员,t_i))&~$\exists t_j$(护送(警察,X,t_j)&~等于(X,女芭蕾舞演员,t_j))

意为"警察所护送的必须是女芭蕾舞演员"。

(87') **[警察]必须护送女芭蕾舞演员。**(这里重音作对比解)

(Must(X 护送女芭蕾舞演员))只(X=警察)

$\exists$X($\exists t_i$(护送(X,女芭蕾舞演员,t_i))&~$\exists t_j$(~护送(X,女芭蕾舞演员,t_j))&(X=警察))&~$\exists$Y($\exists t_i$(护送(Y,女芭蕾舞演员,t_i))&~$\exists t_j$(~护送(Y,女芭蕾舞演员,t_j))&~(Y=警察))

意为"必须护送女芭蕾舞演员的只是警察"。请注意,这是一个双重双命题结构:

(预设命题 1(预设命题 2,焦点命题 2),焦点命题 1(预设命题 2,焦点命题 2))

外面一层是对比重音的对比排他意义,内层则是"必须"的意义。

(88') **必须<u>警察</u>护送女芭蕾舞演员。**

(X 护送女芭蕾舞演员)must(X=警察)

$\exists t_i$(护送(X,女芭蕾舞演员,t_i)& 等于(X,警察,t_i))&~$\exists t_j$(护送(X,女芭蕾舞演员,t_j)&~等于(X,警察,t_j))

意为"护送女芭蕾舞演员的必须是警察"。

4. 英、汉语的不同

英语(86)与汉语(86')意义相同,但(87)却与(88')意义相同,而汉语(87')的意义是英语所没有的。[也有可能英语(87)其实是一个歧义句,它兼有汉语(87')与(88')的意义。]

请注意,汉语(87')与(88')的意义有很大的不同。在(88')中,只有警察<u>**可以**</u>护送女芭蕾舞演员,其他人都不能护送。其焦点命题为:

~$\exists t_j$(护送(X,女芭蕾舞演员,t_j)&~等于(X,警察,t_j))

=$\forall t_j$(~等于(X,警察,t_j)→~护送(X,女芭蕾舞演员,t_j))

意为“任何一个不是警察的人都不护送女芭蕾舞演员”。

而在(87’)中,只有警察**必须**护送女芭蕾舞演员,其他人则不必须,可以护送,也可以不护送。其焦点命题为:

～∃Y(∃t_i(护送(Y,女芭蕾舞演员,t_i))&～∃t_j(～护送(Y,女芭蕾舞演员,t_j))&～(Y=警察))

=∀Y(～(Y=警察)→～(∃t_i(护送(Y,女芭蕾舞演员,t_i))&～∃t_j(护送(Y,女芭蕾舞演员,t_j))))

又由于对“必须”的否定也是焦点否定,所以有:

=∀Y(～(Y=警察)→(∃t_i(护送(Y,女芭蕾舞演员,t_i))& ∃t_j(～护送(Y,女芭蕾舞演员,t_j))))

意为“任何一个不是警察的人,都可以有时护送女芭蕾舞演员,有时不护送女芭蕾舞演员”。

显然(87’)与(88’)的本质区别是:(87’)真正否定的是“必须”,“必须”与“可以”构成对当图,所以对“必须”的否定得到的是“可以”。

而(88’)真正否定的是“是”,“是”与“否”构成相互矛盾、对立的一对,所以对“是”的否定得到的是“否”。

为了进一步说明汉语的三分结构模型的普遍性,让我们再看看否定的例子:

(86”) 警察不护送女芭蕾舞演员。

(警察护送 X)不(X=女芭蕾舞演员)

～∃t_i(∃X(护送(警察,X,t_i)& 等于(X,女芭蕾舞演员,t_i)))

意为“不存在一个时间,警察护送的人是女芭蕾舞演员”。

(87”) 警察不护送女芭蕾舞演员。(这里重音作对比解)

(不(X 护送女芭蕾舞演员))只(X=警察)

∃X(等于(X,警察)&～∃t_i(护送(X,女芭蕾舞演员,t_i)))&～∃Y(～等于(Y,警察)&～∃t_j(护送(Y,女芭蕾舞演员,t_j)))

意为“不护送女芭蕾舞演员的只是警察,而不是其他人”。这也就意味着,其他人**都**得去护送。

(88") 不是警察护送女芭蕾舞演员。

(X 护送女芭蕾舞演员)不是(X=警察)

~∃X(等于(X,警察)& ∃t_i(护送(X,女芭蕾舞演员,t_i)))

意为"不是警察护送女芭蕾舞演员,而是其他人"。不过,这只是意味着,其他人中的**某一个(而非全部)**得去护送。

下面是我们找到的一个第二式、第三式意义中和的例子,即汉语"是"字句。

(86''') 警察是护送女芭蕾舞演员。

(警察护送 X)是(X=女芭蕾舞演员)

∃t_i(∃X(护送(警察,X,t_i)& 等于(X,女芭蕾舞演员,t_i)))&~∃t_j(∃Y(护送(警察,Y,t_j)&~等于(Y,女芭蕾舞演员,t_j)))

焦点意义为"不存在一个时间,警察护送的人不是女芭蕾舞演员"。

(87''') 警察 是护送女芭蕾舞演员。(这里重音作对比解)

(是(X 护送女芭蕾舞演员))只(X=警察)

如果"是"作对比解,则有:

∃X_1(等于(X_1,警察)& ∃t_i(∃Y_1(护送(X_1,Y_1,t_i)& 等于(Y_1,女芭蕾舞演员,t_i)))&~∃t_j(∃Y_2(护送(X_1,Y_2,t_j)&~等于(Y_2,女芭蕾舞演员,t_j))))&~∃X_2(~等于(X_2,警察)& ∃t_i(∃Y_3(护送(X_2,Y_3,t_i)& 等于(Y_3,女芭蕾舞演员,t_i)))&~∃t_j(∃Y_4(护送(X_2,Y_4,t_j)&~等于(Y_4,女芭蕾舞演员,t_j))))

意为"护送女芭蕾舞演员的只是警察,而不是其他人"。

(88''') 是警察护送女芭蕾舞演员。

(X 护送女芭蕾舞演员)是(X=警察)

∃X(等于(X,警察)& ∃t_i(护送(X,女芭蕾舞演员,t_i))&~∃Y(~等于(Y,警察)& ∃t_j(护送(Y,女芭蕾舞演员,t_j))))

意为"护送女芭蕾舞演员的是警察,而不是其他人"。

"是"字句之所以发生中和,也许是因为它只是焦点标记,对句子命题意义无所贡献的缘故,而不能中和的"只"与"不"都是焦点算子。当然,这一点还需要进一步研究。

第八章
多焦点现象和多重焦点强迫形式套叠现象

8.1 多焦点现象

一般来讲,一个句子中只有一个重读的成分,即只有一个焦点,但凡事总有例外。多焦点现象是指一个句子(主要指单句)中有两个或两个以上的成分同时被强调。这种现象在任何语言的实际语料中都出现不多,但是确实存在。

王灿龙(2004: 80—82)认为,“连”字句往往是一个双焦点(double focus)的句子。一方面,“连”字标记的焦点是一个凸显的话题焦点,“连”字凸显一个事物时,总是要涉及同类的其他个体,而且它们之间在某方面会有一些可比性,并能得出一定的比较结果。另一方面,“连”字句的句末成分仍然具有常规焦点的属性,可以称作常规性的无标记焦点。例如:

(1) 这事连我也弄不清楚。

“连”字句的情况,可以看成是已经固化为一个双焦点的构式。与之相似的双焦点构式还有徐杰(2001)所说的“主焦点”、“次焦点”。徐杰认为,当一个简单句包含多个焦点时,这些不同的焦点所受到的强调程度可能是不均匀的。自然的情况是其中一个焦点所受到的强调成分高于同句中的其他焦点。这一现象称作焦点的强度级差,受强调程度高的焦点叫做“主焦点”,受强调程度低的焦点叫做“次焦点”。焦点的这种强度级差是比较而言的,不存在某种绝对的“值”。

语法形式要表现焦点的话,首先要表现的是主焦点,把它放在最受强调的位置上。例句如下(单引号中的代表“次焦点”):

(2) 是老赵睡了‘一整天’。

(3) 是小王‘凌晨两点’才回家。

有时这种多焦点是比较灵活的,其中两个焦点成分的强弱程度都差不多。例如徐杰(2001: 124—125)的例子:

(4) 小刘今天晚上要在他办公室里等你。

(5) 你什么时候在什么地方见过他?

徐烈炯(2002a)具体分析了“多重焦点”现象,即讨论同一个句子中能不能出现不止一个焦点。我们认为,“多重焦点”这一术语虽然学界不少人使用,但实际上它可以进一步分为几种不同的情况:

有的是多焦点问题,即一个句子中有两个非并列的焦点重音的现象。

有的是多个不相统属的焦点强迫形式共现的问题,它们或者相互融合成为一个焦点强迫形式,或者相互竞争,一个压倒另一个。总之,句子最终仍然只有一个焦点重音。

有的是逆向策略问题,即说话者为满足上下文语境及交际目的的需要,临时改变了句子的焦点结构。

有的是并列焦点,即若干焦点成分并列或配对的关系。

本书主张把各种情况细化,各自单独讨论。

下面先看徐先生提到的具体情况。

第一种情况是,他认为焦点分为信息焦点、对比焦点、语义焦点和话题焦点四类,一句话中可以有两个不同类的焦点,例如,甲认为历届比赛中北京队总是输给上海队,1999 年比赛中大概也会输,乙不同意甲的看法,他可以说:

(6) 不,1999 年北京队一定会打胜。

这个句子中“1999 年”是话题焦点,与其他年份作比较,而“打胜”则是信息焦点。一个句子中也可以出现一个语义焦点再加上一个对比焦点的现象，这种现象在形式语义学中称为“二次出现的焦点”(second occurrence of focus)，例如：

(7) 甲：小张只请小王。

乙：不，是小李只请小王。

但是我们认为，上述例句实际上分属两个不同的情况。例(6)中可能出现两个重音。

(8) 不，**1999年**北京队一定会**打胜**。

原因倒未必是因为“1999年”是所谓的“话题焦点”，而是因为“1999年”和“打胜”都是对比项，对比的是“历届”与“输”，所以这是反驳语境下的逆向策略运用，自然与寻常情况不同。

至于例(7)，也是相同的语境，不过句中实际上只有一个重音，即“小李”，因为只有它为对比信息，对比的是“小张”；“只”关联的“小王”已经“去焦点化”了。

第二种情况是同一个成分可以兼作不同类的焦点，例如：

(9) 你买了什么？

(10) 我只买了苹果。

例(10)中的“苹果”表达新信息，同时它又与焦点敏感算子“只”关联。不过我们认为，这不是常规的情况，因为说话者没把对方的问话看成是中性语境，而是看成有语用含义的：即对方或者嫌自己买得多，或者期望自己买得足够多，所以才用“只”来回答，这里“只”或者有反驳性(这时“只”重读)，或者有新信息的功能。

如果单说例(10)，“苹果”就只能与焦点敏感算子“只”关联。

另外，对于例(9)的提问，更自然的回答是例(11)：

(11) a. 我买了苹果，(别的都没买)。

b. 我买了苹果，(还买了香蕉)。

在上下文语境中，(11a)中的“苹果”具有排他性，意思等同于例(10)。而(11b)中的“苹果”不具有排他性，仅是新信息。

第三种情况是真正的“多焦点”句，它是当几个成分作为同类的焦点时，它们或者配对成统一解释，或者并列成一个焦点。例如：

(12) 谁买了什么？

但这种所谓的“多焦点”句，实际上也可看成是单一新信息，只不过在这个新信息中，有两个并列的成分都不可简省而已。这是因为对于例(12)的提问，期待的回答是：

(13) 老张买了电脑，老李买了录音机，老王买了手提电话。

所以，例(12)的多个疑问，并不是每个疑问词都引出一个新信息，而是把疑问词联到一起，构成一个统一解释(a linked interpretation)，由配对的两个疑问词共同构成一个新信息，属于同一焦点，即焦点不是个体，而是一对客体。

对焦点强迫形式而言，也会出现这种配对的重音，如例(14)每个单句中时间和地点都配对，都跟焦点敏感算子“总是”关联，组成一个语义焦点。

(14) 老张总是星期一在学校教学，星期二在研究所办公。

需要注意的是，徐先生所说的焦点配对这种情况，是出现在例(14)这样的并列关系的复句中。如果单说例(14)其中的任一分句，跟焦点敏感算子“总是”关联的就只是“总是”后面的其中一个成分。

除了配对成分作焦点，还有一种是并列成分作焦点，例如：

(15) 你什么时候在哪里见到了老张？

(16) 我上星期在北京见到了老张。

例(16)是对例(15)提问的问答，“上星期”和“在北京”都是信息焦点，都可以重读，但是并没有把这两个成分配对，而是把两者当作并列成分，也可以加上连词，例如：

(17) 我在上星期而且在北京见到了老张。

一般说来，主语和时间状语是不可以并列的，因此不大能说：

(18) ? 老张而且昨天打了小李。

但是如果是公安人员在查案时也许会一下子问许多问题，这是一种列举的特殊句式，例如：

(19) 谁,什么时候,在哪里偷了什么东西?

(20) 小张昨天下午在仓库里偷了电线。

例(20)是对例(19)提问的问答,徐先生认为,如果只用两个疑问词,一般情况下只能把这两个疑问词作为配对成分,而不是并列成分,例如:

(21) 谁在什么时候偷了东西?

总之,连续的两个成分同作焦点,那可能是并列,也可能是配对;而不连续的两个成分同作焦点,那不可能是并列,只可能是配对。刘探宙(2008:263—264)对此提出不同的看法:一个句子中的两个焦点成分虽然是连续的,但既不是并列也不是配对关系,如下例(22);两个焦点成分虽然是不连续的,但不是配对关系,如下例(23)。

(22) 是老王家那孩子连中学都没考上。

(23) 连老王家那孩子去年竟然也连中学都没考上。

我们认为这是后面将要讨论的多个焦点强迫形式的共现问题。

徐先生所说的第四种情况,他称为多重语义焦点现象,即每一个语义焦点都与一个焦点敏感算子关联,如果一个句子里有两个焦点敏感算子,就会出现两个焦点,例如:

(24) 有一次他甚至一整天只做了一道题目。

例(24)中的"甚至"的焦点是"一整天"或者"一整天只做了一道题目",而"只"的焦点是"一道题目"或者"做了一道题目"。这里的关键问题是如何确定哪个焦点敏感算子与哪个词关联,这不仅有语义问题,也有句法问题。实际上,这也是多个焦点强迫形式的共现问题,它们不是真正意义上的多焦点现象,因为虽然句中有两个或两个以上的焦点强迫形式,但说话者一般会进行选择,在句子中呈现的,一般只有一个焦点重音,而另一个或者与之"融合",或者被去焦点化。

以上是徐先生分析的四种"多重焦点"情况。刘探宙(2008)谈到多重焦点的特点时指出,多个焦点各有自己的结构层次,有的处在同一层次内,有并列或包含关系,有的处在不同层次,不同层次在主从复杂句中主要表现为主从层次,在简单句中主要表现为内外层次。

刘文主要的贡献在于她认为多个焦点共现会有强弱差别。她谈到一个句子中出现多个焦点时的现象,如果有疑问代词,那么疑问代词最强;没有疑问代词的,首先要看句法等级,主句焦点比从句焦点突出,同时"是、连"类和"只、就"类这两种引导强度高的焦点句法形式会导致焦点强度改变。

请注意,刘文主要谈论的是句中有多个焦点强迫形式共现时的情况,它们最终会竞争出一个胜利者作为句子的焦点,所以实际上句子也只有一个焦点,而不是同时有多个焦点。刘文的意思准确地讲应该是,这些焦点强迫形式在要求充当句子焦点的能力上有大有小,有的最强,如疑问代词,有的比较强,如"是、连"类和"只、就"类,另外,主句中的焦点强迫形式在要求充当句子焦点的能力上,比从句中的焦点强迫形式要强。当然,刘文只关注强式焦点强迫形式,所以没有词汇句法形式引导的信息焦点不在其关注的范围。

以上这些讨论主要围绕一个核心问题:一个单句是否只有一个焦点?一般来说,一个单句只有一个突出强调的部分,即焦点,但是也存在一个单句中含有两个或两个以上的焦点。例如,一个问句只有一个疑问表达式,所以一个问句只有一个疑问焦点。有时可以多一个"呢",这并不影响疑问焦点,因为"呢"是语气词,本身一般不充当句子焦点。但有时一个句子有两个疑问代词并列,例如:

(25) a. 谁动了谁的奶酪?

b. 谁和谁结婚啊?

c. 谁,怎样进去的?

d. 谁在哪儿看见的他?

(26) 他何时何地对何人说的这句话?

这种现象称为疑问代词配对出现。我们注意到,它们都是同一个谓词的论元,在依存结构中是并列关系,而非上下位关系。Zubizarreta (1998) 提到英语中也有这种情况,但她认为并不是每个

疑问词都引出一个焦点,而是把疑问词都联系到一起,构成一个统一解释。例如:

(27) Who bought what? (谁买了什么?)

上例中的"who/谁"和"what/什么"属于同一焦点,也就是说,焦点不是个体,而是一对客体,即疑问代词配对这种情况可以处理为一个焦点。

徐杰(2001:125—126)还提到了焦点在不同句子中的强弱差别问题,例如:

(28) 甲:谁走了?

乙:是老王走了。

丙:老王走了。

同样作为对问句(28 甲)的答句,(28 乙)和(28 丙)两句中都有焦点成分,而且两句也都只有一个焦点成分,没有相对的主次问题。但是(28 乙)中的焦点成分通过句法手段(加焦点标记词"是")被突出强化了,是强式焦点;而(28 丙)中的焦点成分则是没有被强化,是弱式焦点。强式焦点在包含多个焦点的句子里经常跟该句的主焦点重合,即一个简单句可以同时拥有多个焦点,但是它要突出强调的一般只有一个。下例(29)、(30)一类同时有两个部分受"是"强调的句子是不能成立的。

(29) *是老赵是半夜才回来的。

(30) *是老赵晚上是在办公室里等你。

徐杰把这一现象概括为简单句的"单一强式焦点原则"(unique strong focus principle),表述如下:

当一个简单句包含多个焦点时,专用的焦点语法形式只能突出强调其中的一个。

我们部分同意徐杰所概括的"单一强式焦点原则"。但是,在汉语中确实也存在双"是"或多"是"结构,例如:

(31) 是<u>老张</u>而且是<u>昨天</u>去的北京。

(32) 我是<u>昨天</u>、是在<u>上海</u>看见的他。

我们认为,这些句子跟多个疑问词并列现象一样,是并列的判断强调结构,是有标记的,可以称为“并列句的杂糅”,但是这不是普遍的语言现象。

我们的观点是:在一个简单句中有可能存在多个焦点强迫形式以及它们各自引导的可能焦点成分,这些可能焦点成分中一般只有一个胜出,因为它的受强调程度最高,因此就一个简单句而言,它只有一个焦点成分。但如果几个可能焦点成分之间存在着并列关系,或被说话者作为并列项来处理,则它们的强调程度的差异不明显,或者同样弱,或者同样强。这时,说话者可以同时赋予它们焦点重音。但这样的话,在发音学上是不经济的,费力的结果是多焦点之间必有停顿把它们隔开,使它们分属不同的韵律段。

在焦点研究中,我们更想要说明的是:多个焦点强迫形式以及它们各自引导的可能焦点成分,是怎样进行融合和竞争的。

8.2　焦点强迫形式的融合

前文说过,如果句中的一个成分,在没有受到特定成分的约束时,自身就是具有焦点性质的成分,则称为“自由焦点”;如果句中的一个成分,它受到另一个成分的约束,才能变成具有焦点性质的成分,则称为“约束焦点”。如果一个结构中只有表示自由焦点的可能焦点成分时,该结构仅分为“可能焦点成分”和“背景”两个部分,是一种焦点二分结构;但当结构中有表示约束焦点的可能焦点成分时,则句子分为“可能焦点成分”、“背景”和约束可能焦点成分的“焦点敏感算子/焦点标记”三个部分,是一种焦点三分结构。从本质上讲,疑问代词充当的疑问焦点是自由焦点,它不需要什么算子就表示疑问信息;当然,表原因的疑问代词又是焦点算子,它也会约束句中的其他成分。

当句中有多个可能焦点成分时,它们可能融合(melt)在一个焦点

结构,主要有以下三种方式:

1. 一个表示自由焦点的可能焦点成分,同时成为约束另一个可能焦点成分的焦点算子,如表原因的疑问代词。

(33) a. **为什么张三上个月去了美国?**

(为什么是张三,而不是其他人。)

b. **张三为什么上个月去了美国?**

(为什么是上个月,而不是其他时间。)

c. **张三上个月为什么去了美国?**

(为什么是去美国,而不是其他事。)

d. **张三上个月为什么去了美国?**

(为什么去的是美国,而不是其他国家。)

这里,即使"为什么"和后面的可能焦点成分(如a句中的"张三")都读得较重,或不能分辨二者谁更重,我们也不能说句子是双焦点,因为在语义上,二者已经融合在一个焦点结构中。

2. 一个本身是表示自由焦点的可能焦点成分,在句中又受到了其他的焦点标记或焦点敏感算子的约束,例如:

(34) **是谁买了这本书?**

(35) **他是什么时候在美国念的书?**

(36) **他只在哪儿见客?**

(37) **她经常叫谁帮忙打开水?**

这是学界经常提到的例子,作为自由地表疑问焦点的"谁、什么时候、哪儿",在句中受到焦点标记"是"或焦点算子"只"、"经常"的约束,成为后者的焦点成分。此时,疑问代词的读音常得到进一步强化,而焦点标记或焦点算子一般不会重读(逆向策略除外)。

一般来讲,疑问代词只要受到其他的焦点标记或焦点敏感算子的约束,融合就会发生,句子就可以成立了。但并非总是如此,少数疑问代词不能被融合,例如:

(38) **你是怎么去的上海?** (是方式而不能是原因)

(39) **那么你是为什么没来上课?**　　(可以表原因)

表原因的"怎么"不能出现在焦点标记"是"的右边与"是"融合，因为"怎么"除了表疑问焦点外，它还表示"反预期"意义，即事情出乎说话者预料，疑问焦点可以让疑问词受"是"约束，但"反预期"意义却无法受强调的"是"的约束，所以不能出现在"是"的右边，出现在"是"的右边只能是没有"反预期"意义的表方式的"怎么"。而表原因的"为什么"因为没有"反预期"意义，所以可以出现在"是"的右边，只要它受"是"的约束。

关于表原因的"怎么"与"为什么"的区别，我们在否定测试中发现了有趣的现象。

(40) 原句：张三去了上海。

甲：张三为什么去了上海?

乙：不，他不为什么，反正去了呗。

(41) 原句：张三去了上海。

甲：张三怎么去了上海?

乙：不，他没去上海。

当要求受试者"乙"一定要用表示语用否定的"不"开头的时候，很有意思的是，他趋向于把"为什么"理解为问原因，所以他回答的是没原因，对原句意义表示默认，这正是我们说"为什么"是焦点算子的原因。但他趋向于把"怎么"理解为表示一种语气，所以他回答的是反驳对方的设定，即对原句意义表示否定，由此看来，"怎么"是焦点标记。

上述例句还给了我们启发，即带有强烈语气的焦点标记，一般都不能再被其他标记或算子所约束，不能充当后者的可能焦点成分。我们的调查发现，几乎所有汉语语气副词，都不能受表肯定的"是"和表否定的"不、没"的约束，典型的例子如"幸好、怪不得、竟然、果然、究竟、毕竟"等。下面让我们来看一个表道义情态(义务)的"应该$_1$"和表认识情态的"应该$_2$"的例子。先用否定测试：

(42) 原句：张三去上海。

甲：张三应该$_1$去上海。

乙：不，他不应该$_1$去。

“他不应该去”并未否定他去，只是说在道义上不通，并不意味着实际上不会发生，所以这里没有必然地否定原句，“应该$_1$”是焦点算子。

(43) 原句：张三去了上海。

甲：张三应该$_2$去了上海。

乙：不，他没去上海。

由于否定了原句，“应该$_2$”是焦点标记，因此“应该$_1$”比较客观，而“应该$_2$”有较强的主观语气，在其他标记或算子约束它们时，情况就有所不同。

(44) a. 张三是应该$_1$去上海。

b. 张三不应该$_1$去上海。

(45) a. ?? 张三是应该$_2$去了上海。

b. *张三不应该$_2$去了上海。

3. 一个焦点算子，同时在句中又受到了其他的焦点算子或焦点标记的约束，成为后者的可能焦点成分，例如：

(46) 你**是** **为什么**要去**北京**呢？

“是”约束“为什么”，“为什么”再约束“北京”。一般重读“北京”。

(47) 他**不** **是** **昨天**去了上海。

“不”约束“是”，“是”再约束“昨天”。一般重读“昨天”。

(48) 他**为什么**　**经常** **不** **上课**？

“为什么”约束“经常”，“经常”再约束“不”，“不”再约束“上课”。一般重读“上课”。

(49) 他**幸好** **是** **没**去过**上海**。

“幸好”约束“是”，“是”约束“没”，“没”再约束“上海”。一般重读“上海”。

设焦点成分 FC,焦点算子或焦点标记 FO,则这种多层焦点算子/焦点标记的套叠结构为:

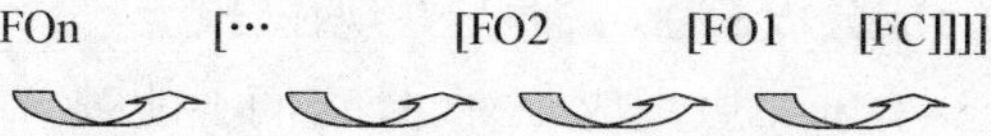

对相邻的两层而言,外层的算子/标记约束内层的算子/标记,所以内层的算子/标记相对于外层的算子/标记而言,实际上成了后者的可能焦点成分。

因此可以得出结论:就"凸显性"而言,焦点敏感算子/焦点标记与它所约束的可能焦点成分并没有什么区别,它们都具有强凸显性,只不过句法位置较高的一个,因为离外层的焦点算子/焦点标记更近,更容易被后者所约束。

在多层算子/标记套叠中,最终多层结构融合成一个结构,在说话者采用顺向策略的条件下,这一结构整体指向唯一的一个可能焦点成分,即其中最里层的可能焦点成分,赋予它至少是不可简省的重音;而所有的算子/标记都依然是算子/标记,一般不重读。当然,在说话者采用逆向策略时,其中某一个算子/标记有可能获得特别重音,成为句子焦点。

8.3　焦点强迫形式的共现及竞争

当句中有多层焦点强迫形式时,并不总是能融合为一体。例如下面的焦点算子/标记并不约束其前面或后面的疑问词,二者是共现关系。

(50) 谁 没去上海?

(51) 在哪儿 可能见到他?

(52) 这几位里面,他不喜欢 谁?

在上面例句中,焦点算子/标记"没"、"可能"、"不"分别约束"上海"、"他"、"喜欢",句中的疑问词"谁"、"哪儿"由于其疑问特性充当句子的信息焦点,在上述焦点算子/标记的辖域之外。[其中,例(52)中的"不"只管辖谓词"喜欢",而未能管辖其宾语"谁"。]因此,上面例句中的可能焦点成分没有融合,而是共现在一起。

当句中有多个可能焦点成分,而且它们不能融合在一个焦点结构中时,称为焦点强迫形式"共现"(co-existing)。有时,具有共现关系的句子可以成立,例如:

(53) 是他 没去过上海。

(54) 只他 只看小说。

例(53)中有两个算子/标记,焦点标记"是"约束"他",而否定算子"没"约束"上海";例(54)中有两个限定算子"只",前一个"只"约束"他",后一个"只"约束"小说"。这两例中,不同的算子及其三分结构都十分和谐地共处于一个句子中。

但有时,具有共现关系的句子却不可以成立,如黄正德(Huang,1982)、郑良伟(Cheng,1983)、徐杰(2001)等学者都注意到汉语特指问句有一个有趣的现象,即下面这类句子不合语法:

(55) *是张三打了谁?(比较:张三是打了谁?)

(56) *谁是买了那么多书?(比较:是谁买了那么多书?)

(57) *他什么时候是在美国念的书?(比较:他是什么时候在美国念的书?)

上面例句中的焦点标记"是"分别约束"张三"、"那么多"和"美国",而疑问代词"谁、什么时候"却不在其管辖范围内,所以是共现关系。但跟例(50)—(52)不同,例(55)—(57)这些句子都不成立。据此,我们似乎可以得出一个初步的结论:"当句中有多个可能焦点成分时,即句中存在焦点标记'是'约束的成分与疑问代词,那么两者只能融合,不能共现。"但是,情况并非如此简单,因为我们有这样的合语法的例句,刘探宙(2008)认为"是"标记的强式焦点可以和疑问代词共现但不同指。

(58) 哪个小朋友平常是爸爸接送?(转引自刘探宙,2008)

对(55)—(57)这些不合格的句子,学者们有不同的解释。黄正德先生是从疑问代词和焦点成分在逻辑式中的隐性移位(covert movement in LF)的角度来解释的。郑良伟先生提出"焦点统一原则"(the principle of unified focalization),即带有"是"的特指问句使用了两种焦点表达式,这些焦点表达式所强调的对象必须统一。上述各例不合语法都是因为它们违反了这个原则。徐杰先生认为,疑问代词在词库中已经带有焦点特征[+F],进入句法结构后它们必然自动成为所在句子的强式焦点,要加用焦点标记词"是"的话,只能加在它们前面,否则就制造了两个强式焦点,上面那些句子不合格都是因为它们违反了简单句的"单一强式焦点原则",即"当一个简单句包含多个焦点时,专用的焦点语法形式只能突出强调其中的一个"。

我们认为,这些解释各有长处,但总的来讲,主要是就事论事,不具有普遍性的意义。汉语中像"是"这样的焦点标记或焦点算子不少,但它们不一定有如(55)—(57)这样的严格限制,例如下面各组句子中,有的都合语法,有的有部分合语法。

(59) a. 谁是昨天去的上海?

b. 谁是昨天去的上海?

(60) a. *只他看了什么?

b. 只他一个人就干了多少活?

c. 谁只看了一本书?

(61) a. *是他为什么送你回去?

b. 为什么是他送你回去?

(62) a. 这个案子,怎么/为什么是局长批准的?

b. 你怎么/为什么是去的上海?

(63) a. *是他去了哪儿?

b. ?幸好谁来了?

c. ??在哪儿是他见到小王?

试比较例(59)和例(56),这两句都是疑问焦点和"是"共现的句子,但是例(56)一般不能说,而例(59)却可以说,原因在于:例(56)中没有"的",如果有"的",即"谁是买的那么多书",句子就顺口多了;而例(59)中有"的",如果没有"的",即"谁是昨天去了上海",句子的接受度就降低多了。所以"的"在这里的功能是使句子的判断性突出,这样"是"表示判断,可以去焦点化。

再看例(60),其中 b 是复句(有复句标记"就"),而复句中前后两个分句大多可以有各自独立的焦点;c 句中"谁"在"只"的管辖范围之外,但"只"可以去焦点化,即容许其他强势成分在充当焦点的能力上压倒自己。

而在例(61)、(62)中,表原因的疑问焦点算子/标记"为什么、怎么"在外,它约束了后面的"是",从而成功地融合为一个焦点结构。

我们再来看下面的例句:

(64) a. **是老张通常星期天**打扫房间。

b. **是老张**星期天**通常打扫房间**。

(65) a. ? **是老张应该星期天**打扫房间。

b. ? **是老张**星期天**应该打扫房间**。

例(64)、(65)是所谓"对比焦点和语义焦点共现"的例子,但是例(65)的接受度比较低,这与焦点算子/标记的不同种类有关,像"通常、总是"这类是表频率的,而"应该、必须"这类是表情态的,前者比较中性、客观,后者比较主观,前者要求成为焦点的强度低,所以与"是"没什么冲突,而后者要求成为焦点的强度高,所以更容易与"是"发生冲突,但冲突还不大,有时句子仍然可以说。虽然这两类副词在表现形式上很相近,但是在实际功能上存在着差异,所以有必要先区分不同类型的焦点算子/标记,再考虑焦点强迫形式共现这种情况。

为了更好地解释这些可以共现或不可以共现的例子,我们主张在焦点范畴中要分出两个层面:一是各种焦点强迫形式及它们要求的可能焦点成分;二是一个句子中最为凸显的焦点成分。

关于各种焦点强迫形式在表现焦点时的强弱功能，以及在同一句中各种焦点强迫形式的相互制约关系，研究者们的看法不尽相同。

徐杰、李英哲(1993)认为焦点有强式和弱式之分，还依据语法单位成为焦点成分的几率，排出一个“焦点选择序列”：

“是”强调的成分→“连/就/才”强调的成分→数量成分→“把”字宾语→其他修饰成分→中心成分→话题成分

它们成为焦点成分的可能性依次递减。当然这一选择序列描写的只是一个趋势，在实际的言语活动中它可能会被其他因素(如各种焦点强迫形式的相对句法位置，以及说话者采取的焦点操作策略)扭曲。刘丹青、徐烈炯(1998：249)对此提出了不同的看法，认为这个序列在一定程度上反映了汉语句法成分之间在信息强度上的差别，但它根据的标准是对比焦点的标准，实际上将三种不同的焦点(自然焦点、对比焦点和话题焦点)都不加区分地放了进去。这样不但造成了理论上的矛盾，而且让原本可以离散的三种成分以连续体序列的形式出现，还由此带来序列本身的一些不合理之处。

在本书下一章中，将着重讨论我们在这方面的一些发现。

8.4　复句中的焦点分布

一般认为，复句是由两个或两个以上意义上相关、结构上互不作句法成分的分句加上贯通全句的句调构成的。分句在结构上跟单句相同，但是没有完整而独立的句调。根据分句间的意义关系，复句可以分为联合复句和偏正复句两大类。联合复句内各分句间意义上平等，无主从之分。偏正复句内各分句间意义有主有从，也就是有正句有偏句。邢福义(2001：24)指出，凡是复句，都包含两个或两个以上的分句。一方面，复句是“句”，具有“句”的基本特征；另一方面，复句包含两个或更多的分句，所包含的分句既是相对独立的，又是互相依存的，并根据“因果”、“并列”和“转折”的相互区别，建构复句的三分系统。这里我们还是采用联合复句和偏正复句二分的复句分类体系。

徐烈炯(2002)认为,并列复合句两个分句中显然可以各有一个焦点。他举的例子是:

(66) [他要了茶,][我要了咖啡。]

(67) [他是昨天听说的,][我是今天听说的。]

(68) [他只喝茶,][我只喝咖啡。]

(69) [那件事,你办糟了,][这件事,你又办糟了。]

以上四句都是并列结构:(66)两个分句中各有一个新信息焦点;(67)两个分句中各有一个对比性焦点;(68)两个分句中各有一个焦点算子"只";(69)两个分句中各有一个话题焦点。可见,徐先生认为并列结构的复句中的两个分句各有各的焦点。

王维贤等(1994: 294—297)认为,复句之所以能够组合在一起,除了一部分运用关联词语以外,更一般的是由于复句各分句之间在语义上具有相关性,其中最重要的是各小句之间具有共同的语义中心,各小句都朝向这一中心。具体来说,又分为两种情况。一是每个复句在字面上找到它的语义中心,即复句中的中心小句。中心小句的位置根据表达的需要,或用在开端,或用在结尾,或用在中间,相应的例句转录如下:

(70) 二婶是个拖泥带水的人,轮到她做饭,碗水擦不干,锅沿刷不净。

(71) 哗哗的流水声,嗒嗒的驴蹄声,云雀叫,蝈蝈鸣,一片和平景象。

(72) 二爷的姐姐比二爷大两岁,是个才女,会画工笔牡丹,会绣花,会吹箫。

二是有些复句在字面上找不到它的语义中心,它的语义中心是从各分句之间的语义联系找出来的,如复句中一个小句表示时间、处所或环境,另一小句表示在这个时间、处所或环境下出现的事件,显示背景和事件的关系,例如:

(73) 一日是天气很冷的午后,我吃过午饭,坐着喝茶,觉得外面的人进来了，便回头去看。

又如，复句中一个小句概括说明一般现象或状态，另一小句作出具体补充，这类句子表示概括和具体的关系，具有补充的特征，例如：

(74) 他突然放声哭起来，哭得那么痛心，那么凄凉！

张学成(1999：35)谈到复句语义层次时认为，形合句在反映认识关系的基础上还反映心理关系，表示说话人的主观态度：强调或委婉，肯定或否定，虚拟或估测等等。在一定的语境中，由关联词语构成的复句格式都表现了一定的语用意义。例如“只有/除非 A，才 B”总是强调 A 小句，即表示条件的唯一性，“只有/除非”可以看作焦点标记。而“不但 A，而且 B”、“与其 A，不如 B”、“虽然 A，但是 B”总是强调 B 小句，即 B 小句关联词后的成分就是全句的焦点所在。这些句式进入一定的语境就显示出说话人的这种强调意义。莫红霞、张学成(2001：64)认为：吕叔湘(1990：387)把汉语前果后因的复句叫做“释因句”，把前因后果的复句叫做“纪效句”，实际上揭示了汉语复句以后面分句为自然焦点的特性。

张国宪(1998)认为对举格式具有标记重点或焦点的语用功能，在通常情况下，对举格式中词语相异的部分是发话人要指明的重点或焦点。以“小孙没买摩托车”为例，它与不同的句子对举，重点或焦点将有所不同，重点或焦点指向对举格式中的相异部分。试比较：

(75) a. 小孙没买摩托车，小张买了摩托车。

b. 小孙没买摩托车，小孙借了摩托车。

c. 小孙没买摩托车，小孙买了汽车。

例(75a)的对举成分是“小孙、小张”，例(75b)的对举成分是“没买、借了”，例(75c)的对举成分是“摩托车、汽车”，即对举成分是句子焦点。我们在前文讨论过对举格式(或平行结构)是一种句法性焦点强迫形式，而这种表现手段涉及两个分句，所以可以视为一种表现显性对比焦点的复句。

王琪、罗尚荣(2004：105)认为，多项结构复现指的是三项或三项以上结构相同或相近的词组、句子或大于句子的语言单位在篇章中前后出现,它在信息的传达中起到了凸显焦点的功能：当多项结构复现中复现的结构是相同或相近的词组时,复现体凸显的是具有突出性质的焦点;当多项结构复现中复现的是相同或相近的句子时,复现体凸显的是具有对比性质的焦点。他们举的例子是：

(76) 随着经济的发展,随着科学文化和教育水平的提高,随着民主和法制建设的加强,消极现象会逐步消除。

(77) 我们的学风还有些不正的地方,我们的党风还有些不正的地方,我们的文风也有些不正的地方。

王琪、罗尚荣(2004：106—107)认为,例(76)除了"逐步消除"是说话人强调的语义以外,三个"随着……"也是新信息,也是说话人希望听话人注意的部分,即是句子的焦点,所以在例(76)中至少有两个焦点存在。例(77)中各复现项都是主谓句,各项谓语部分相同,各项主语部分各不相同,这样就相应称为各自的背景,形成鲜明的对比,突出了不正之风存在的各个方面。这样一来,因为各项的结构相同或相近,各项的内容或是通过重复得到了强调,或是通过对比得到了突出,都成为具有"对比"性质的焦点。

可见,以上各位研究者对复句焦点的看法不尽相同,讨论的核心问题是：复句是只有一个焦点,还是每个分句各有各的焦点？联合复句与偏正复句是否在这方面有所不同？对于以上问题,我们的看法是：并列复句(包括对举格式)中,两个分句各有各的焦点;联合复句中的选择复句、递进复句,偏正复句中的条件复句、转折复句、因果复句,其中的一个分句是全句的焦点所在。以上的分析都是基于复句中前后两个分句之间的意义关系。从复句中关联词语看,复句中分句之间的关系有时用关联词语来表示,这种方法叫关联法;有时不用或不能用关联词语来表示,这种叫意合法。口语中多用意合法,书面语多用关联法。并列复句常用意合法,例如：

(78) 感情的短处在于会使人迷失方向,科学的长处在于它是不动感情的。

(79) 悲观的人虽生犹死，乐观的人永生不老。

但是，有些没有关联词语的意合句，在形式上是并列的，但由于分句之间存在着某种依存关系，在不同的语境中，可以表现为不同的分句关系，例如：

(80) a. 太阳下山了，大伙儿都收了工。

b. 因为太阳下山了，所以大伙儿都收了工。

(81) a. 他要了茶，我要了咖啡。

b. 他要了茶，但是我要了咖啡。

有时，有关联词语的并列复句可以换用其他的关联词语来表示分句间的其他关系，例如：

(82) a. 绿既是美的标志，又是科学、富足的标志。

b. 绿不但是美的标志，而且是科学、富足的标志。

可见，对于复句中的多焦点问题，首先从分句间的意义关系出发来区分不同的复句，然后进一步界定复句中的焦点，即如果是并列关系的复句，就存在多焦点。这一分析是基于复句中分句间的意义关系，但是如果分句前出现表示其他关系的关联词语，那还需要从形式上考虑。也就是说，分析复句中的多焦点问题，应从意义出发，并结合形式。

但复句的焦点毕竟不同于单句的焦点，因为前后分句分属不同的韵律段，所以我们尚未找到它们之间在焦点性上的相互限制现象，例如一个单句有焦点强迫形式不能共现的情况，但一旦分属复句中不同的分句，这些焦点强迫形式就可以共现了。

第九章

句子焦点的实现与去焦点化操作

9.1 焦点的数量

这里所说的“焦点的数量”，指的是一个简单句(单句)中焦点的数量。主要观点有多焦点论、唯一焦点论和无焦点句。

9.1.1 多焦点论

徐杰、李英哲(1993：81)认为，每个正常的句子都至少有一个焦点成分，有的句子还可以有两个或多个焦点成分。徐杰(2001：125)进一步用多项疑问句证明一个简单句可以包含多个焦点，例如：

(1) 谁在那家超市买了什么？

他还依据受强调程度的高低把焦点分为主焦点和次焦点，并结合焦点的强弱形式提出“单一强式焦点原则”，即当一个简单句包含多个焦点时，专用的焦点语法形式只能突出强调其中的一个。

温锁林(2001：44)认为，句尾焦点由于要使用句末的语调核心，因此它的数量只有一个，但是对比焦点使用的是句中的对比重音，加上位置不固定，因而数量有时会超过一个。例如：

(2) 我是'去年在上海一家'宾馆碰上他跟你的'二姑娘的。

9.1.2 唯一焦点论

潘建华(2000：126)认为，如果句子有焦点，一定出现在相应的语境中,而且只能有一个焦点。顾钢(2001：78)认为,对比焦点是句中承载对比重音的部分,与其他部分形成对比,两个以上的对比重音在逻辑上是不恰当的,提供新信息的焦点只能出现一次。即主张采用焦点唯一的假设,不赞同一句话内有多个对比焦点的假设。

9.1.3　无焦点句

潘建华(2000：125—126)指出,并非所有的句子都有焦点,有些句子是没有焦点的。有两种情况句子是无焦点的：一是特定语境中话语意义与字面意义相背离,表达言外之意的句子。例如：

(3) 甲：今晚我想请你看电影。

乙：我明天要参加英语考试。

上例中乙的回答表示委婉拒绝甲的邀请,句子结构没有表达真实意义,也就没有焦点。二是特定语境中话语意义与字面意义相重合,句子传递的信息强度相仿,即无强调突出的部分。徐杰(2001：164)也指出,非信息传递的句子是没有焦点的,主要表现在问候语上,可以有多种不同的形式:“你好!”、“您早!”、“晚安!”、“吃了吗?”、“嗨!”等。这些句子即使是问句也无需认真回答。例如：

(4) 甲：去哪儿?

乙：到前边。

9.1.4　对焦点数量的看法

我们在上一章提出：在焦点范畴中应该分出两个层面：一是各种焦点强迫形式及它们要求的可能焦点成分;二是一个句子中最为凸显的焦点成分,即对一个句子而言,最终它最为凸显的是什么?所以从凸显性这个维度来看,一个句子一般只有一个焦点,即只有一个凸显中心,它体现为整个句子的焦点功能。为此我们采用唯一焦点论,具体理由如下：

第一,唯一焦点论的例句覆盖面广,最具普遍性。

所谓"无焦点句"比较特殊,可以先作为特例放在一边。而且其中有的句子实际上是有焦点的,如表达言外之意的句子,焦点本身与说话者态度的真实与否无关;再如打招呼的句子,只要不是单词句,就难免有强调的重心。上述研究者之所以不认为它们有焦点,是因为他们理解的"焦点"这一概念仅局限在"新信息"这一维度上,而这些句子当然没有什么新信息。不过,没有新信息不等于没有凸显,我们认为从本质上讲,焦点是凸显(新信息凸显仅是凸显中的一种),所以上述句子我们大都认为是有焦点的。

而所谓句中"可有几个焦点"的情况,或者是它们存在竞争关系,即句中有多个可能焦点成分,最终有一个焦点成分必然要胜出,这实际上还是唯一焦点;或者是它们存在并列关系,如"谁在哪儿告诉你的?"这也比较特殊,可以先作为特例放在一边。

第二,"一个句子只有唯一的焦点"在大多数情况下起到了制约句子合格性的作用,这是一条相当强势的语言规则,在语法、语义和语用研究中相当有用,我们不能因为少数特例而因噎废食。

不过,为澄清我们所说的"唯一焦点论"的本质以及与前人的不同之处,这里需加一些具体的说明:

第一,我们认为焦点的本质是言语活动中凸显的片断,但是凸显本身应分为不同的层次:一是常规凸显,代表客观信息传递的层次;二是刻意或非常规凸显,代表主观性和主观间性的层次。

第二,从具体的操作层面来看,凸显性可以分为词组与句子两个层面。在词组层面,任何两个单位的结合都有相对轻重的问题,"重"即更为凸显。这些具有相对轻重分布的结构进入句子后,其凸显的部分有成为句子的焦点的潜在可能性,我们称它们为"可能焦点成分"。一个句子可能有多个、也可能只有一个"可能焦点成分"。

第三,当一个句子有多个"可能焦点成分"时,它们之间存在竞争关系,最后或者"融合"成一个焦点结构,或者在"共现"成分中只有一个成分胜出,成为句子的焦点,而其他成分则失去焦点性(我们称为

“去焦点化”),从而变成背景信息的一部分。

9.2　句子焦点的实现规则

首先请注意,本节内容主要是针对顺向策略而言的,所以起主要作用的是焦点强迫形式的性质及它们在句中的相互关系。在逆向策略中,有关规则不一定有效。

我们试提出“句子焦点的实现规则”:

1. 一个单句可以有一个也可以有多个焦点强迫形式;

2. 每个焦点强迫形式都贡献出具有语用凸显性的可能焦点成分;

3. 最终只有一个可能焦点成分的凸显性上升为全句的凸显性,成为“句子焦点”。

4. 凸显性实现的规则是:当多个焦点强迫形式没有融合成一个整体时,在顺向策略中,句中处于最高句法位置的那个可能焦点成分所具有的凸显性,上升为全句的凸显性,成为全句的可能焦点成分。例如:

(5) **是他 只看小说**。　　　(外层的“他”是句子焦点)

(6) **谁 只看了一本书**?　　　(外层的“谁”是句子焦点)

那么,有哪些成分才能具有较强的凸显性,从而获得争取句子焦点地位的候选资格呢?据我们考察,有以下几个方面:

1. 居于结构的焦点突出的位置(深重或辅重或尾重)上。(结构性可能焦点成分)

2. 居于对比结构、排他性结构的相关位置上。(排他对比性可能焦点成分)

3. 被焦点算子和焦点标记所约束。(约束性可能焦点成分)

4. 语义上具有更多的描写性(包括数量、状态、方式等方面的描写)。(概念性可能焦点成分)

5. 带有标记强焦点性的附缀。(附缀性可能焦点成分)

严格来讲,疑问焦点属于其中的第四项,即由疑问信息本身的凸显性而成为可能焦点成分,所以一旦疑问代词失去了疑问信息,成为不定代词,它就不再具有焦点性,甚至走向了反面,不定代词绝不能是句子的焦点。

如果把"句子焦点的实现规则"进一步细化,可以得到以下三个规律:焦点结构律、焦点强迫律和焦点强度律。

下面我们先看**焦点结构律**。

第一,回答结构如何产生焦点强迫的问题。如果当两个自由构句形式(不包括构词)有结构上的位置差异时,那么,(一) 在立体结构中处于下层或被支配的形式优先获得可能焦点成分的地位(深重原则);(二) 在线性结构中处于后面的形式优先获得可能焦点成分的地位(后重原则)。

我们认为,深重原则优于后重原则,仅当在立体结构中处于并列位置上的成分适用于后重原则。例如主语与宾语相对于动词而并列,所以宾语优先获得可能焦点成分的地位。一般讨论中还有一个辅重原则,但在我们这里深重原则包括了它,因为分类及描写性修饰语是受中心语支配的。

第二,回答结构如何影响焦点强迫性强弱的问题。如果当两个焦点强迫形式有结构上的位置差异时,那么在结构上处于上层或外层的形式优先加分。需要注意的是,焦点强迫的产生与强迫性强弱的调整是两个处理过程。下面还有两个与此相关的规律:

焦点强迫律。句中成分按具体语言功能区分,有如下优先获得焦点强迫功能的序列:

生动性(赋予主观色彩)>变化性(在事件过程中发生变化)>具体性(使概念从上位走向下位)/描摹性(对事物状貌特征的刻画)

一般来说,修饰性成分会加强中心语的具体性与描摹性,所以它优先获得可能焦点成分地位,但有时中心语在事件中发生变化,而定中关系不变,则中心语优先获得可能焦点成分地位。例如:

(7) 他正在摆放写有"主席"的台标。

焦点结构律与焦点强迫律结合起来,可以得到以下结论:

第一,容易成为可能焦点成分的形式应比不那么容易的形式在结构中的位置更低。如动词的宾语(直接宾语)应比动词更有描摹性、更生动,如果宾语比动词更抽象,分类性定语比名词中心语更抽象,那么结构的"轻+重"会感觉不合适。一般来讲,越具体生动,越有描摹性,则音节数越多,这是造成汉语定中2+1、动宾1+2韵律结构的认知原因。不过,当抽象的中心语只能以双音节存在时,就不存在双音节比单音节更具体生动的问题,也就不存在这一限制,如"小教室"的1+2结构。

第二,如果结构中的一个成分不但容易成为可能焦点成分,而且其生动到相当的程度,则比它低的句法位置上就容易出现空位,因为很难再找到比它更生动的成分了。如汉语及物动词带宾语有如下限制:单、双音节及物动词带宾语自由,而三音节及其以上的及物动词带宾语不自由,它往往需要把宾语前置到更高的句法位置,例如(转引自周韧,2011:130):

(8) 他打牢了基础。　?? 他打牢固了基础。　他把基础打牢固了。

(9) 张三关严了窗户。?? 张三关严实了窗户。他把窗户关严实了。

(10) 他哭哑了嗓子。　?? 他哭嘶哑了嗓子。　他把嗓子哭嘶哑了。

当然这也不是绝对的,有的三音节动词带宾语的接受度较高一些,例如:

(11) 张三摆齐了桌子。? 张三摆整齐了桌子。张三把桌子摆整齐了。

如果该动词没有双音节形式,只有三音节形式,那么往往不受这一韵律规则的限制,例如:

(12) 张三搞清楚了这个问题。　张三把这个问题搞清楚了。

(13) 他看明白了墙上的字。　他把墙上的字看明白了。

我们认为,根本原因不在于音节的多少,而在于生动性的强弱,双音节生动性比三音节弱,如果只有二音节,那么生动性未必强,所以无此限制。另外，跟补语的口语化色彩也有关系，越口语化，就越生动。四音节以上以及带有“得”字补语的，其生动性都很强，所以一般不能带宾语。例如：

(14) *他关得严严实实窗户。他把窗户关得严严实实。

(15) *他们拖拖拉拉粮食。　他们把粮食拖拖拉拉，弄进院里去。

第三，成为可能焦点成分的能力，不能用重音进行补偿，所以上述不能说的例句中，一般不能通过把宾语重读来使它更合适一些。不过，有时可以通过“去焦点化”，即把动宾结构放在一个去除了焦点性的语境中，来使它的合法性提高，如上述有的句子可用于条件句(前件)和否定句，例如：

(16) 如果他先打牢固了基础，就不会出现了这一问题了。

(17) 如果你关严实了窗户，就不会漏气了。

(18) 他没打牢固基础。

(19) 他没关严实窗户。

焦点强度律。焦点强迫形式按具体语言功能区分，有如下强度优先序列：

充当语篇话题＞反驳性/追问性＞言外之义/主观评价、态度＞对比性＞信息传递价值

当然，这一序列目前还只是一个初步的总结，有待进一步研究。

焦点结构律与焦点强度律结合起来，可以得到以下结论：

第一，强度高的强迫形式应比强度低的强迫形式在结构中的位置更高。如“连”字结构表示言外之义，所以一般在对比性成分之外，例如：

(20) **连老师也** 只看了三本书。

(21) * **只 连老师也**不看书。

第二，如果焦点和句中的焦点强迫形式的要求不一致，那么它一定表示更高强度的具体语言功能。例如：

(22) 甲：你听说了吗？张三死了！

乙：张三死了！没搞错吧。

上例中乙所说的表示其主观态度，即对听话者乙来说，“死的人是张三”这个消息太令人惊讶了。又如：

(23) **甲：老公，我买了好多好东西！**

乙：你给我买了什么？

在乙说的话中，表示对比和选择的“我”战胜了表疑问的“什么”，成为句子的焦点。再如：

(24) **甲：老公，我给你买了点东西！**

乙：a. 你给我买了什么？

b. 你给我买了什么？

乙说的 b 句话里，从疑问代词的信息传递上升到主观态度，这里表惊讶。

这里，让我们回到本书一开始提到的“戏院隐喻”，把这纷纭的局面稍微清理一下，把焦点现象中的各种复杂情况澄清一下。让我们想象一下一位明智的导演是怎样成功掌控这一局面的。他的工作其实并不复杂，不外乎以下几个步骤：

第一，根据编剧提供的剧本，将相关的焦点强迫形式切分出来。

第二，把每个焦点强迫形式的性质与结构写出来，作为判断它们的要求强弱的基础。

第三，根据剧本的结构，对这些要求加权，即处于什么样的剧本位置上时，可以加分（甚至加到最高分）。

第四，看有没有别的更高的要求，使导演对这些要求一个也不能满足。

第五，在第三和第四这两个步骤中，还得确定一些准则，以作为判别的依据，因为一个成功的导演不可能胡乱安排，这至少应有两个方面的准则（焦点规则）：剧本结构中哪些位置优先的规则和哪些语言功能优先的规则。

第六，看看是否存在一些焦点强迫形式，它们“闹”得最欢，它们非要灯光按自己的要求照射不可。在不能满足它们的要求的情况下，把它们从剧本中“开除”出去，或者因为它们在剧本中的角色无可替代不得不容忍它们存在，但这样一来就得承受演出效果上的失利(句子的合格程度下降)。

下面，让我们来看这最后一步，本书称作“去焦点化”。

9.3 去焦点化

“句子焦点的实现规则”仅告诉了我们在焦点强迫形式共现时谁是竞争的优胜者，但还需要问一下：那些竞争的失败者，即不能成为句子焦点的可能焦点成分，它们的结局又会怎么样呢？我们认为，决定性的因素仍是和句子焦点有关，即未能成为句子焦点的可能焦点成分及约束它的焦点强迫形式必须遵守“去焦点化规则”。

1. 句中除了句子焦点以外的、其他具有焦点凸显性的单位，都必须进行去焦点化操作。

2. 所谓“去焦点化”，是指去掉该单位的焦点性要求，即脱去它的凸显性，而仅仅作为客观的命题意义的一部分而存在。

3. 如果去焦点化操作失败，则句子不能成立，相关成分不能同现。

因此“去焦点化”的实质，就是使某些有凸显性要求的成分，在句子中失去凸显性，成为“背景”中的一部分，为其他成分实现为句子焦点提供认知上的预设。例如：

(25) a. ?? 只他 是去了上海。

b. * 在哪儿 是他见到小王？

上例中，居于高位的“他、哪儿”实现为全句焦点，但居于低位的焦点标记“是”是一个有强烈的凸显性要求的标记词，它和它约束的可能焦点成分一般不能去焦点化，所以(25)句子不成立。再如：

(26) a. ＊**是他** 去了**哪儿**？

b. ?? **幸好 谁**来了？　　　(“哪儿、谁”是疑问用法)

(27) a. **是他** 去了**哪儿**。

b. **幸好 谁**来了。　　　(“哪儿、谁”是非疑问用法)

上两例中,居于高位的“他、谁”实现为全句焦点,但居于低位表疑问的“谁、哪儿”也是一种极为强烈的要求凸显性的成分,不能去焦点化,所以(26)句子不成立。然而当它们变为非疑问的不定代词时,由于不定代词根本不具有凸显性,所以(27)句子就成立了。

下面介绍我们在汉语研究中已发现的各种具体的去焦点化问题,即“去焦点化”操作的类型。

9.3.1 普遍适用的去焦点化操作

9.3.1.1 引语

在言语活动中,如果说话者重复已经说过的句子——不论是他说的还是别人说的——的全部或一部分,在此基础上再说新的内容,那么被引述的句子或句子的部分称为“引语”。很显然,“引语”中的每一个单位都是旧信息,所以一般不具有焦点的凸显性。因此,如果我们所考察的某个焦点结构可以证明是引语中的一个部分时,也就证明了它不具有很强的凸显性,那么它就不会对句子焦点产生干扰。这就叫“引语去焦点化”操作。例如:

(28) a. 他是去了上海。

b. 对,只[他] 是去了**上海**。/ 是[他] 是去了**上海**。

(29) a. 是他去了上海。

b. (没听明白)**是他** 去了[**哪儿**]？

(30) a. 幸好小张来了。

b. (没听明白)**幸好** [**谁**]来了？

这也是逆向策略被允准的一种常见上下文语境。

9.3.1.2 (封闭性)从句结构

徐杰(2001: 127)在提到“单一强式焦点原则”时指出,带有宾语从句的包孕句不受该原则限制,即它可以有多个主焦点通过专用的语法形式表达出来。例如:

(31) 是小王知道[是小刘打碎的那个杯子]。

(32) 是小王知道[老李是昨天亲自告诉校长[是他自己不愿意来的]]。

但是带有定语从句的包孕句却不可能有多个强式焦点,如下例(33)是不能接受的。

(33) *[是老王请来的]客人是昨天到的。

比较:老王请来的客人是昨天到的。

是老王请来的客人昨天到的。

对此,徐杰的解释是:定语从句只有句子结构而没有独立的句子功能属性,而宾语从句不仅有句子结构而且还可以有独立于母句的功能属性。

一般来说,在主从句结构中,主句是说话者关注的重点,而从句是为主句提供背景知识的。例如:

(34) 是他知道 是小王爱她。

上例强调的是主句的“他”,而“是小王爱她”作为“知道”的内容,只是事件的背景,所以从句“是”及“是”所约束的“小王”的凸显性只是局限在从句中,不会对主句产生什么影响。因此,如果我们所考察的某个焦点结构可以证明是从句中的一个部分时,也就证明了它对主句不具有凸显性,所以它不会对整个句子的句子焦点产生干扰。这就叫“从句去焦点化”操作。

但是,并不是所有从句中的单位都不会对主句产生凸显性的影响。从句应分为封闭性从句和非封闭性从句两种,后者会对主句产生凸显性的影响。例如:

(35) a. 他知道小王只会什么。

b. 他认为小王只会什么?

(36) a. 是他知道小王只会什么。

b. *是他认为小王只会什么?

(37) a. 是他知道小王会什么。

b. *是他认为小王会什么?

c. 是他认为小王会什么。

在上面例句中,“知道”的疑问从句一般被称为“间接问句”,即疑问性仅仅封闭在从句中,而主句则是一个陈述句,所以从句中表疑问的疑问代词的凸显性也被限制在从句中,而不会影响整个句子的句子焦点“他”。但“认为”则不是这样,它的从句中的疑问性要上升到主句,使主句也成为一个疑问句,因此从句中表疑问的疑问代词的凸显性没有限制在从句中,而是上升到主句,影响了整个句子的句子焦点“他”,这导致句子不合格。只有当“什么”为非疑问用法时,才不会有这一矛盾,句子才合格。

不过,对有的焦点性成分而言,所有从句都是封闭的。如现代汉语中表动作延续的“在”和“着”(不包括表状态延续的“着”),在前景句(“V 着”担任谓语核心)中有这样的对立(另参见肖奚强,2002):

(38) a. 他是在写毛笔字。

b. *他是写着毛笔字。

(39) a. 他们都在写毛笔字。

b. ?? 他们都写着毛笔字。

c. 他们都写着毛笔字呢。

在上面例句中,“在 V”可以受“都”或“是”的支配,而“V 着”一般不能直接跟在“都”或“是”后面受其支配,除非有特殊的原因(如“着……呢”构式)。

我们认为,对动作而言,“在”是纯描写的,而“是、都、着”都是具有焦点的凸显性的成分,因此“在、都”“在、是”可以自由搭配,因为没有凸显性冲突,而“都、着”“是、着”则是存在竞争关系,由于“是、都”

在句法高位，所以它们实现为句子焦点，要把“着”去焦点化。这一不同也在疑问句中体现出来。

(40) a. 你们在干什么？

b. ＊你们干着什么？

(41) a. 你在说什么？

b. ＊你说着什么？

(42) 徐伯贤在花格子墙那边的书桌前写着什么。

(43) 似追寻着一些什么难以说出的希望或恐怖，他们的心都跳得很快。

因为“着”在句法高位，它要把下面的“什么”去焦点化，所以只有例(42)、(43)中“什么”是非疑问用法时句子才成立。

现代汉语表动作延续的“着”的去焦点化操作是降级到状中结构的状语，即成为状语从句，这是一个背景句，例如：

(44) 这时候大家都忙着谈话。

(45) a. 他是坐着写毛笔字。

b. 是他坐着写毛笔字。

最后，不少具有主观性的焦点成分都不能存在于从句中，如“幸好”引导的句法成分等。

9.3.1.3　复句性

这里将“封闭性从句”这一概念加以扩大。所谓主从句，其实质是一种广义的复句结构，我们发现，同样的规则也适用于复句结构，简言之，即复句的分句之间，不存在焦点相互竞争的问题。一般来说，各分句可自由地拥有各自的焦点结构，不过在偏正复句中，整个复句的焦点成分由“正句”的焦点结构决定。这一点与“句子焦点的实现规则”是一致的，因为“正句”相对“偏句”居于句法高位，我们甚至可以把偏句视为正句的“准状语从句”。

因此，如果我们所考察的某个焦点结构可以证明是偏句中的一个部分时，也就证明了它对正句不具有凸显性，所以它不会对整个句子的句子焦点产生干扰。这就叫"复句去焦点化"操作。例如：

(46) *只他喝了什么？

(47) 只他一个人就喝了多少酒？

例(47)与例(46)的不同在于前者是复句,后者是单句。"只"字结构在例(47)中位于偏句,所以它去焦点化,整个复句的焦点成分是"多少"。

9.3.2　特定单位的去焦点化操作

9.3.2.1　汉语疑问代词的去焦点化操作

除了引语、间接问句外,还有疑问代词的非疑问用法也可以进行去焦点化操作。例如：

(48) 他去见了谁？

(49) 他去见了谁。

例(48)中的"谁"重读,是疑问用法,例(49)中的"见"重读,"谁"不重读,是非疑问用法。可见,汉语疑问代词的疑问用法和非疑问用法的选择是比较自由的,常常只体现为语音上的区别：疑问用法时疑问代词总是强势要求成为句子焦点,所以带有句重音(在从句中时除外)；而非疑问用法时疑问代词不充当句子焦点,所以一般不能带有句重音。

9.3.2.2　"是"的去焦点化操作

这里主要是指变为表示判断的动词"是",例如：

(50) a. 谁是昨天去的上海？

b. 谁是昨天去的上海？

c. 只他是昨天去的上海。

这种判断多用"X是Y的"结构,它被称为"的"字判断句,其中"X"一定要是"Y"的必有论元,如"谁、他"是"去"的论元。如果不是动词的必有论元,就不构成"的"字判断句。

有时,"是"进一步语法化表示为弱的舒缓语气作用的话语标记

时,也失去其焦点的凸显性,句子的合格性也会大大提高,例如:

(51) 他什么时候是……在美国念书?

(52) 哪个小朋友平常是……爸爸接送?

在有的方言中,表舒缓语气作用的"是"已经十分常见,完全中性化了。不过这里有一个韵律上的条件,即前面的句子焦点与"是"后成分之间有较长的间隔。

9.3.2.3 自由去焦点化操作

有不少焦点算子关联的焦点成分,它们本就具有明确的命题意义,焦点功能仅是它们的附加功能,所以它们具有两面性:当自己居于句法高位时,其焦点的凸显性会使其实现为句子焦点;但一旦在其之上有句子焦点的话,那么它会很自然地脱去其焦点的凸显性,而完全成为一个中性的命题性成分。表限定焦点的"只、仅、光"、表否定焦点的"不、没、别"、表频率焦点的"经常、常常"等都是如此。例如"只"与"是"的不同:

(53) a. *是张三买了什么?

b. *只张三买了什么?

(54) a. *张三什么时候是在家里复习?

b. 张三什么时候只在家里复习?

在上面例句中,当"是、只"在句法高位时,它们有相似的表现;但在句法低位时,"只"很自由地去焦点化,所以句子能成立。

9.4 焦点性的褪化

焦点理论最令人感兴趣的地方是,一个符号的焦点性强弱,往往与该符号的使用情况有关,其基本规则是"陌生化原则":

越是常见的事物、常见的语词,越容易造成"审美疲劳",其焦点性越容易下降,最终变成纯粹的客观描写;越是不常见的特殊的事物、不常见的特殊的语词,其用法越简单,一旦出现,越容易争夺句子焦点成分的地位。

下面介绍陈振宇(2010：259—260)提到的例子。

例如,“共[一起做]、俱[一起]、同”和“一道、一块儿、一齐、一起、一同”、“未”与“没(有)”的对立。文言色彩很浓厚的副词,在现代汉语中已不多见,用法受限制,有特别的语体色彩,所以具有焦点的凸显性,它们不能占据比疑问形式高的句法位置,例如：

(55) ＊他们**俱**在哪里?

而口语色彩的副词,是常用的词语,用“滥”了,已经成为了一种纯描写的成分,没有什么特别含义,所以不再具有焦点的凸显性,例如：

(56) 他们**一块儿**去哪儿?

再如按事件发生的频率由高到低有三类时间副词：“充盈——频发——偶发”,“偶发”和“充盈”副词几乎都排斥疑问,而“频发”位于两者之中,其表现却令人惊奇,因为它一般都是中性的。

实际上,“频发”是基本层次范畴,是人们在日常生活中最常见的现象,所以是最熟悉的东西,容易发生焦点功能的脱落,最终成为纯描写的成分;而“偶发”和“充盈”都是生活中的非常态,非常态的语言表述带有很强的特殊色彩,不易发生焦点功能的脱落,所以它们依然具有焦点的凸显性。

这也解释了“充盈”内部的不一致,如“一贯、一向、总是”为什么在极个别的情况下会有疑问结构,“老[一直]、一直”等为什么也更为普遍、更为自由地带上疑问结构? 实际上,这正是因为陌生化原则在起作用。由于这些语词用得太多,就很可能脱落焦点功能,从而成为纯描写的成分,例如：

(57) 你**一向**在哪里发财?

再如表示动作延续的“着”,在“念着、想着”等心理动词(静态事件)用法中,也逐渐失去了焦点功能,因此可以说：

(58) 你心里**想着**谁呢?

9.5　主从结构中的焦点转移

在主从结构中，由于主句居于句法高位，所以主句中的可能焦点成分实现为全句的焦点，而从句中的可能焦点成分则因封闭性从句结构得以成功"去焦点化"，成为全句的背景知识。但是，并不是任何一个主从结构都严格遵守这一点，主要是非封闭性从句中的疑问表达式，它们完全可以成为全句的焦点。例如：

(59) 你认为他**有没有**成功的可能？

(60) 小王觉得去北京好，**还是**去上海好？

(61) 老师说让**谁**去？

(62) 学校通知我们**什么时候**开会？

这一现象被称为"疑问提升"，汉语生成语法有不少研究，这里不再赘述。陈振宇(2010：295—297)认为，这里的所谓"主句结构"，实际上已经变为"信源类"话语标记或准话语标记，它们表示信息的来源，从而不再是句子的前景信息，而是背景信息，原来的所谓"从句结构"，实际上变为句子的主干。

不过，这一转换是受到句子焦点实现规则的严格制约的，即仅当主句没有可能焦点成分时，才能实现这一转换，否则就会违反句子焦点的实现规则。一般来讲，这就要求主句是光杆动词。这其中又分为两类，"认为、觉得"一般都是光杆动词，而"说、通知"则不然，对于后者而言，只要主句出现了焦点性较强的成分，那么根据句子焦点的实现规则，句子的焦点就重新回到了主句，而从句成为背景信息和间接问句。具体而言，有以下几种情况：

1. 主句结构不能否定，因为肯定表信源，而一否定就失去了这一作用，如下例一经否定，就是指没有获得有关"什么时候开研讨会"的信息，而不再关心这一信息的具体内容。例如：

(63) 学校**不/没通知**我们 **什么时候**开研讨会。

2. 主句结构不能有时体标记，因为时体凸显信息的获得与否，而不再关注信息本身，如下例指获得了有关"什么时候开研讨会"的信

息,而这一信息的具体内容如何却没交待。例如:

(64) 学校已经通知我们 什么时候开研讨会。

但是汉语中至少有一个例外,我们可以在表信源时用“曾经、过”,这大概是因为它们表示已过去的事,它既已过去,自身便不那么凸显了,而其结果或遗留下来的信息才成为关注的重心。例如:

(65) 学校通知过我们 什么时候开研讨会?

3. 主句结构不能带上特别重音,因为话语标记都是背景信息,如果带上特别重音,就成为焦点信息,那从句的意思就不会被关注了。

4. 主句结构不能受描摹性状语的修饰,因为状语会凸显信息的获得过程,而不再关注信息本身,如下例指获得信息是及时的,而这一信息的具体内容如何却没交待。例如:

(66) 学校及时通知我们 什么时候开研讨会。

5、主句结构不能加上表示感叹、祈使等语气的成分,如下例指一定要通知,至于通知的具体内容却不管。例如:

(67) 要/记住通知他们 什么时候开研讨会。

9.6 焦点和谐律

所谓焦点和谐律,是指句中与焦点有关的成分应保持语义和谐,它包括以下三点:

1. 担任句子焦点的,除非给予特别重音指派,否则一般选择焦点性相对较强的一个可能焦点成分。

2. 反过来讲,焦点性本来就较弱的可能焦点成分,最好不要担任句子焦点,除非给予特别重音指派。

3. 焦点性本来较弱的可能焦点成分担任句子焦点,则必须特别加强重音,而本来焦点性就较强的可能焦点成分,不需特别加强重音,甚至可以给予不太显著的不可简省的重音,或给予普通的韵律格式。

例如:

(68) 你可以用一个新的词语代替原来的成分。

(69) ？你可以用一个**新词语**代替原来的成分。

为什么例(68)的接受度要比例(69)高一些？这是因为这里“新的词语/新词语”与后面的“原来的成分”构成一个对比性结构，以此表示对比性焦点。根据焦点和谐律，这一成分最好具有强焦点性；而汉语的“的/地”是后附性的焦点标记，所以“新的词语”焦点性比“新词语”要强，更符合焦点和谐的要求。当然如果用“新词语”也不要紧，只不过在重音指派时，“新词语”更需要强化重音；而如果用“新的词语”就不需要特别的重音强化，用一般的音强音长就可以了。

这一规律对疑问焦点也有影响，例如：

(70) 你要找一个**什么样**的人？

(71) ？你要找一个**什么**人？

上例中的“一个”占据了指称语的位置，所以“什么样/什么”主要是表示描写。在描写时，一般而言，“X 样”比“X”(X 为疑问代词)焦点性要强，所以例(70)的接受度比例(71)要高一些。例(71)也可以说，但“什么”需要强化重音，或者在它前面稍有延缓，如说成“你要找一个……**什么**人”。而例(70)完全不需要特别重音，用一般的节奏轻重就行了。

可见，焦点和谐律与重音的关系非常密切。简言之，焦点和谐可以用一般重音，而焦点不和谐时，需要用特别的重音。这里所说的“和谐”至少包括两条：

一是上下文语境的和谐。如果两段话语构成“关联对”，那么它们的焦点重音一致或基本一致，则可以用一般重音(强调不可简省性)，而当它们不一致时，需要用特别的重音。例如：

(72) 乙：张三喜欢写什么？

甲：张三喜欢写**诗**。

丙：张三喜欢写**爱情**诗。

乙：哦，**李四**也写诗。

甲：不，李四写**散文**。

再如：

(73) 我打伤了一条邻居的狗，那条狗，去年咬过我女儿。

(74) 我打伤了一个养狗的邻居，**那条狗**，去年咬过我女儿。

需要注意的是，上例中的"打伤"是所谓的高影响性动词，它使宾语发生变化，所以变化者语义角色地位凸显，一般情况下是焦点。此外，在代词的篇章回指中，代词优先回指前面一句的焦点。例如：

(75) 我打伤了一条邻居的狗$_i$，它$_i$去年咬过我女儿。

(76) *我打伤了一个养狗$_i$的邻居，它$_i$去年咬过我女儿。

(77) 我遇见了张三$_i$的爸爸$_j$，他$_j$去年借过我钱。

二是句中和谐。如果重音与句中焦点强迫形式的要求一致，则可以用一般重音（强调不可简省性），而当它们不一致时，需要用特别的重音。有两种不一致的情况：

1. 选择焦点强迫形式以外的成分为焦点，以实现高阶功能，例如：

(78) 他是昨天去北京的。

(79) **他**是昨天去北京的（，不是张三）。

上例中的焦点标记"是"是焦点强迫形式，要求它所指向的"昨天"获得句重音，满足这一要求如例(78)所示；说话者也可以不选择它，而选择将"是"前的"他"重读，这时例(79)一则必须表示比例(78)更高的功能，二则"他"需要特别加强的重音。

汉语中所有合乎焦点强迫要求的焦点，都可以是消极的语音形式，如一般所说的与信息传递有关的焦点，例如：

(80) A：What did you buy?

B：I bought a **BOOK**.

(81) 甲：你买了什么？

乙：我买了一本书。

例(80)中的英语“book”要有显著的重音，而例(81)中的汉语“书”却不需要，只是不能省而已，并不是要刻意重读。汉语还有其他的情况也是如此，如疑问代词在汉语中也不需要特别重音，再如“连X都/也Y”中的“X”。

(82) 他连我也不想见。

上例中的“我”可以略微有点重音，但不一定需要特别重音。再如：

(83) 小王来了。

(84) 是小王来了。

上面两个例句中的“小王”都可以有同样的重音。只有在不合乎焦点强迫要求时，才需要特别重音，例如：

(85) 小王昨天去上海。

(86) 小王是昨天去上海。

(87) 小王是昨天去上海(，小李不是)。

通过上述的分析，我们可以说，焦点和谐律是汉语的一个特点，但这一规律是否也适用于英语或其他语言，它们之间有什么程度上的差别，这些问题还需要进一步研究。

2. 仍然选择原来的焦点强迫形式为焦点，但在语义上有所加强，可以从低阶功能跳跃至高阶功能，如甲问：“谁去了北京？”乙回答如下：

(88) a. 是小王去了北京。

b. 甲、乙等人正在讨论是谁去了北京。

甲老看乙。

乙：别看我，是小王去了北京。

在上例中，乙的回答a可以只表示信息传递功能，即“小王”不一定重读；也可以表示排他性功能，即“小王”带一般重音。而b表示反驳功能，即“小王”需要特别重音。

第十章
与疑问有关的焦点问题

我们已在前面的一些章节中讨论过焦点与疑问这两个范畴之间的互动关系，本章将对前人的研究成果进行较为全面的述评，并在此基础上，进一步集中分析与疑问有关的焦点问题。

10.1 以往对焦点与疑问关系的一般论述

焦点和疑问是语言中两种重要的语法范畴，它们之间存在着内在的联系。焦点是一个跨句法、语义、语用三个层面的概念，是语用学(pragmatics)在研究意义(meaning)时使用的术语。通俗地说，焦点就是说话人(speaker)主观上认为听话人(hearer)应该作为重点关注的地方，是一种与话语参与者的心理密切相关的语言现象。(张和友，2004)而疑问是人们最常见的一种交际行为，各种语言都会拥有各种手段表示疑问。最常见的疑问手段之一是对特定未知信息的询问，其表现形式是疑问代词。徐杰、李英哲(1993)认为，疑问是属于全句的范畴，而焦点是包括疑问句在内的各种句子的语义中心。在疑问句中，疑问中心和焦点必须统一，前者是后者在疑问句中的具体化。温锁林、雒自清(2000：37)则指出，疑问是从句子的表达用途的角度分出的一种功能类型，属于句子表达的语气范畴。它的作用域是整个的句子，这里的“句子”，既可以是个主句，也可以是个从句。例如：

（1）谁走了？

（2）你猜猜谁走了？

疑问和疑问焦点是有区别的，疑问是由整个句子来表示的，疑问焦点是疑问句的中心，它不属于全句，是属于疑问句中的某一成分。语气词是疑问句的标记，它虽然负载疑问信息，但并不是疑问焦点。

关于疑问焦点的研究，吕叔湘先生在《中国文法要略》"传疑"一章中谈到"是非问句"时指出，我们的疑点不在这件事情的哪一部分，而在整个事情的正确性。例如"你找李先生吗"，这个问句的意思是，我对于"你找李先生"这件事情的正确性有点疑问。在谈到"特指问"时，吕先生则认为，特指问句用疑问指称词来指示疑点所在，或是问人和物，或是问情状及原因、目的，或是问数量、方所、时间。这里吕先生使用"疑点"这一名称。吕叔湘(1985：242)进一步认为，特指问句里的疑问词代表疑问所在，是疑问的焦点。是非问句一般是对整个陈述的疑问，但有时候也会集中在某一点，形成一个焦点。这个焦点在说话中可以用对比重音来表示，例如"你明天到车站去买票吗"这句话，如果有对比重音落在"你"字上，问的是你去还是别人去；如果重音落在"明"字上，问的是明天去还是今天或后天去；如果重音落在"站"字上，问的是到车站去买还是到别的售票处去买；如果重音落在"票"字上(即比句末重音加重)，问的是去买票还是干别的(如接人，送人，托运行李)。这里吕先生认为，特指问句中的疑问词是疑问的焦点；是非问句存在焦点，该焦点主要通过对比重音这一焦点化手段来实现。林裕文(1985)对吕叔湘先生的这一思想作了进一步的发展，该文指出：第一，疑问句的疑问点与表疑问的词语和特殊格式及答问都是有联系的。第二，在特指问中，疑问点也就是疑问代词，因此一个疑问句可同时有几个疑问点，如"这是谁给谁买的药"。第三，在选择问("A还是B")中，疑问点往往是由A或B中不同的成分来表示，如"你吃饭还是吃面"，疑问点是"饭"或者"面"，这只是一个疑问点。第四，在正反问("X不X")中，"X不X"既负载疑问信息，也是疑问点。第五,是非问句"是对整个句子的肯定或否定,这就无所谓疑问点了",如果要突出疑问点,可以用句中重音来表示。应该说,林裕文(1985)对疑问点的分析更为细致,但关于是非问句没有疑问点的看法,实际上跟吕叔湘先生的看法是不同的。

后来的研究者们主要也是从疑问句的不同类型(即特指问、是非问、选择问与正反问)出发,提出了各自的看法。

1. 特指问句的焦点

徐杰、李英哲(1993)指出,在特指问句中,句子的焦点就是疑问代词。这里疑问中心和焦点的重合表现得最为明显。疑问代词是疑问句的焦点不仅是个感觉问题,而且可以用郑良伟(1983)归纳的一套办法证明。疑问代词在形式上没有明显的标记,并且还可以在语法上再加焦点标记"是",进一步强化这个焦点。例如:

(3) 你是喜欢谁?

(4) 你是在什么地方见过他?

有些特指问句含有多个疑问词,例如问话人在短时间内想急于知道好多问题的答案,也许就会采用这种询问方式。其实这里有两种情况。

一是配对成分作焦点,如辅导员问班上学生的毕业去向:

(5) 谁去了什么单位?

对于例(5)的提问,期待的回答是:

(6) 张三去了公司,李四去了学校,王五去了报社。

所以,例(5)的多个疑问,并不是每个疑问词都引出一个新信息,而是把疑问词联到一起,构成一个统一解释,由配对的两个疑问词共同构成一个新信息,属于同一焦点,即焦点不是个体,而是一对客体。

二是并列成分作焦点,如:

(7) 你什么时候在哪里看了这部电影?

(8) 我上个月在上海影城看了这部电影。

例(8)是对例(7)提问的问答,"上个月"和"上海影城"都是信息焦点,但是并没有把这两个成分配对,而是把两者当作并列成分。

对于上述现象,徐杰(2001)用"单一强式焦点原则"进行解释,应该说具有较强的解释力。不过在某些特定语境中,"单一强式焦点原则"不一定成立,例如:

(9) 是谁是什么时候杀死了张三?

像例(9),如果是一个破案人员在思索一个案件,"谁杀死了张三"和"什么时候杀死了张三"这两个问题受强调的程度很难说哪个高哪个低。另外,在审讯语这种特殊的语体中,对嫌犯提出的一系列问项,往往是互相并列,如职业、年龄、文化程度、民族、籍贯等,恐怕也难以区分哪个重要,哪个不重要。也就是说,多个焦点之间并非单纯的主次关系,也完全有可能存在强调程度均匀的并列关系。(尹洪波,2008:93)

陈昌来(2000:236)指出,特指问句由于疑问代词可在句中不同位置,因而疑问点也可以在不同位置,转引陈昌来(2000:37)的例句:

(10) a. 谁明天作关于语言起源的学术报告?

b. 王教授哪天作关于语言起源的学术报告?

c. 王教授明天有什么活动?

d. 王教授明天做什么?

e. 王教授明天作什么学术报告?

针对以上这些问句的简略回答分别是"王教授、明天、作关于语言起源的学术报告、关于语言起源的学术报告、关于语言起源"。可见,特指问句内的疑问点在句内是可以移动的,疑问点的位置就是焦点的位置。

石毓智、李讷(2001:35—36)指出,特指疑问句的情况特殊,疑问代词自然成为句子的焦点。换句话说,特指疑问句的焦点选择是不自由的,只能由疑问代词充当,表现为如用焦点标记的话,只能标识疑问代词。来看疑问代词作主语的例子:

(11) a. 是谁昨天用钳子把那张桌子修好了?

b. ＊谁是昨天用钳子把那张桌子修好了？

上例显示，虽然疑问代词在现代汉语里并不要求必须用焦点标记"是"标识，可是它们所在的句子一旦有焦点标记时，所标记的成分则只能是疑问代词。他们认为，疑问代词的固有词义里含有一个焦点特征(表示为[＋F])，而一般词语的焦点特征是根据所使用的语言环境决定的。疑问代词的这一特征决定了它们的种种特殊的句法行为。

张伯江、方梅(1996：76)、刘顺(2003：6)则都认为，疑问词在句子中的位置在一定程度上决定了相应回答的焦点性质。疑问词既可以放在动词前，也可以放在动词后。疑问词在动词前，相应的回答倾向于为对比焦点；疑问词在动词后，相应的回答倾向于为自然焦点。例如：

(12) 甲：谁是张老三？

乙：那个人是张老三。

(13) 甲：张老三是谁？

乙：张老三是一位农民诗人。

当说话人知道有"张老三"这个人，也知道他在场，但辨认不出来，要求听话人指出来，这时采用例(12)，答句要求是一个指别性的句子，指别的对象是与其他同类对象相比较而选择出来的，因而是对比焦点。张伯江、方梅(1996：74)认为，这两种问句的实质区别就在于预设的性质乃至焦点性质的不同。如例(12)"谁是张老三"等于"哪个人是张老三"，它要求指别性的句子与之相配。而例(13)"张老三是谁"等于"张老三是什么人"，它要求说明性的句子与之相配。只有指别性句子中的疑问焦点是对比焦点。

可见，在特指问句中，疑问代词标明自己所代表的疑问点就是信息传递的关键所在，不但对疑问句本身如此，而且对答句的性质也作了规定，即在正常问答情况下，答句中回答这一疑问点的地方就是答句的新信息，而且由于疑问代词可以出现在多个句法位置上，所以这种新信息是与结构无关的。例如：

（14）a. 谁下个月结婚？

b. 小李什么时候结婚？

c. 小李下个月做什么？

（15）小李下个月结婚。

2. 是非问句的焦点

陈昌来(2000：237)指出，是非问句的疑问点(即焦点)从句子结构本身往往看不出来，因为句子结构本身没有指明疑问点，并提出三个方法来确定是非问句的疑问点。一是依靠语境，如问答双方谈论的是时间，那么句中的时间词就是疑问点，例如：

（16）小王明天去北京吗？——是的，明天去。

二是用重音来显示疑问点，如上例中的"明天"读重音。三是用"是不是"或"的是"来提示疑问点，例如：

（17）小王是不是明天去北京？——是的。

（18）小王明天去的是北京？——是的。

尹洪波(2008：92)则指出，是否问句都存在焦点，这是由疑问句的自身功能和焦点的本质特点所决定的。疑问句的主要功能是探询未知世界，获得信息；焦点本质上是说话人最想让听话人注意的部分。由于是非问句是对整个命题的正确性的怀疑，有时存在焦点不太明确的情况，但结合具体的语境，特别是答语，是非问句的焦点并不难寻找。例如：

（19）康大力：妈！你爸爸当初就在这儿卖了你的？

康顺子：对了，乖！就是这儿，一进这儿的门，我就晕过去了，我永远忘不了这个地方！（老舍《茶馆》）

在这一问答结构中，孤立地看其中的是非问句，我们无法确定其焦点何在，但结合相关背景及答语，这一是非问句的焦点不难确定。即句中的"你爸爸"、"当初"以及"卖了你"皆为双方共知，焦点当然是"在这儿"。这从康顺子的答语"就是这儿"、"我永远忘不了这个地方”中可以得到验证。所以,任何是非问句都有焦点,只是焦点的透明度不同。借助于上下文、答语等语境因素,是能够离析出其焦点的。

刘顺(2003: 7)认为,是非问句是由相应的陈述句换上疑问语气转换而来的,也就是说是非问句与陈述句具有相同的句法形式,如果疑问句中没有对比重音或焦点标记,那么疑问句的焦点一般落在句末的实词语上,与自然焦点一致。例如:

(20) 今天上午你们有课吗?

(21) 小王要去北京吗?

但是如果是非问句有对比重音或焦点标记,那么疑问句的焦点要落在对比重音或焦点标记所标记的成分上,是疑问句的对比焦点。例如:

(22) ′老李今天上夜班吗?

(23) 老李′今天上夜班吗?

例(22)的重音落在“老李”上,是问话人已知道今天有人上夜班,但不知道是不是老李。例(23)的重音落在“今天”上,是问话人已知道老李要上夜班,但不知道是不是今天。

温锁林、雒自清(2000: 37)则认为,是非问句一般是针对整个命题发问的,它没有一个严格意义上的疑问焦点。因此对于一个不带对比重音的是非问句,答话人可以针对句中的不同成分加以回答,例如:

(24) 你们昨天去找李先生了吗?

针对例(24)的提问,答话人可以针对句中的不同成分来回答。问话人为了使听话人便于把握自己发问的焦点,常把对比重音加在他的疑问焦点上,或再附加上焦点标记词“是”,这样答话人就只能根据问话人所指定的疑问焦点进行回答。例如:

(25) Q: 你们是′昨天去找李先生的吗?

A: 是的,我们是昨天去找李先生的。

跟陈述句一样,是非问句中的宾语要想成为疑问焦点,除了使用对比重音或与前边动词共用一个“是”外,不能直接在动宾之间加“是”表示。

刘丹青(2008: 245)指出,是非问句一般看不出焦点。假如是非疑问句是对疑问标记(包括疑问语调)以外整句命题的整体发问,实际上就是以整句为疑问焦点,如“(怎么啦?)汽车坏了吗?”中括号外的问句,这与陈述句的整句焦点句构成对应。(作者按: 刘先生的这一观点是建立在宽焦点说的基础上的。)如果是非疑问句的焦点不是指整句焦点,而是指是非疑问句实际上只以命题的一个部分作为疑问焦点,那么除了重音是表达是非问焦点的常见手段以外,还有更具句法性的手段,如汉语中以副词性发问词为是非问标记的方言往往可以通过“可”一类发问词的“浮动”来体现疑问焦点的不同,通常紧靠发问词之后的成分优先理解为焦点,如苏州话的例子:

(26) a. 倷明朝南京阿去?(你明天去南京吗?)(焦点是“去”)

b. 倷明朝阿(是)南京去?(焦点是“南京”)

c. 倷阿(是)明朝南京去?(焦点是“明朝”)

d. 阿(是)倷明朝南京去?(焦点是“倷”)

3. 选择问句的焦点

尹洪波(2008: 94)认为,选择问句采用“是A还是B”这种基式,问话人要求听话人针对A或B予以回答,即A或B负载问话人特别关注和特别强调的语义信息,所以选择问句的焦点总落在A、B上。例如:

(27) 是你请,还是别人请我?

(28) 贵的贱的?

例(27)为“是A还是B”基式,焦点为“你请”和“别人请我”两个短语;例(28)为“AB”式选择问,是纯焦点式问句,不带任何焦点的标记词,整个句子都是焦点。选择问句的焦点大多由选择肢A、B中的某一句法成分充当。回答时,该句法成分一般都可独立充当答语,其他非焦点句法成分都不能充当答语。如果用非焦点句法成分来回

答,则造成答非所问。例如:

(29) Q: 是他不讲理还是你不讲理?

A: a. 他,或者你。

b. *不讲理。

例(29)中的焦点为“他”和“你”,二者皆可以独立回答问题。答语 b“不讲理”不是焦点,不能充当答语,用它充当答语则答非所问,等于没回答。

刘顺(2003: 7)则认为,选择问句采用“(是)A 还是 B”这种疑问形式,问话人要求听话人就 A 或者 B 中的某些成分进行回答,例如:

(30) 他现在是学英语,还是学日语?

(31) 汽车比火车快还是慢?

上面两例的划线部分是句子的焦点,这些焦点表现为不同的成分,但这不能算作两个焦点,而是两项合起来是一个焦点。因为从问话人的角度来观察,这些不同的成分都是他所关心的,都是问句的表达重心,它们只有结合起来才能表示疑问,所以回答时只能选择其中之一作为焦点。上述例句的答语只能是划线部分中的一个。

4. 正反问句的焦点

尹洪波(2008: 94)认为,正反问句一般采用“X 不 X”(或“X 没 X”)的正反并列形式来进行询问,其中“X”可以是动词、助动词或形容词。正反问句是问话人给出正反两种情况,让听话人选取其一作答,答语总要针对“X 不 X”,所以“X 不 X”是句子的焦点,例如:

(32) “对了,有件东西,你能不能先帮我收着?”刘萍从兜里掏出个沉甸甸的小包递给我。

刘顺(2003)也持有相同的观点,不过他认为,正反问句中当“X”是“是”时,即“是不是”,要仔细分辨,因为带“是不是”的疑问句不一定都是正反问句,例如:

(33) 他是不是法国人?

(34) 他是不是昨天去了上海?

上面两例中的“是不是”不具有同一性,例(33)的“是不是”是正反问句的疑问形式,例(34)的“是不是”是疑问句中的焦点标记词,不是句子的焦点。

10.2 疑问表达式与疑问焦点

关于疑问句的不同类型中的疑问焦点,以上各位研究者的看法不尽相同。但是可以明确的是,疑问焦点的确跟疑问句的类型即疑问句的结构特点有关。具体来说,对于特指问句和正反问句,看法基本相同:如果是特指问句,那么疑问词充当句子的焦点;如果是正反问句,那么“X不X”充当句子的焦点。

对于特指问句,疑问代词出现的情况比较复杂,我们在前面的章节中分析过,这里归纳一下,并作进一步分析,主要有三种情况:

1. 疑问代词直接充当句子的疑问焦点,它不需要什么算子的约束就能表示疑问信息,所以是独立的焦点强迫形式。

2. 表原因的疑问代词可以是焦点算子,它会约束句中的其他成分,也就是非独立的焦点强迫形式,例如:

(35) **为什么小明换了手机?**

这里,即使“为什么”和后面的可能焦点成分“小明”都读得较重,我们也不能说句子有两个焦点,因为在语义上,二者已经融合在一个焦点结构中。

3. 疑问代词在句中受到了其他的焦点标记或焦点敏感算子的约束,充当句子的焦点,例如:

(36) **是谁换了新电脑?**

作为自由地表疑问焦点的“谁”,在句中受到焦点标记“是”的约束,成为后者的焦点成分。一般来讲,疑问代词只要受到其他的焦点标记或焦点敏感算子的约束,融合就会发生,句子就可以成立了。

但并非总是如此,少数表原因的疑问代词不能被融合,例如:

(37) 你是怎么换的衣服?

表原因的"怎么"不能出现在焦点标记"是"的右边与"是"融合,因为"怎么"除了表疑问焦点外,它还表示"反预期"意义,即事情出乎说话者预料,疑问焦点可以让疑问词受"是"约束,但"反预期"意义却无法受强调的"是"的约束,所以不能出现在"是"的右边,出现在"是"的右边只能是没有"反预期"意义的表方式的"怎么",所以本例应解释为询问换衣服的方式。再如:

(38) 我们应该为什么而努力?

表原因的"为什么"也不能出现在焦点算子"应该"的右边与"应该"融合,"应该"在这里表示道义情态中的义务情态,即表示外在环境对主体的要求,义务与原因有语义上的矛盾,因为义务意味着有能力进行控制,而原因是主体所无法控制的,所以表原因的"为什么"不能受"应该"的约束,出现在"应该"的右边只能是有控制性的表目的或表受益者的"为+什么"短语,所以本例应解释为询问努力的目的。

另一种情况是,当句中有疑问代词等多层焦点强迫形式时,也并不总是能融合为一体。例如下面的焦点算子并不约束其前面的疑问词,二者是共现关系。

(39) 谁没去北京?

在上例中,焦点算子"没"约束"北京",句中的疑问词"谁"由于其疑问特性充当句子的信息焦点,在上述焦点算子的辖域之外。因此,上例中的可能焦点成分没有融合,而是共现在一起。

但有时,具有共现关系的句子却不可以成立,如下面句子不合语法:

(40) *是老张去了哪儿?(比较:老张是去了哪儿?)

上例中的焦点标记"是"约束"老张",而疑问代词"哪儿"却不在其管辖范围内,所以是共现关系,但句子不成立。可见,当句中存在焦点标记"是"约束的成分与疑问代词,那么两者往往只能融合,不能共现。又如:

(41) *在哪儿是老张见到小李?

上例中,居于高位的"哪儿"实现为全句焦点,但居于低位的焦点标记"是"是一个有强烈的凸显性要求的标记词,它和它约束的可能焦点成分"老张"一般不能去焦点化,所以句子不成立。

不过,如果疑问代词去焦点化,变成非疑问用法,则句子可以成立,例如:

(42) *是老张去了哪儿? ("哪儿"是疑问用法)

(43) 是老张去了哪儿。 ("哪儿"是非疑问用法)

上两例中,居于高位的"老张"实现为全句焦点,但居于低位的表疑问的"哪儿"也是一种极为强烈的要求凸显的成分,不能去焦点化,所以(42)句子不成立。然而当"哪儿"变为非疑问的不定代词用法时,由于不定代词不具有凸显性,所以(43)句子就成立了。

一般认为,疑问词位置的不同在一定程度上会决定相应回答的焦点性质,即疑问词在动词前面,相应回答倾向于为对比焦点;而疑问词在动词后面,相应回答倾向于为自然焦点。这里涉及汉语疑问词前移的问题,试比较:

(44) 哪一本书你最喜欢?

(45) 你最喜欢哪一本书?

我们认为,实际上,它们都是关于新信息的焦点,在这一点上没有什么不同。它们都可以采用不可简省的重音,而不用特别的重音。它们的区别主要在于例(44)是徐烈炯、刘丹青(1998:261)所提到的一类"话题焦点",即出现在话题位置的疑问性焦点。他们总结了疑问词前移的三个条件限制:一是句子表示反问而不是真性疑问(此时整个句子有全量命题的含义),例如:

(46) 他什么事情做得好?!

例(46)的意思是"他什么事情都做不好",实质上跟周遍性句子结构相似。

二是有明显的对比性话题存在,例如:

(47) 你到底什么东西要吃,什么东西不要吃?

三是疑问词跟上文出现的某个成分有部分与整体的关系,例如:

(48) 我们店里沙发很多,哪一种你喜欢?

例(48)中的疑问词"哪一种"前置到句首,这是以疑问焦点作为构建的语篇话题。相对于后置到句尾这种情况,前者的疑问意味较强,有较强的追问意义,这里疑问词既是信息中心,也是下面讨论的话题,所以其凸显性得以加强。

以上的疑问词都可以恢复到原位(宾语位置),所以这些移动都是可有可无的,而不是强制性的。Wu Jianxin(1999: 86—87)提供了三个强制性的疑问词前移的句子,转引如下:

(49) a. *只有张三买了什么书?

b. 什么书只有张三买了?

(50) a. *连张三都买了什么书?

b. 什么书连张三都买了?

(51) a. *没有/很少人买什么书?

b. 什么书没有/很少人买?

在我们看来,上面三例都涉及了"去焦点化"问题。在(49a)和(50a)中,焦点算子"只(有)"和焦点标记"连"居于高位,所以它们所指向的"张三"实现为句子的焦点,但低位的表疑问的"什么"要求自己成为句子的焦点,不能成功去焦点化,这就构成了矛盾,所以句子不成立。

而在(49b)和(50b)中,表疑问的"什么"移到句首,于是它实现为句子的焦点,而焦点算子"只(有)"和焦点标记"连"居于低位,由于它们可以去焦点化,成为句子的背景,所以句子成立。

至于例(51 a),焦点算子"没有、很少",都使它们所指向的"人"实现为句子的焦点,但低位的表疑问的"什么"要求自己成为句子的焦点,不能成功去焦点化,这就构成了矛盾,所以句子不成立。而只要把"什么"移到句首,它就实现为句子的焦点,"没有、很少"可以去焦点化，成为句子的背景，所以句子成立。

Wu(1999：81—87)还提出汉语疑问词前移的条件是所提前的疑问词必须是“话语制约”(discourse-constrained)。Wu 提供的例子如下：

(52) a. 张三买了什么？

b. 什么张三买了？

例(52)中的“什么”必须有一个对话双方都知道的可能范围。对(52a)的回答可以用否定的“他没有买任何东西”，但是对(52b)的回答必须是肯定的，因为已经有了一个选择的范围。这主要是由于主语与宾语的不对称性造成的，即一般而言：主语是封闭的，而宾语是开放的。

陆丙甫、徐阳春(2003：5—6)认为，疑问词能否前移，同所期望的回答内容的指别性高低有关。试比较：

(53) a. 哪一本书你喜欢？(回答："这/那本书"等定指性单位)

b. ？什么书你喜欢？(回答："情节复杂的书"等类指性单位)

c. ？什么样/怎么样的书你喜欢？(回答："这/那样"等谓词性单位)

d. *什么样/怎么样你喜欢？(回答："这/那样"等谓词性单位)

一般认为疑问词是对未知事物进行询问，不是已知旧信息，不会具有高度指别性。其实，所谓新旧、已知未知和指别性是对说话者而言。从听话者的角度去看，说话者用疑问词提问，多半是认为听话者知道所指，所以也可以看作已知的。所以从根本上看，指别性的高低都是以说话者为主要标准的。因此，陆丙甫、徐阳春(2003：3)认为，导致汉语疑问词前移的主要因素，跟汉语中许多成分前移的原因一样，也是较大的可别性(identifiability)，而不是焦点性，这跟英语中的疑问词的焦点性前移不同。而黄正德(Huang,1982)认为，汉语的疑问词，虽然不像英语中的疑问词那样必须在表层移到句首，但是在较深层的逻辑式中，也是像英语一样前移的。不过，黄正德先生对汉语中这类表层也能移到句首的疑问词却没有作分析。

对于是非问句和选择问句，各家看法存在着差异。例如，对于是非问句，有人认为，任何是非问句都有焦点，只是焦点的透明度不同。如果借助于上下文、答语等语境因素，是能够离析出其焦点的。也有人认为，是非问句一般是针对整个命题发问的，它没有一个严格意义上的疑问焦点。也就是说，在疑问句没有对比重音或焦点标记的情况下，如何来判断这个句子是否有焦点？再看对于选择问句，有人认为，选择问句的焦点总落在选择肢A、B上，而且选择问句的焦点大多由选择肢A、B中的某一句法成分充当。也有人认为，选择肢A、B是句子的焦点，这些焦点表现为不同的成分，但这不能算作两个焦点，而是两项合起来是一个焦点。也就是说，选择问句中存在焦点，即由选择肢A、B来充当，不过A、B是分开算两个，还是合在一起算一个？

我们认为，首先应该区分疑问表达式和疑问焦点这两个概念，并不是所有的疑问表达式都会产生疑问焦点。特指问句中由疑问词引入的那个疑问点，即特指问句中的疑问词是问话人最想知道的部分，也是问话人希望听话人给予回答的部分，它触发了“询问”这一言语活动，从而自然成为说话者追问的最终目标，因此它是疑问句中最为重要的部分，就成为特指问句的焦点。而正反问句中对谓词变形，所以谓词就成为疑问焦点。但疑问焦点不是结构焦点，因为它不必受句子结构的制约，这一点在疑问代词身上表现尤为突出。

但是在是非问句中，即使语义集中在某一点上，这也不是由疑问表达式引入的焦点，而是句子的其他成分（包括语境）所形成的常规新信息焦点或排他对比焦点或主观性焦点等，它们与疑问焦点无关。例如：

（54）他去了上海吗？

这个问句的焦点与没有“吗”时的陈述句的焦点没有任何区别，所以不是疑问焦点，而是一般的常规焦点或对比焦点。再看选择问

句"是A还是B"结构,例如:

(55) 你是喝茶,还是喝咖啡?

(56) 张三昨天是去图书馆看书,还是待在家里写论文?

显然,这一结构要规定句子的焦点,即A和B比较之后,它们所不同的部分。这不同的部分可以是一个词,如"茶——咖啡",也可以是一个命题,如"去图书馆看书——待在家里写论文"。这使得选择问句的焦点性质比较复杂,我们认为,"是A还是B"这一结构中的"A"和"B"两项构成一对配对成分,共同做对比焦点,使整个句子有一个统一解释。

此外,还可以根据"答语"来确定疑问焦点,因为跟疑问焦点密切相关的是"答语"。吕叔湘(1985: 244)指出,回答问话,一般不用全句,只要针对疑问点,用一个词或短语就够了。可以是一个名词,一个动词,或一个形容词。助动词有的能单独答问,有的不能。副词双音的一般能答问(有待细查),单音的不行。也就是说,答语主要是显示听话人心目中的疑问焦点,它可以跟问话人心目中的疑问焦点保持一致,但也可以不一致,因此疑问焦点还要区分问话人表达的疑问焦点还是听话人理解的疑问焦点。如甲问:"谁去北京?"乙答:"北京?"甲问句的疑问焦点是"谁",而乙答句显示的疑问焦点却是"北京",这实际上是说话者焦点操作的逆向策略在起作用。张斌、胡裕树(1989: 81)也指出,在问答中,疑问点暗示焦点,答句常常针对疑问点,而将旧信息省略。

可见,根据疑问句的答语情况来看,疑问句总的来说可以分为两类:一类是特指问句;另一类是包括是非问句、选择问句和正反问句。第一类疑问句就其答语来看,句中的疑问代词是疑问焦点。这里又分为两种情况:一是疑问词后置,如"你想买什么",句末的疑问词"什么"是疑问焦点,明确地说,其答语是典型的信息焦点,所以从焦点的功能来看,主要是信息传递功能。与之意思相对应的英语句子为"What do you want to buy",也就是说,在英语中表达汉语这个句子意思的疑问词前置。二是疑问词前置，如“什么(东西)你想买”，句首的疑问词“什么”是疑问焦点，明确地说，其答语是对比焦点，从焦点的功能来看，主要是选择性功能，在汉语中该句意思也可以说成“哪个(些)东西你想买”，即在一个“东西”的集合中选择其中的一个或一些。

需要注意的是，上述两种焦点功能的区分是相对的，因为有时疑问词后置，如“你认识谁”，似乎也可以理解为“你认识哪一个人”。也就是说，不论疑问词前置还是后置，从广义的角度来看，都有一个选择性范围，所以这种区分有时很难准确把握，只是焦点表达功能的侧重点不同而已。

再看第二类疑问句，就其答语情况来看，是否问句要求回答“A或者不(没)A”，选择问句要求回答“选择A”或“选择B”，正反问句要求回答“X”或者“不X”，所以这三种问句都有一个共性，即从焦点的功能来看，都是选择性功能，也就是对比性。由此看来，汉语中的疑问句从焦点的功能角度来看，可以分为表达信息传递功能的疑问句和表达选择性功能的疑问句两大类。

再看一些汉语中疑问代词前置或后置的例句：

(57) a. 张三只去过什么地方？

　　b. ？什么地方张三只去过？

在例(57a)中，焦点算子“只”关联的焦点成分是疑问词“什么地方”，即疑问焦点和语义焦点融合；而在例(57b)中，疑问词“什么地方”前置，成为句子的焦点，但焦点算子“只”虽然被去焦点化，但它对所指向成分的语义限制功能依然保留，在本句中，“只”所能管辖的只有一个“去”，根据“只”的排他性，必须有另外一个与“去”对立的潜在的可能，所以句子在下面这种情况下能够成立：

(58) 什么地方张三只去过，没待过？

在一般情况下，我们找不到与“去”对立的东西，所以例(57b)不成立。

但如果“只”不约束“去”，而是句中其他成分（如下句中的“一次、三天、坐车”），那么句子就比较容易成立了。

(59) a. 什么地方张三只去过一次？

b. 什么地方张三只去过三天？

c. 什么地方张三只坐车去过？

前面提到，Wu(1999：86—87)提供了三个强制性的疑问词前移的句子，其中第一个例句复制如下：

(60) a. *只有张三买了什么书？

b. 什么书只有张三买了？

在例(60a)中，焦点算子“只(有)”关联的焦点成分是“张三”，并且在句法高位，而句末的疑问词“什么书”是焦点表达的强迫形式，即有强烈地充当句子焦点的要求，所以两者发生冲突，句子就不成立。而在例(60b)中，疑问词“什么书”位于句首，具有选择性功能，并且在句法高位，所以该成分充当句子的焦点，算子“只(有)”关联的焦点成分是“张三”，处在句法低位，即其焦点的凸显性程度不及句首的疑问词“什么书”，所以要让位于句首的疑问词，即疑问词充当句子焦点。对比上例(57b)，不难发现，二者尽管都是疑问词置于句首，但是由于句中焦点算子“只”的位置不同，因此(60b)成立，(57b)不成立。

10.3 疑问句中焦点的重音配置模式

徐烈炯、刘丹青(1998：261)总结的疑问词前移限制的三个条件之一是，句子表示反问而不是真性疑问（此时整个句子有全量命题的含义），例句复制如下：

(61) 他什么事情做得好？！

例(61)的意思是“他什么事情都做不好”，实质上跟周遍性句子结构相似。不过需要注意的是，如果要表示周遍性的意义或反诘意义，上例中的疑问词“什么事情”要带上特别的重音，即从疑问代词的选择性功能上升到反驳性功能。可见，就特指问句而言，疑问焦点与重音配置之间有着密切的关系。

我们在前面的章节中讨论过汉语焦点的两种重音配置模式，分别对应于说话者的两种焦点操作策略，这里再进一步集中论述疑问焦点与重音配置之间的关系。在疑问句中，一般重音的音强不是特别重，音长也不是特别长，更为重要的是，它一般落在疑问句的常规性的信息成分上。而特别重音的音强特别重，音长特别长，更为重要的是，它很可能不是落在疑问句的常规性的信息成分上，而是落在句中特定的成分上，造成特殊的重音配置。

1. 特指问句

在特指疑问句中，一般句重音落在疑问代词上，例如：

(62) 张三喜欢过谁？

表示反问的特别句重音至少有两种方式。

一是仍然落在疑问代词上，但这时疑问代词比常规询问句读得更重，音长更长，有刻意强调的意味，这时从存在肯定向全称否定转化，从而得到反问句。例如：

(63) 张三喜欢过谁？

当“谁”读得较轻时，趋向于为询问句；而刻意重读时，趋向于反问句。

二是表示反问的特别句重音落在谓语的核心上，如下例中重读“喜欢过”，而不是落在疑问代词上。

(64) 张三喜欢过谁？

原来的询问句预设“存在一个人，张三喜欢过她”这件事为真，只不过这个人是谁不明确，所以加以询问。而当句重音落到“喜欢”上后，“张三喜欢过某人”这一事件的真实性受到了说话者的怀疑，这一事件为假，也就意味着不存在一个人，这样便得到了全称否定意义。不过，这种重音的非常规配置并不常见，一般要疑问代词在谓语核心之后。

2. 是非问句

在是非问句中,一般句重音不会落在句子中的疑问形式(如句末"吗")之上,而是在其他某个凸显的或具有对比性的成分上,例如:

(65) 你去过美国吗?

而特别句重音可以像陈述句的对比重音那样配置,例如:

(66) 你去过美国吗?

这时是在问听话人去美国的事儿是否为真。

有时,特别句重音也可以"特别地"落到句子谓语的核心上,如下例中重读"去":

(67) 你去过美国吗?

对谓语核心的特别强调,表明说话者对命题意义的特别的怀疑,所以句子就很容易转化为反驳,成为反诘句,说话者的意思趋向于"你没有去过美国"。

在十分特殊的情况下,我们发现特别句重音也会落到句末语气词"吗"上。

(68) 奶奶问你,你吃过奶糖吗?

我们发现,这是在刻意加强询问语气,应是主观性的一种极为特殊的表现。

3. 正反问句

在正反问句中,句重音一般会落在句子中的疑问形式(如句中"V不/没 V")之上,不过这时没有特别突出的韵律表现,而且语义内容是问事件是否为真,例如:

(69) 你听没听过这首歌?

但正反问句经常带有较为显著的重音,并落在其他某个凸显的或具有对比性的成分上,例如:

(70) 甲:我听过她的歌,……

乙:那你听没听过这首歌?

我们认为,这是逆向策略的结果,“这首歌”成了强调的重心,而且起到语篇话题的作用,指对这首歌而言,你是否听过。

除此之外,特别句重音也可能落到句子谓语的核心上,即“V 不/没 V”“VP 不/没 VP”上,更准确地讲,是落在前一个“V”或“VP”上。如下例,特别句重音则落在“听没听”,或第一个“听”上。

(71) 你**听没听**过这首歌?

在这种情况下,句子很容易转化为反驳,成为反诘句,说话者的意思趋向于“你没有听过这首歌”。

4. 选择问句

选择问句的情况比较特殊,“是 A 还是 B”这一结构中的“A”和“B”两项构成一对配对成分,共同做对比焦点,所以一般句重音可以落在句子中选择肢“A、B”中的后项之上,例如:

(72) 你吃米饭还是**吃面条**?

通过对以上疑问句中重音配置模式的分析,我们认为,在疑问句里,两种不同的重音配置模式主要有以下两方面的功能:一是信息层面上的凸显,如强调新信息等;二是语用层面上的否定,即利用重音表达对比,或表达反驳等,语用上有主观语气。

第十一章
与否定有关的焦点问题

我们已在前面的一些章节中讨论过焦点与否定这两个范畴之间的互动关系,本章将对前人的研究成果进行较为全面的述评,并在此基础上,进一步集中分析与否定有关的焦点问题。

11.1 以往对焦点与否定关系的一般论述

焦点和否定是语言中两种重要的语法范畴,它们之间存在着内在的联系。否定的基本意义是表示"否认",否认事物、性质、动作、关系、状态等概念的存在,或者否认有关命题的真实性。

Jackendoff(1972: 254)指出否定跟"焦点关联",其直觉是"否定词通常似乎并不是应用于整个句子,而是只应用于其部分"。例如:

(1) Maxwell didn't kill the judge with a HAMMER.

例(1)中被否定的既不是动词短语,也不是整个句子,而是焦点成分"hammer"。他还认为,否定算子与其他焦点副词(如"only"、"even"等)的区别是:"only"、"even"与句子焦点的关联是强制性的,而否定算子的焦点关联性是选择性的(optional),否定既可以属于预设部分,也可以是针对焦点的。

Givón(2001: 380)提到了否定与对比焦点的关系,他发现英语中的否定在中性情况下否定 VP,而在有对比焦点的时候否定对比焦点。例如:

(2) a. John didn't [**kill the goat**]$_F$.

(>He did not *kill the goat*.)

b. [**John**]$_F$ didn't kill the goat.

(>Someone else killed it, but not *John*.)

c. John didn't kill the [**goat**]$_F$.

(>He killed something, but not *the goat*.)

d. John didn't [**kill**]$_F$ the goat.

(>He did something to the goat, but not *kill* it.)

例(2a)是在中性情况下否定 VP,(2b)、(2c)、(2d)三句都是在有对比焦点的情况下否定对比焦点,分别为主语焦点、宾语焦点、动词焦点。

Van Valin & Lapolla(2002)则从焦点结构的角度分析和解释了否定的范围。他们认为,焦点结构能够决定否定句中哪一部分是被否定了的,也就是说,能决定否定的范围。例如:

(3) a. JOHN didn't talk to Mary.

b. John didn't **TALK** to Mary. (He sent her e-mail.)

c. John didn't talk to **MARY**. (He talked to Susan.)

d. John didn't **TALK TO** Mary. (He had no contact to anyone.)

石毓智、李讷(2001: 37)分析了疑问和否定中的焦点特征差异。他们指出,如果把语序变换看作是表现焦点的语法形式,那么可以推知疑问代词的焦点特征比否定要高,因为它是强制性的,即否定具有弱[+F]特征。这一对比在汉语中表现为,否定句中的焦点标记“是”并不限于标识否定标记。例如:

(4) a. 她昨天晚上**是没有**看电视。

b. 她**是昨天晚上**没有看电视。

c. **是她**昨天晚上没有看电视。

在汉语中,常用“不”、“没(有)”、“别”等词进行否定。“不”用在动词前面,往往是对某种意愿的否定;“没(有)”往往是对已然事件或行为的否定;“别”是“不要”的合音,常用于否定祈使句,表示禁戒。我们在前面章节中,把否定词“不、没、别”等看作是焦点敏感算子,它们指向所要否定的成分,即否定算子跟焦点成分、背景成分构成一个三分结构(tripartite structure)。李宝伦、潘海华(1999：114—127)认为,否定词“不”不是黏合类成分,而是对焦点敏感的算子,并提出了一个释义条件(interpretation condition),说明若句内存在焦点,“不”会直接否定该焦点成分,引出一个三分结构,否则,被否定成分是邻接“不”的词。所举的例子是:

(5) a. [**李四**]$_F$不吃饭,[**张三**]$_F$吃。　　(焦点在主语)
b. 他不[**吃**]$_F$饭,他[**做**]$_F$饭。　　(焦点在动词)
c. 他不吃[**饭**]$_F$,他吃[**面包**]$_F$。　　(焦点在宾语)
d. 他不[**吃饭**]$_F$,他[**睡觉**]$_F$。　　(焦点在动词词组)
e. 他[**不**]$_F$吃饭,我还以为他会吃。　　(焦点在副词“不”)

例(5a)至例(5e)所显示的句子表层结构相同,但是焦点不同。在算子是“不”的情况下,焦点所代表的是不属于背景指谓(denotation)集合里的一个元素,因此焦点位置不同,给出的句子意义也会不同。如例(5a)的焦点在主语“李四”上,意思是在“吃饭”这个集合的所有元素中,“李四”这个个体不是其中一个。例(5b)—(5d)各句也可作相应的分析。不过例(5e)的情况有点儿不同,该句的焦点在副词“不”上,用以对比预设集合中的正反(即＋P“他吃饭”及－P“他不吃饭”)两个元素。这个句子显示,焦点可以放在否定词“不”上。也就是说,跟一般的陈述句一样,否定自身并不具有焦点特征,但在特别强调时可以成为焦点。

可见,否定跟焦点关联,或者说,否定词作为焦点算子,跟焦点部分、背景部分构成了一个三分结构。就现有的文献来看,其中争议较大的问题是否定范围与否定焦点的识别及否定句的歧义问题。

11.2　以往对否定范围与否定焦点的具体论述

否定是一个与焦点密切相关的重要现象,除了否定全句以外,我们也可以只否定句中的某个成分，而被否定的成分一般是可能焦点成分。否定范围也就是否定算子的辖域，是指一个否定成分的作用范围，即在一个包含否定词的格式中，所有可能被这个否定词否定的项目构成了否定范围。而处在否定范围之中的几个成分通常只有一个是真正被否定的，这个被否定的项目叫做否定焦点。因此否定焦点和否定范围这二者并不是一回事。一般认为，否定范围通常从否定词开始，到分句的句尾，或到句尾附加语之前为止，所以主语和述谓部分前面的附加语通常不包括在其范围之内。而否定焦点必须在否定范围之内。

沈开木(1984：404—408)把“不”字的使用分为两大类：一是没有语音停顿的，二是有语音停顿的。没有语音停顿的，“不”字的否定范围可以明确地表达出来，包括以下两种情况：第一，当一个短语不是主谓短语时，“不”字的否定范围常常是从它后面的那个词开始，到动词的宾语为止，即是说管到逻辑宾语为止。如“不在他面前说笑话”中“不”字的否定范围是从“在”开始，到动词的宾语“笑话”为止。如果逻辑宾语以副动词(介词)的宾语的姿态出现，“不”字的否定范围便管到副动词的宾语。如“对他不关心”中副动词的宾语“他”属于“不”字的否定范围。第二，当一个短语是主谓短语时，否定范围管到主语。因为主语有的是逻辑宾语，有的是逻辑主项的组成部分。如“他不洗衣服”中主语“他”是逻辑主项的组成部分，与“洗衣服”合起来表示一件事，因而属于否定范围。有语音停顿的，“不”字的否定范围隐藏着，要从“不”字前面的话语里去寻找，或者是联系前面的话语和明说部分去寻找。沈先生还提到，在“不”字的否定范围里，存在着一个否定中心，即否定焦点，它是否定意义的承受者，或者说，“不”字的否定意思加在它上面，从而为听话人提供了新内容。例如：

(6) **不马上去上海。**

“马上”就是否定中心，是“不”字的否定意思的承受者，为听话人提供了去上海“不是马上(动身)”的新内容。“不”字的否定中心有两种类型：一是非对比性的，二是对比性的。非对比性的否定中心不依靠跟另一个句子或短语的对比来确定，它在语音上不一定要带强调重音，在语法形式上有一定的规律性。而对比性的否定中心依靠跟另一个句子或短语的对比来确定，一定要带强调重音。

吕叔湘(1985：246—247)指出否定句中存在着否定的"范围"和"焦点"。他认为，在句子里，"不"或"没"的否定范围是"不"或"没"以后的全部词语。一个词在不在否定范围之内，有时候会产生重大的意义差别。例如：

(7) a. 我一直没生病。
    b. 我没一直生病。
(8) a. 他天天不上班。
    b. 他不天天上班。
(9) a. 我实实在在没告诉他。
    b. 我没实实在在告诉他。

当然也有意思基本上一样，只是着重点不同，例如：

(10) a. 你别明天来。
     b. 你明天别来。

例(10a)的意思是"要你来，但不要你明天来"。例(10b)可能也有同样的意思，但是字面上不包含这层意思，比如说，"你明天别来，我去找你"，就没有"要你来"的意思。这里所说的着重点也可以说是否定的焦点，这个焦点一般是末了一个成分，即句末重音所在(即除去语助词、人称代词等)。但如果前边有对比重音，否定的焦点就移到这个重音所在。例如：

(11) a. 我没问他的经历。(只谈了谈现在的情况)
     b. 我没问他的经历。(是他自己告诉我的)
     c. 我没问他的详细经历。(只知道他在农村里呆过)
     d. 我没特地问他的经历。(是谈情况时透露的)

例(11a)是一般的语调，只有句末重音，其余三句都有对比重音，否定的焦点向前移动。上例(11a)和(11b)还涉及否定句的歧义问题,即否定句中两个或更多语法单位在不同的条件下都有成为否定中心的可能,如(11a)中的“经历”、(11b)中的“问”在适当的语调和语境下都有可能成为否定中心,在这个意义下,它们是有歧义的否定句。其实这个问题的实质就是,在一个句子的否定范围(或否定辖域)内,否定焦点(或否定中心)如何来确定。徐杰、李英哲(1993: 84)认为,这不是否定句本身的问题,而是更广泛意义下的焦点的识别问题。而后者又是因为多重焦点的可能、焦点选择序列的存在以及它经常被语调和语境等因素扭曲等原因造成的,所以去掉例(11a)和(11b)中的否定词“没”,多重焦点的可能性也是同样存在的。例如:

(12) a. 我问了他的经历。(没问他的家庭情况)

b. 我问了他的经历。(他自己没主动告诉我)

吕先生还认为,否定的焦点可能在“不”或“没”之前,这样就把否定的范围扩大到“不”或“没”的前边去了。此外,否定的焦点还可能在“不”或“没”本身。具体如下例:

(13) a. 小王不想打球,(小李想打)。

b. 你早不去,晚不去,这一下可赶上了!

(14) a. 我没说,真的没说。

b. 我不知道,不知道就是不知道。

钱敏汝(1990: 31—33)认为,由于考虑到对比重音、语境等其他因素的作用,否定载体“不”的否定范围是它最大可能的语义作用范围;无论“不”在一个语言表达中出现在什么位置,所有在语义上有可能成为被否定项的成分都属否定范围。在否定范围内的,可能被否定项中最终确定下来的实际被否定项是否定焦点,所以否定焦点原则上位于否定范围之内或与否定范围重合。否定焦点的确定一般借助对比重音和语境。例如:

(15) a. 我今天不看书,(他今天看书)。

b. 我今天不看书,(我星期一看书)。

c. 我今天不看书，（我今天整理书）。

d. 我今天不看书，（我今天看杂志）。

e. 我今天不看书，（我今天打扫卫生）。

从多层面考察的角度来看，“不”的否定范围和否定焦点不是仅能按句子、词组或词的表层结构就确定的，否定范围和否定焦点也不单存在于句子这个层面上，也可能是更小或更大的语言结构。如在下面例句中，她认为划线部分是否定范围，转引如下：

（16）他强调，在理论研究中，要贯彻双百方针，欢迎不同学术观点、不同政策建议以至不同学派的讨论和争鸣。

（17）与会专家、学者、企业家代表们对当前形势的共同认识是：治理经济环境，整顿经济秩序将为今后的改革和发展创造良好的环境；不这样做，改革就难以深入，发展就难以为继。

对此，徐杰、李英哲（1993：83）认为，例（16）不是个否定句，“不同”中的“不”跟英语 unhappy 中的 un-性质一样，是构词法的单位。例（17）中“不”的否定范围仅仅是无主句“这样做”。至于“这样做”指的是前面那一串词，那是它跟那一串词的关系，和否定是没有关系的。他们认为，否定是非线性的语法范畴，它的作用范围是全句，因此没有独立的否定范围，并且否定句没有一套独立的否定焦点，否定的焦点就是句子的焦点。而且否定焦点和否定词没有直接的前后语序关系，否定焦点的选择取决于独立于否定本身的焦点选择，而否定词的语序安排取决于它们的词类性质和同时带有焦点标记的特点。否定作为一种句范畴仅仅是对肯定的改变，并没有改变原句的焦点。

袁毓林（2000：99—108）针对徐杰、李英哲（1993）的观点，认为否定在表层结构上是一种线性的语法范畴，否定有其独立的范围和焦点，否定词的位置有其特定的语序效用。并指出在有强调标记的句子中，否定句的焦点不一定就是否定词的否定焦点，否定句的焦点跟否定焦点是可以分离的，因此存在着独立的否定焦点。例如：

（18）是小王没有准时上班。

上例中,整个否定句的焦点是由"是"标记的"小王",但否定词"没有"的否定焦点是动词"上班"前的状语"准时"。可见,在有强调标记的句子中,否定句的焦点不一定就是否定词的否定中心;否定句的焦点跟否定焦点是可以分离的。不过在一般的无标记的否定句中,否定的焦点通常就是全句的焦点。这两种焦点不仅是重合的,而且都处在句子靠末尾的位置。谈到否定的辖域,袁先生认为,最自然的表达就是把否定词置于焦点成分之前,让焦点及相关成分直接处于否定词之后,形成一个相当集中的否定的辖域。简言之,在无标记的情况下,否定的辖域一定是否定词之后的成分;在有标记的情况下,否定的辖域可以回溯到否定词之前的成分。

针对徐杰、李英哲(1993)、袁毓林(2000)的观点,熊仲儒(2005: 300—307)从语感差异的角度入手,指出否定焦点跟制约条件的等级序列有关。对于句法规则高于显著规则高于默认规则的语感来说,否定跟焦点关联,否定词不要求同否定的焦点毗邻,如 Jackendoff, 1972;吕叔湘,1985;徐杰、李英哲,1993。对于句法规则高于默认规则高于显著规则的语感来说,则否定句的焦点可以跟否定的焦点分离,如袁毓林,2000。具体来说,否定句中"默认规则"要求否定词前于被否定的成分;"显著规则"则容许否定词后于被否定的成分;"句法规则"要求否定词必须在动词前,或者说必须遵守句法要求。否定词作为句法成分,受"句法规则"强制性的制约。"默认规则"与"显著规则"可能是可违反的规则,它们在不同的母语说话者的语感中可能有着不同的排序(ranking)。

胡建华(2007: 99—112)则讨论了否定词的辖域、否定与焦点的关系以及否定词"不"的句法特性。他认为,否定词"不"的辖域是它成分统制的 VP,否定词"不"在句法上否定的是 VP 以及 VP 的中心语 V^0,而不是对焦点或与否定词毗邻的 VP 嫁接成分进行单独否定。当否定词的辖域内有焦点时,否定词在语义上否定的是由不同焦点投射而成的焦点词组 FP。据此分析,语义上的 FP 与句法上的 VP 形成对应关系,即 FP=VP。并对否定词的位置及其句法特性作了初步的理论探索,认为否定在现代汉语普通话中并没有一个独立的功能语类来实现。

综合上述各位研究者的观点,可以看到,否定焦点研究的分歧主要是:在汉语中是否存在独立的否定焦点和否定范围,如果存在的话,否定焦点和否定范围之间是否存在区别,以及否定焦点和否定句焦点之间存在什么样的关系。

11.3 我们对否定范围与否定焦点的看法

首先,我们认为,汉语否定词有其独立的辖域。否定词作为否定算子,与焦点成分、背景成分构成了一个三分结构,而焦点的三分结构存在着汉语和英语两种不同的模式,例如:

(19) a. [**JOHN**]$_F$ didn't kill the goat.

b. John didn't [**KILL**]$_F$ the goat.

c. John didn't kill the [**GOAT**]$_F$.

(20) a. **张三**没杀他。

b. 张三没**杀**他。

c. 张三没杀**他**。

d. 不是**张三**杀了他。

汉语可以在句首直接出现否定词,即例(20d),而这是英语不存在的,所以汉语实际上有四种格式,与英语的三种格式相对立。因此汉语的否定词的性质与英语是不同的。英语的否定词以全句为否定范围,可以把否定词管辖范围之外的主语作为其否定焦点;而汉语恰恰相反,否定词仅以其句法管辖范围内的成分,即在否定词之后的成分为其否定范围,作为焦点算子,汉语否定词仅在此范围之内选择否定的对象——否定点。

其次,我们认为,汉语否定词仅是焦点强迫形式,它要求被否定的成分成为句子的焦点,但这一要求不一定被满足。这有两种情况。

1. 在否定词之上有其他凸显性更强的成分，例如：

(21) a. 老王没来。

b. 是老王没来。

对于例(21a)，在中性句的语境下，句子的焦点就是否定算子“没”后面的动词“来”，因为句中没有其他要求成为焦点的成分。

但对于例(21b)，并不是像徐杰、李英哲(1993：84)所说，否定词“没”否定的是由“是”标记的焦点“老王”(即表示“很多人都来了，但老王没来”)。袁毓林(2000：102)认为这种解说自相矛盾，理由是：一方面说“来”没有否定，另一方面又说它的意思是“很多人来了，但老王没来”。为了进一步解释“很多人来了，但老王没来”的语感，袁先生采用了分离的手段，让“很多人来了”由焦点标记词“是”进行解释，“老王没来”由“没”否定“来”进行解释。这样一来，“是老王没来”中的否定词否定的是其后的动词成分“来”，而非句子的焦点“老王”。也就是说，在有强调标记的句子中，否定句的焦点不一定就是否定词的否定中心，否定句的焦点跟否定焦点可以分离。

我们同意袁先生的看法，不过分析问题的思路有所不同。我们认为，该句句首出现了焦点标记词“是”，“是”是一个典型的强焦点标记词，强烈要求其后面的成分“老王”成为句子焦点，而且由于“是”标记的成分“老王”处在句法高位，所以它实现为全句的焦点，而处在句法低位的否定成分“来”则不能成为全句的焦点。也就是说，否定点在这个句子中只是一个可能焦点成分，但是它竞争不过焦点标记“是”标记的焦点成分，所以例(21b)的句子焦点是“老王”。

同样的情况也出现在下面的句子中，句子焦点都是由处于句法高位的“连……也……、都、也、只”等决定，而否定词“没、不”被“去焦点化”操作。

(22) 连他也没来。

(23) 我都/也不喜欢他。

(24) 只他没来。

2. 即使在否定词之上没有其他凸显性更强的成分，说话者也可以采用逆向策略，不以否定点为句子焦点，只要上下文语境允许。这又分为两种情况。

一是将焦点赋予否定辖域之外的成分。如“老王没来，(老张来了)”，徐烈炯(2006：6)认为，汉语的焦点敏感算子必须统制其焦点成分，他以“小张不去”这个句子为例，认为如果重读主语“小张”，那么它就可以成为对比性话题，但不是与焦点敏感算子关联的焦点成分，后者还是在否定辖域之内的动词“去”。这也就是吕叔湘先生和钱敏汝先生关于否定词前重音的问题。我们认为，不能说否定的范围扩大到了“不”或“没”的前边去了，而是因为在上下文语境中，否定词及其否定点失去了新信息地位，说话者要强调的是别的东西。例如：

(25) 甲：你不想打球吗？

乙：我不想打球，你可以打呀。

(26) 甲：听说今天上午不上课。

乙：上午不上课，那下午呢？

(27) 甲：在学校找不到合适的人选。

乙：在学校找不到合适的人选，那就到工厂去，到农村去。

(28) 你早不去，晚不去，现在干嘛去?!

再如在主从结构中，从句中的“不”因此失去焦点性。

(29) 甲：这么晚了还不做作业！

乙：我高兴不做作业！

前面说过，在汉语中，当特别重音在主语上时，与句首出现否定词，在意义上是有微妙的区别的，例如现在怀疑张三、李四、王五三个人可能犯了杀人罪，一个警察说：

（30）a. 张三没杀他。

b. 不是张三杀的他。

在例(30a)中，“张三”有所谓的对比重音，即表示排他对比意义的重音时，它表示：“在你们几个人中，只有张三没有杀他，而其他人不可能没有杀他。”联系上下文，更能凸显该句的这一含义，完全可以想象如下审讯的场景：

（31）警察看着李四、王五，说：张三没杀他，你们呢?!

警察这样讲，说明他趋向于认为李四、王五有重大犯罪嫌疑，而这一倾向性正是来自于他把张三与其他人对比起来。

但在例(30b)中，“张三”不一定有特别意义，不一定有排他对比意义，所以可以是一种一般的信息焦点，例如：

（32）警察：不是张三杀的他，那么是谁呢?!

警察这么问，未必趋向于认为李四、王五有重大犯罪嫌疑。

二是将焦点赋予否定词本身，但这不能说否定的焦点可能在“不”或“没”本身，因为没有一个成分是作用于自身的。这时应该说，是由于上下文的要求，这个否定词本身成为了凸显的成分，从而压倒了否定点的凸显性，例如：

（33）甲：你干嘛告诉他?

乙：我没说，真的没说!

乙是对甲的预设“告诉过他”的反驳，而反驳点在否定上，所以把否定词“没”作为句子焦点。后面一句更有意思，乙已经说了“我没说”，所以“我没说”成了旧信息，于是句中新加的“真的”成了新信息及要强调的重点，所以“真的”又成了句子焦点。再如：

（34）甲：我们去看看他吧。

乙：别，别去!

（35）甲：你真的不知道钱在哪儿吗?

乙：我[不]知道，[不]知道就是[不]知道。

11.4　否定测试与焦点强迫形式

我们在前面的章节中多次提到“否定测试”，这里作一个总结。“否定测试”是一种检验方法，以区分两种非独立的焦点强迫形式：焦点标记和焦点算子。区分焦点标记与焦点算子的根本之处在于是否影响真值，焦点标记可能为原句增加意义，但不会影响真值，而焦点算子要改变原句的真值条件。具体如下：

【否定测试】：有非独立的焦点强迫形式 F 加在原句 S^0 上，构成句子 S。

若对 S 否定，一定有对 S^0 的否定，则 F 为焦点标记。

若对 S 否定，不一定有对 S^0 的否定(可以是对 S^0 的肯定，也可以是 S^0 的真值不定)，则 F 为焦点算子。

让我们先看下面的区别：

(36) a. 小李喜欢旅游。

　　b. 是小李喜欢旅游。

　　c. 只小李喜欢旅游。

“是、只”都是非独立的焦点强迫形式，在上例中它们都要求后面的“小李”成为可能焦点成分。但这二者在功能上是存在差异的。

如果把没有加上焦点强迫形式之前的句子称为“原句”，则 a 是 b、c 的原句。对“是、只”字句进行否定，得到如下结果：

(37) a. 小李喜欢旅游。

　　b'. 不是小李喜欢旅游。

　　c'. 不只小李喜欢旅游。

可以看到，如果 b'(即“不是小李喜欢旅游”)为假，则 a 也为假；如果 c'(即“不只小李喜欢旅游”)为假，则 a 依然为真(或不会必然为假)。

这说明，“是”字句并没有在原句基础上增加什么命题内容，仅仅是标记句子的焦点在哪儿,所以对“是”字句的否定也就是对原句的否定;而“只”字句则以原句为预设,在其基础上增加了新的命题内容,而不仅仅是标记句子的焦点在哪儿,所以对“只”字句的否定只是对其增加的那部分内容进行否定,而并不对原句进行否定。

所以“是”类非独立的焦点强迫形式是“焦点标记”,意为它仅仅标出具有凸显性的可能焦点成分的可能位置,不增加新的功能,对它否定就会对原句否定;而“只”类非独立的焦点强迫形式是“焦点算子”,意为它在标出可能焦点成分的同时,要运用自身的功能对可能焦点成分的语义内容进行新的运算,对它的否定不一定导致对原句的否定。

再来看否定副词“不、没”。

(38) 原句:张三明天去北京。

甲:张三明天不去北京。

乙:不,张三明天要去北京。

(39) 原句:李四昨天去了上海。

甲:李四昨天没去上海。

乙:不,李四昨天去了上海。

可以看到,对否定副词“不、没”的否定就意味着对原句真值的肯定,这证明了否定副词是焦点算子,即否定算子。

第十二章
结　　语

本书在前人的研究基础上,就现代汉语焦点问题进行比较全面的分析,主要提出了以下这些观点:

第一,关于焦点的概念。说话者用超音段的、局部性的韵律语法手段对话语中某些片断进行凸显操作,分为不可简省的凸显和刻意重音的凸显,这些被凸显操作的话语片断就是焦点;在说话者的焦点选择中,既需要照顾话语整体及其部件凸显自身重要性的要求,又需要根据自己的交际目的来处理这些要求;焦点的选择,最终决定了话语的建构。

第二,关于焦点的类型。焦点的类型可从两个视角来区分:一是基于焦点强迫形式;二是基于说话者焦点操作策略。焦点强迫形式可以分为两种:"独立的焦点强迫形式":要求自己成为句子的焦点;"非独立的焦点强迫形式":不是要求自己成为句子的焦点,而是要求句中另外的某一成分成为句子的焦点,包括焦点标记和焦点算子。说话者焦点操作策略也可以分为两种:"顺向策略"与"逆向策略"。

第三,关于焦点的重音配置。汉语焦点有两种重音配置模式:常规配置模式和非常规配置模式。以疑问句为例,询问句具有一般重音,它的音强不是特别重,音长也不是特别长,它一般落在疑问句的常规性的焦点成分上。但是汉语疑问句有时会产生特别重音,它的音强特别重,音长特别长,它不是落在疑问句的常规性的焦点成分上，而是落在句中特定的成分上，造成特殊的重音配置。这种特别句重音，不论其语义层面是肯定还是否定，在语用层面上都是一种否定，即有着外部信息X和内部信息X'的对立，并且都是强调说话者自己的认识X'为真，而否定对方或他人的认识X。

第四，关于焦点的表现形式。我们区分了焦点强迫形式与焦点操作策略这两个层次，并认为只有重音，只有韵律上的凸显性分布(包括不可简省和特别重音)，才是焦点的表现形式。其他所有的东西，无论是词汇上的、语序上的、句式上的、语法标记上的等等，都是焦点强迫形式，即它们要求自己或受自己约束的某一成分成为句子的焦点，但说话者既可以采取顺向策略满足它们的要求，也可以采取逆向策略不满足它们的要求，所以它们并不能最终决定句子的焦点。当然，也不能说除了重音之外不可以有一种辅助性的手段来标注焦点。

第五，关于非独立的焦点强迫形式。我们认为，区别焦点标记与焦点算子的根本之处在于是否影响真值，焦点标记可能为原句增加意义，但不会影响真值。检验的方法是"否定测试"：有非独立的焦点强迫形式F加在原句S^0上，构成句子S。若对S否定，一定有对S^0的否定，则F为焦点标记；若对S否定，不一定有对S^0的否定(可以是对S^0的肯定，也可以是S^0的真值不定)，则F为焦点算子。

第六，提出"句子焦点的实现规则"：

① 一个单句可以有一个也可以有多个焦点强迫形式；

② 每个焦点强迫形式都贡献出具有语用凸显性的可能焦点成分；

③ 最终只有一个可能焦点成分的凸显性上升为全句的凸显性，成为"句子焦点"；

④ 凸显性实现的规则是：当多个焦点强迫形式没有融合成一个整体时，在顺向策略中，句中处于最高句法位置的那个可能焦点成分所具有的凸显性，上升为全句的凸显性，成为全句的可能焦点成分。

把“句子焦点的实现规则”进一步细化，可以得到以下三个规律：焦点结构律、焦点强迫律和焦点强度律。“焦点结构律”回答结构如何产生焦点强迫的问题，回答结构如何影响焦点强迫性强弱的问题。“焦点强迫律”是指句中成分按具体语言功能区分，有如下优先获得焦点强迫功能的序列：生动性（赋予主观色彩）>变化性（在事件过程中发生变化）>具体性（使概念从上位走向下位）/描摹性（对事物状貌特征的刻画）。“焦点强度律”是指焦点强迫形式按具体语言功能区分，有如下强度优先序列：充当语篇话题>反驳性/追问性>言外之义/主观评价、态度>对比性>信息传递价值。

第七，提出“去焦点化规则”。“去焦点化”的实质，就是使某些有凸显性要求的成分，在句子中失去凸显性，成为“背景”中的一部分，为其他成分实现为句子焦点提供认知上的预设。其规则具体如下：

① 句中除了句子焦点以外的，其他具有焦点凸显性的单位，都必须进行去焦点化操作；

② 所谓“去焦点化”，是指去掉该单位的焦点性要求，即脱去它的凸显性，而仅仅作为客观的命题意义的一部分而存在；

③ 如果去焦点化操作失败，则句子不能成立，相关成分不能同现。

第八，提出“焦点和谐律”。焦点和谐律是指句中与焦点有关的成分应保持语义和谐，它包括以下三点：

① 担任句子焦点的，除非给予特别重音指派，否则一般选择焦点性相对较强的一个可能焦点成分；

② 反过来讲，焦点性本来就较弱的可能焦点成分，最好不要担任句子焦点，除非给予特别重音指派；

③ 焦点性本来较弱的可能焦点成分担任句子焦点，则必须特别加强重音，而本来焦点性就较强的可能焦点成分，不需特别加强重音，甚至可以给予不太显著的不可简省的重音，或给予普通的韵律格式。

简言之,焦点和谐可以用一般重音,而焦点不和谐时,需要用特别的重音。这里所说的“和谐”至少包括两条。上下文语境的和谐:如果两段话语构成“关联对”,那么它们的焦点重音一致或基本一致,则可以用一般重音(强调不可简省性),而当它们不一致时,需要用特别的重音。句中和谐:如果重音与句中焦点强迫形式的要求一致,则可以用一般重音(强调不可简省性),而当它们不一致时,需要用特别的重音。

限于目前的理论水平和研究能力,本书的研究存在着一些不足之处,一些问题有待于进一步研究,所以今后还有以下几个研究方向:

第一,过去一般认为,焦点主要是一个语用概念。近年来,随着国外焦点理论的传入和汉语研究的深入,研究者们逐渐形成一种共识:焦点的研究涉及音系、句法、语义、语用等多个层面,所以我们希望今后对焦点的研究能够转向句法结构、语义构成、语用表达各抽象单位之间接口的研究,包括和音系、韵律、词法的接口研究。同时还要加强焦点与其他语法范畴(如时体、情态等)的互动关系研究。

第二,以往焦点的研究主要关注于单句层面,而对于语篇层面的焦点研究较少涉及,本书有部分内容涉及复句中的焦点研究,但是限于篇幅,尚未全面展开,希望今后的研究侧重于单句以上层面的研究,包括复句、语篇等。

第三,本书对焦点的研究基本上属于理论研究,所以拟在今后结合实际应用来进行研究,包括对外汉语教学或儿童母语习得过程中学生对焦点算子或焦点标记的习得,这方面的研究已有一些成果,详见杨小璐(2002、2009),刘慧娟、潘海华、胡建华(2011)等。

参考文献

[1] 蔡维天. 谈"只"与"连"的形式语义[J]. 中国语文,2004,(2): 99—111.

[2] 曹逢甫. 再论话题和"连……都/也"结构[A]. 见: 戴浩一,薛凤生主编. 功能主义与汉语语法[C]. 北京: 北京语言学院出版社,1994: 95—116.

[3] 曹　文. 汉语焦点重音的韵律实现[M]. 北京: 北京语言大学出版社,2010: 1—10.

[4] 陈昌来. 现代汉语句子[M]. 上海: 华东师范大学出版社, 2000: 29—38.

[5] 陈　虎. 自然语言的重音分布及其语义解释[J]. 现代外语, 2003,(1): 94—103.

[6] 陈振宇. 疑问系统的认知模型与运算[M]. 上海: 学林出版社, 2010: 253—261.

[7] 陈振宇,安明明. 反问(否定性疑问)的语义和功能——以汉语与马达加斯加语的反问标记为例[A]. 对外汉语研究(第十期)[C]. 北京: 商务印书馆,2013: 160—173.

[8] 储泽祥."名+数量"语序与注意焦点[J]. 中国语文,2001,(5): 411—417.

[9] 戴维·克里斯特尔. 现代语言学词典(沈家煊译)[M]. 北京:

商务印书馆,2000.
[10] 戴耀晶.试论现代汉语的否定范畴[J].语言教学与研究,2000,(3):45—49.
[11] 戴耀晶.汉语疑问句的预设及其语义分析[J].广播电视大学学报,2001,(2):87—90,97.
[12] 戴耀晶.汉语否定句的语义确定性[J].世界汉语教学,2004,(1):20—27.
[13] 董秀芳.无标记焦点和有标记焦点的确定原则[J].汉语学习,2003,(1):10—16.
[14] 端木三.重音理论和汉语的词长选择[J].中国语文,1999,(4):246—254.
[15] 端木三.重音、信息和语言的分类[J].语言科学,2007,(5):3—16.
[16] 范开泰.语用分析说略[J].中国语文,1985,(6):401—408.
[17] 范开泰,张亚军.现代汉语语法分析[M].上海:华东师范大学出版社,2000:192—207.
[18] 范　晓,张豫峰等.语法理论纲要(修订版)[M].上海:上海译文出版社,2008:340—355.
[19] 方经民.有关汉语句子信息结构分析的一些问题[J].语文研究,1994,(2):39—44.
[20] 方　梅.汉语对比焦点的句法表现手段[J].中国语文,1995,(4):279—288.
[21] 方　梅.从"V着"看汉语不完全体的功能特征[A].语法研究和探索(九)[C].北京:商务印书馆,2000:38—55.
[22] 冯胜利.论汉语的"自然音步"[J].中国语文,1998,(1):40—47.
[23] 冯胜利.汉语的韵律、词法与句法(修订本)[M].北京:北京大学出版社,2009:78—117.

[24] 顾　钢. 话题和焦点的句法分析[J]. 天津师范大学学报(社会科学版),2001,(1): 76—80.

[25] 洪　波. 上古汉语的焦点表达[A]. 21 世纪的中国语言学(二)[C]. 北京: 商务印书馆,2006: 36—51.

[26] 胡建华. 否定、焦点与辖域[J]. 中国语文,2007,(2): 99—112.

[27] 胡建华. 焦点与量化[A]. 见: 程工,刘丹青主编. 汉语的形式与功能研究[C]. 北京: 商务印书馆,2009: 83—91.

[28] 黄伯荣,廖序东. 现代汉语(增订四版)(下册)[M]. 北京: 高等教育出版社,2007: 121—133.

[29] 黄瓒辉. 焦点、焦点结构及焦点的性质研究综述[J]. 现代外语,2003,(4): 428—438.

[30] 黄瓒辉. 量化副词"都"与句子的焦点结构[D]. 北京: 北京大学博士学位论文,2004.

[31] 蒋　严,潘海华. 形式语义学引论[M]. 北京: 中国社会科学出版社,1998: 136—181.

[32] 李宝伦. 何处关联: 焦点还是焦点短语? [J]. 当代语言学,2010,(1): 1—13.

[33] 李宝伦,潘海华. 焦点与"不"字句之语义解释[J]. 现代外语,1999,(2): 114—127.

[34] 李宝伦,潘海华. 焦点关联现象与对焦点敏感的结构[A]. 见: 徐烈炯、潘海华主编. 焦点结构和意义的研究[M]. 北京: 外语教学与研究出版社,2005: 86—105.

[35] 李宝伦,潘海华,徐烈炯. 对焦点敏感的结构及焦点的语义解释(上)[J]. 当代语言学,2003a,(1): 1—11.

[36] 李宝伦,潘海华,徐烈炯. 对焦点敏感的结构及焦点的语义解释(下)[J]. 当代语言学,2003b,(2): 108—119.

[37] 李福印. 语义学概论[M]. 北京: 北京大学出版社,2006: 176—179.

[38] 刘丹青. 语法调查研究手册[M]. 上海：上海教育出版社，2008：219—245.

[39] 刘丹青，徐烈炯. 焦点与背景、话题及汉语“连”字句[J]. 中国语文，1998，(4)：243—252.

[40] 刘慧娟，潘海华，胡建华. 汉语添加算子的习得[J]. 当代语言学，2011，(3)：193—216.

[41] 刘　顺. 现代汉语的否定焦点和疑问焦点[J]. 齐齐哈尔大学学报(哲学社会科学版)，2003，(2)：5—7.

[42] 刘探宙. 多重强式焦点共现句式[J]. 中国语文，2008，(3)：259—269.

[43] 刘鑫民. 焦点、焦点的分布和焦点化[J]. 宁夏大学学报，1995，(1)：79—84.

[44] 林　焘，王理嘉. 语音学教程[M]. 北京：北京大学出版社，1992：179.

[45] 林裕文. 谈疑问句[J]. 中国语文，1985，(2)：91—98.

[46] 陆丙甫，徐阳春. 汉语疑问词前移的语用限制[J]. 语言科学，2003，(6)：3—11.

[47] 陆俭明. 现代汉语语法研究教程(第三版)[M]. 北京：北京大学出版社，2005：141—159.

[48] 吕叔湘. 疑问·否定·肯定[J]. 中国语文，1985，(4)：241—250.

[49] 吕叔湘. 吕叔湘文集(第一卷)[M]. 北京：商务印书馆，1990：281—300.

[50] 鲁晓琨. 焦点标记“来”[J]. 世界汉语教学，2006，(2)：20—30.

[51] 罗仁地(Randy J. LaPolla). 语用关系与汉语的词序[A]. 语言学论丛(第三十辑)[C]. 北京：商务印书馆，2004：334—368.

[52] 满在江，宋红梅. 论现代汉语中自然焦点的句法位置[J]. 外语研究，2004，(5)：24—27.

[53] 莫红霞，张学成. 汉语焦点研究概观[J]. 杭州师范学院学报(人

文社会科学版),2001,(4):61—70.
[54] 莫静清,方　梅,杨玉芳.多重强式焦点共现句中焦点强度的语音感知差异[J].汉语学习,2010,(1):18—25.
[55] 潘海华.焦点、三分结构与汉语"都"的语义解释[A].语法研究和探索(十三)[C].北京:商务印书馆,2006:163—184.
[56] 潘海华,胡建华,黄瓒辉.焦点、量化理论与汉语"每 NP"结构的句法和语义研究[A].见:沈阳、冯胜利主编.当代语言学理论和汉语研究[C].北京:商务印书馆,2008:295—304.
[57] 潘建华.每个句子都有焦点吗?[J].山西师范大学学报,2000,(3):123—126.
[58] 彭利贞.现代汉语情态研究[M].北京:中国社会科学出版社,2007:41—54.
[59] 祁　峰."X 的是":从话语标记到焦点标记[J].汉语学习,2011,(4):107—112.
[60] 钱敏汝.否定载体"不"的语义—语法考察[J].中国语文,1990,(1):30—37.
[61] 屈承熹.Please, Let Topic and Focus Co-Exist Peacefully![A].见:徐烈炯,刘丹青主编.话题与焦点新论[M].上海:上海教育出版社,2003:260—280.
[62] 屈承熹.汉语篇章语法(潘文国等译)[M].北京:北京语言大学出版社,2006:143—166.
[63] 邵敬敏等.汉语语法专题研究(增订本)[M].北京:北京大学出版社,2009:205—225.
[64] 沈家煊.不对称和标记论[M].南昌:江西教育出版社,1999:226—232.
[65] 沈开木."不"字的否定范围和否定中心的探索[J].中国语文,1984,(6):404—412.
[66] 沈　园.焦点的音系、语义与语用——焦点研究的新视野[J].

当代语言学,2011,(3): 237—246.

[67] 石毓智.论判断、焦点、强调与对比之关系——“是”的语法功能和使用条件[J].语言研究,2005,(4): 43—53.

[68] 石毓智,李　讷.汉语语法化的历程[M].北京: 北京大学出版社,2001: 33—37.

[69] 税昌锡.焦点、语义联项与“不”的语义指向[J].西华师范大学学报(哲学社会科学版),2004,(2): 83—87.

[70] 汤廷池.汉语词法句法论集[M].台北: 台湾学生书局,1988: 105—147.

[71] 唐燕玲,石毓智.疑问和焦点之关系[J].外国语,2009,(1): 51—57.

[72] 王灿龙.“连”字句的焦点与相关的语用问题[A].庆祝《中国语文》创刊 50 周年学术论文集[C].北京: 商务印书馆,2004: 79—87.

[73] 王　丹,杨玉芳.自然语言中焦点与重音关系的研究进展[J].陕西师范大学学报(哲学社会科学版),2004,(4): 117—122.

[74] 王　琪,罗尚荣.篇章中多项结构复现凸显焦点的功能[J].华东交通大学学报,2004,(6): 105—107.

[75] 王维贤等.现代汉语复句新解[M].上海: 华东师范大学出版社,1994: 294—298.

[76] 王韫佳,初　敏,贺　琳.汉语焦点重音和语义重音分布的初步实验研究[J].世界汉语教学,2006,(2): 86—98.

[77] 温锁林.汉语句子的信息安排及其句法后果——以“周遍句”为例[A].见: 袁晖,戴耀晶编.三个平面: 汉语语法研究的多维视野[C].北京: 语文出版社,1998: 371—380.

[78] 温锁林.关于焦点问题[J].广西师范大学学报(哲学社会科学版),2001,(1): 42—45.

[79] 温锁林.“有+数量结构”中“有”的自然焦点凸显功能[J].中国

语文,2012,(1): 29—37.
[80] 温锁林,范　群.现代汉语口语中自然焦点标记词“给”[J].中国语文,2006,(1): 19—25.
[81] 温锁林,雒自清.疑问焦点与否定焦点[J].雁北师范学院学报,2000,(5): 37—38.
[82] 吴为善.认知语言学与汉语研究[M].上海: 复旦大学出版社,2011: 181—198.
[83] 伍雅清.否定与汉语 WH-词的语义解释[J].现代外语,1999,(4): 365—378.
[84] 伍雅清.多项 WH-问句中 WH-词的功能解释[J].现代外语,2002,(1): 15—24.
[85] 伍雅清.汉语特殊疑问词的非疑问用法研究[J].语言教学与研究,2002,(2): 41—49.
[86] 肖奚强.“正(在)”、“在”与“着”功能比较研究[J].语言研究,2002,(4): 27—34.
[87] 熊仲儒.否定焦点及其句法蕴含[J].中国语文,2005,(4): 300—307.
[88] 邢福义.汉语复句研究[M].北京: 商务印书馆,2001: 38—56.
[89] 徐　杰.普遍语法原则与汉语语法现象[M].北京: 北京大学出版社,2001: 117—162.
[90] 徐　杰,李英哲.焦点与两个非线性语法范畴:“否定”“疑问”[J].中国语文,1993,(2): 81—92.
[91] 徐赳赳.现代汉语篇章语言学[M].北京: 商务印书馆,2010: 275—280.
[92] 徐烈炯.语义学(修订本)[M].北京: 语文出版社,1995: 176—200.
[93] 徐烈炯.焦点的不同概念及其在汉语中的表现形式[J].现代中国语研究,2001,(3): 10—22.

[94] 徐烈炯.多重焦点[J].中国语文研究,2002a,(1):1—8.

[95] 徐烈炯.汉语是不是话语概念结构化语言[J].中国语文,2002b,(5):400—410.

[96] 徐烈炯.几个不同的焦点概念[A].见:徐烈炯,潘海华主编.焦点结构和意义的研究[M].北京:外语教学与研究出版社,2005:11—33.

[97] 徐烈炯.语义焦点[A].东方语言学(第1辑)[C].上海:上海教育出版社,2006:1—9.

[98] 徐烈炯.指称、语序和语义解释——徐烈炯语言学论文选译[M].北京:商务印书馆,2009:202—230.

[99] 徐烈炯,刘丹青.话题的结构与功能[M].上海:上海教育出版社,1998:7—26,93—101.

[100] 徐烈炯,刘丹青.话题与焦点新论[M].上海:上海教育出版社,2003.

[101] 徐烈炯,潘海华.焦点结构和意义的研究[M].北京:外语教学与研究出版社,2005.

[102] 玄 玥.焦点问题研究综述[J].汉语学习,2002,(4):35—43.

[103] 玄 玥.论焦点标记对焦点敏感算子的制约作用[A].见:邵敬敏,陆镜光主编.汉语语法研究的新拓展(二)[C].杭州:浙江教育出版社,2005:84—96.

[104] 杨彩梅.《话题与焦点:从跨语言的视角审视语义与语调》介绍[J].当代语言学,2011,(3):275—278.

[105] 杨小璐.儿童汉语中的限制焦点[J].当代语言学,2002,(3):225—237.

[106] 杨小璐.焦点与级差:现代汉语“才”和“就”的儿童语言习得研究[M].北京:北京大学出版社,2009.

[107] 叶 军.汉语语句韵律的语法功能[M].上海:华东师范大学出版社,2001:11—38.

[108]　尹洪波. 现代汉语疑问句焦点研究[J]. 江汉大学学报(人文科学版),2008,(1): 92—96.
[109]　袁毓林. 语用学研究述评[J]. 苏州大学学报,1989,(4): 84—89.
[110]　袁毓林. 论否定句的焦点、预设和辖域歧义[J]. 中国语文,2000,(2): 99—108.
[111]　袁毓林. 从焦点理论看句尾"的"的句法语义功能[J]. 中国语文,2003,(1): 3—16.
[112]　袁毓林. 句子的焦点结构及其对语义解释的影响[J]. 当代语言学,2003,(4): 323—338.
[113]　袁毓林. 反预期、递进关系和语用尺度的类型——"甚至"和"反而"的语义功能比较[J]. 当代语言学,2008,(2): 109—121.
[114]　赵元任. 汉语口语语法(吕叔湘译)[M]. 北京: 商务印书馆,1979: 23—31.
[115]　张　斌. 汉语语法学[M]. 上海: 上海教育出版社,1998: 85—86.
[116]　张　斌,胡裕树. 汉语语法研究[M]. 北京: 商务印书馆,1989.
[117]　张伯江. 疑问句功能琐议[J]. 中国语文,1997,(2): 104—110.
[118]　张伯江,方　梅. 汉语功能语法研究[M]. 南昌: 江西教育出版社,1996: 73—136.
[119]　张国宪. 论对举格式的句法、语义和语用功能[A]. 见: 袁晖,戴耀晶编. 三个平面: 汉语语法研究的多维视野[C]. 北京: 语文出版社,1998: 295—304.
[120]　张和友. 从焦点理论看汉语分裂式判断句的生成[A]. 语言学论丛(第三十辑)[C]. 北京: 商务印书馆,2004: 91—116.
[121]　张　黎. 句子语义重心分析法刍议[J]. 齐齐哈尔师范学院学报,1987,(1): 63—67.
[122]　张全生. 现代汉语焦点结构研究[D]. 天津: 南开大学博士学

位论文,2009.

[123] 张学成. 论复句语义的三种关系[J]. 杭州师范学院学报,1992,(4): 83—90.

[124] 张学成. 再论复句语义的三种关系[J]. 杭州师范学院学报,1999,(5): 33—37.

[125] 张谊生. 现代汉语副词探索[M]. 上海: 学林出版社,2004: 89—94.

[126] 张豫峰. 汉语的焦点和“得”字句[J]. 汉语学习,2002,(3): 24—30.

[127] 张豫峰. 关于汉语句子焦点问题的两点思考[J]. 中州学刊,2006,(2): 245—247.

[128] 周 韧. 汉语信息焦点结构的韵律解释[J]. 语言科学,2006,(3): 24—38.

[129] 周 韧. 现代汉语韵律与语法的互动关系研究[M]. 北京: 商务印书馆,2011: 179—206.

[130] 宗守云. 焦点标记“数”及其语用功能[J]. 语言研究,2008,(2): 95—98.

[131] Alan Cruttenden. *Intonation*[M]. Beijing: Peking University Press, 2002.

[132] Chao, Yuan Ren. (赵元任) *A Grammar of Spoken Chinese* [M]. Berkeley, California: University of California Press, 1968.

[133] Cheng, Robert L. (郑良伟) Focus devices in Mandarin Chinese[A]. In *Studies in Chinese Syntax* and *Semantics, Universe and Scope: Presupposition and Quantification in Chinese*[C]. ed. by Ting-chi Tang, Robert L. Cheng and Ying-che Li. Taipei: Student Book Co, 1983.

[134] Chomsky, Noam. *The Logical Structure of Linguistic Theory*

[M]. New York: Plenum, 1955.

[135] Chomsky, Noam. Deep structure, surface structure, and semantic interpretation [A]. In *Semantics* [C]. ed. by Danny Steinberg and Leon Jacobovits. London: Cambridge University Press, 1971.

[136] Chomsky, Noam. Conditions on rules of grammar [J]. *Linguistic Analysis*, 1976, (2): 303-351.

[137] Chomsky, Noam. & Morris, Halle. *The Sound Pattern of English*[M]. New York: Harper & Row, 1968.

[138] Cinque, Guglielmo. A null theory of phrase and compound stress[J]. *Linguistic Inquiry*, 1993, (24): 239-297.

[139] Erteschik-shir, N. *The Dynamics of Focus Structure*[M]. Cambridge: Cambridge University Press, 1997.

[140] Givón, T. *Syntax*. Vol. 1[M]. Amsterdam: John Benjamins Publishing Company, 2001.

[141] Gundel, Jeanette K. Universals of topic-comment structure [A]. In Michael Hammond et al. (eds.), 1988.

[142] Gundel, Jeanette K. Different kinds of focus[A]. In *Focus: Linguistic, Cognitive, and Computational Perspectives* [C]. ed. by Peter Bosch and Rob van der Sandt. 293-305. Cambridge: Cambridge University Press, 1999.

[143] Gussenhoven, C. Focus, mode and the nucleus[J]. *Journal of Linguistics*, 1983, (19): 337-417.

[144] Gussenhoven, C. Sentence accents and argument structure [A]. In I. M. Roca(ed.) *Thematic Structure: Its Role in Grammar*[C]. 79-106. Berlin, New York: Foris, 1992.

[145] Halliday, Michael A. K. Notes on transitivity and theme in English[J]. *Journal of Linguistics*, 1967, (3): 199-244.

[146] Heim, I. R. *The Semantics of Definite and Indefinite Noun Phrases* [D]. Ph. D. Dissertation, University of Massachusetts, Amherst, 1982.

[147] Huang, C. -T. James. (黄正德) *Logical Relations in Chinese and the Theory of Grammar* [D]. Ph. D. dissertation, MIT. 1982.

[148] Jackendoff, Ray. *Semantic Interpretation in Generative Grammar* [M]. Cambridge, Mass. : MIT Press, 1972.

[149] Kamp, H. A theory of truth and semantic representation [A]. In JAG Groenendijk, TMV Janssen, MBJ Stokhof ed. *Formal Methods in The Study of Language* [C]. Amsterdam: Mathematisch Centrum, 1981.

[150] Kiss, Katalan É. *Discourse Configurational Languages* [M]. Oxford: Oxford University Press, 1995.

[151] Kiss, Katalan É. Identificational focus versus information focus [J]. *Language*, 1998, 74 (2): 245 – 273.

[152] Krifka, M. Frameworks for the representation of focus [A]. In *Proceedings of the ESSLLI' 96 Conference on Formal Grammar*, Prague, August 11 – 12, 1997.

[153] Lambrecht, Knud. *Informational Structure and Sentence Form: Topic, Focus, and the Mental Representation of Discourse Referents* [M]. Cambridge: Cambridge University Press, 1994.

[154] Matthews, P. H.. *Oxford Concise Dictionary of Linguistics* [M]. UK: Oxford University Press, 1997.

[155] Newman, S. On the stress systems of English [J]. *Word*, 1946, (2): 171 – 187.

[156] Partee, Barbara H. Topic, and focus and quantification

[A]. In *Proceedings from SALT* 1, ed. by S. Moore & A. Wyner. 179 - 196. Ithaca: Cornell University, 1991.

[157] Partee, Barbara H. Focus, quantification, and semantic-pragmatic issues[A]. In *Focus: Linguistic, Cognitive, and Computational Perspectives* [C]. ed. by Peter Bosch and Rob van der Sandt. 187 - 212. Cambridge: Cambridge University Press, 1999.

[158] Rebuschi, G. & L. Tuller(eds). *The Grammar of Focus* [M]. Amsterdam: John Benjamins Publishing Company, 1999.

[159] Rochemont, M. *Focus in Generative Grammar* [M]. Amsterdam: John Benjamins Publishing Company, 1986.

[160] Rooth, M. *Association with Focus*[D]. Ph. D. dissertation, University of Massachusetts, Amherst, 1985.

[161] Rooth, M. A theory of focus interpretation[J]. *Natural Language Semantics*, 1992, (1): 75 - 116.

[162] Schmerling, S. *Aspects of English sentence stress* [M]. Austin: University of Texas Press, 1976.

[163] Selkirk, E. *Phonology and Syntax: The Relation between Sound and Structure* [M]. Cambridge, Mass.: MIT Press, 1984.

[164] Selkirk, E. Sentence prosody: intonation, stress, and phrasing [A]. In J. Goldsmith(ed.) *Handbook of Phonological Theory* [C]. London: Blackwell, 550 - 569, 1995.

[165] Sgall, P., Eva Hajicová & Janevová. In Jacob L. Mey (ed.) *The Meaning of the Sentence in Its Semantic and Pragmatic Aspects*[C]. Dorchrecht: Reidel, 1986.

[166] Tsao, Feng-fu. (曹逢甫) *Sentence and Clause Structure in*

Chinese: A Functional Perspective [M]. Taipei: Student Book Co, 1990.

[167] Van Valin, R. T. & Lapolla. *Syntax: Structure, Meaning and Function*[M]. Beijing: Peking University Press, 2002.

[168] Wu, Jianxin. *Syntax and Semantics of Quantification in Chinese*[D]. Ph. D. dissertation, University of Maryland at College Park, 1999.

[169] Xu, Liejiong. (徐烈炯) Manifestation of informational focus[J]. *Lingua*, 2004, (114): 277 299.

[170] Zubizarreta, Maria Luisa. *Prosody, Focus, and Word Order* [M]. Cambridge: MIT Press, 1998.

后　记

本书是在我的博士学位论文《现代汉语焦点研究》(复旦大学，2012年)的基础上修改而成的。

首先要特别感谢我的导师戴耀晶教授，戴老师学风严谨、思路开阔，在治学、为人方面为我们树立了良好的榜样。每次跟戴老师谈话，都有如坐春风的感觉。我的博士学位论文从选题到完成，从理论框架到研究思路，无不渗透着导师的心血。戴老师在指导论文的过程中，多次提醒我要注意理论研究与个案分析相结合，还让我注意术语的界定及论文的表述等问题，所以论文的如期完成，首先要归功于导师的精心培养和指导。同时也深深地感谢师母肖永春女士，师母为人随和、风趣幽默，一直很关心我们的生活，她让我们觉得师门就是一个大家庭。

复旦求学期间，我还先后聆听了朱永生、杨宁、陶寰、张豫峰、蒋勇等老师的语言学课程，从中获益良多，在此向他们深表谢意。同时也深深地感谢在博士学位论文的开题、预答辩、评审和答辩时提出过宝贵意见的齐沪扬、刘大为、王珏、金立鑫、吴勇毅、邵敬敏、张谊生、殷寄明、祝克懿、杨宁、卢英顺、高顺全、梁银峰、王文晖等各位老师。

在此还要感谢复旦大学中文系研究生语法沙龙中的各位同门，他们是陈振宇、刘娅琼、何瑾、金智妍、赵允敬、王海荣、赵国军、邱明波、刘朝辉、古育斯、郑仁淑、周思佳、刘红妮、陈志国、尹相熙、杜翠河、李于虎、柳炅希、宋炅锡、刘林、钟天祥、崔辰而、尉腊暾盖、文有美、徐慧子、王蕾、干薇、李双剑、尹爱庚、南良佑、叶婧婷、周芷榕、吴越，感谢他们给予我在学习和生活上的关心与帮助。尤其要感谢陈振宇师兄，陈师兄为人热情，对学术执着追求、勇于创新，在我博士学位论文的写作过程中给予我很多帮助，在此深表谢意。

借此机会我要感谢我的硕士导师范开泰教授和博士后合作导师张伯江研究员，两位老师一直关心着我的学习、工作与生活。同时感谢徐烈炯、潘海华、王培光、石定栩、郭锐、陆丙甫、吴为善、陈昌来、沈园、郭曙纶、彭利贞、黄瓒辉等各位老师，他们都曾给予我很多具体的帮助和关心。

本书的写作源于复旦大学中文系研究生语法沙龙上的一次论文报告，当时各位老师与同学对我的论文提出了很多宝贵的意见，文章修改后发表在《汉语学习》杂志，这开始了我对现代汉语焦点问题的思考与研究。书中的部分内容曾先后在陈望道诞辰一百二十周年暨中国修辞学会成立三十周年学术研讨会（复旦大学）、国际中国语言学学会第19届年会（南开大学）、第六届现代汉语语法国际研讨会（台湾义守大学）、上海现代语言学（XY）沙龙活动三十周年纪念会（复旦大学）、第五届现代汉语虚词研究与对外汉语教学学术研讨会（延边大学）、汉语语序问题国际学术研讨会（华中师范大学）、语言的描写与解释学术研讨会（复旦大学）、第二十五届北美汉语语言学会议（密歇根大学）、密歇根中文协会第六届年会（韦恩州立大学）等会议上宣读，得到了多位与会专家的指导；部分内容也以单篇论文形式发表在《汉语学习》、《汉语学报》、《语言研究集刊》、《对外汉语研究》、《东方语言学》、《国际汉语学报》、《海外华文教育》、*Chinese as a Second Language Research*（德国）、《中国语文法研究》（日本）等刊物上，得到了各位审稿专家的指正。在此一并致以诚挚的谢意。

本书有幸入选“清华语言学博士丛书”第三辑，在此感谢清华大学语言研究中心和丛书编委会的各位专家，也感谢潘海华教授和袁毓林教授，两位先生作为评审专家给我的书稿提出了中肯的意见，使书稿得以修改完善。同时，本课题的研究还得到了上海市教育委员会科研创新项目“现代汉语焦点研究”（项目编号：14YS058）的资助，在此也表示谢意。

在本书的修改过程中，我正好在美国密歇根大学（University of Michigan）做访问学者，联系导师是语言学系的端木三教授，所以本书中的一些观点跟端木教授讨论过，从中得到不少的启发，在此深表谢意。

同时还要感谢上海中西书局的朱彦老师，她的敬业给我留下了深刻的印象。

最后我要深深地感谢我的家人。感谢父亲祁掌才、母亲陈顺娥把我辛苦培养成人，现在他们虽已退休，却仍在不停操劳而不图回报。同时感谢岳父奚林奇、岳母陆凤妹一直以来在工作上给予我的支持及生活上的照顾。我还要特别感谢我的妻子奚望，尽管她平日工作繁忙，但还是主动地承担了孩子的教育和培养任务，是她的理解和支持使我安心地完成学业。在我复旦求学期间，小女羽熹出生，自然而然成为全家的“焦点”，生活由此变得更加忙碌，但却带来了更多的欢乐和温馨。如果没有家人的支持和鼓励，本书是无法顺利完成的。

本书肯定存在较多的疏漏之处，敬请各位专家学者批评指正。

祁　峰

2013年11月28日感恩节

于美国密歇根州安娜堡市

附录：

专家评审意见(一)

焦点及相关问题是语言学研究中的重要课题，研究涉及语义学、句法学、语用学等多个语言学研究领域，是形式语言学、功能语言学乃至认知语言学共同关注的问题。有关焦点研究的文献数量是相当大的，研究成果也很丰富。由于研究角度、研究方法等方面存在差异，对于焦点的定义等问题学术界还未达成一致。

选择汉语焦点问题作为博士论文题目具有一定挑战性，该题目本身很有理论价值。

书中对国内外焦点方面的主要研究成果进行了全面、详实的介绍，可见作者的学术基本功比较扎实。对这些文献中主要观点的整理和回顾，有利于把握焦点研究的经典理论和最新研究动态。无论是对研究者还是对焦点方面研究感兴趣的研究生，书中的文献介绍部分都有一定的参考价值。

作者对汉语焦点的研究不仅考查了句法和语义因素对焦点的影响，也涵盖了重音、韵律以及话语等方面对焦点的作用。作者在文中对焦点进行定义。该定义强调了重音、韵律等与焦点的关系，并强调了焦点在话语建构过程中的重要性。定义过程中采用隐喻的方式来说明焦点在认知结构中的地位很形象，也很生动。作者提出了焦点现象有超音段性和局部性两个基本性质，并且总结了确定焦点的两大规则：焦点竞争规则和焦点选择规则。

该书讨论了与焦点关系密切的概念如新信息、排他性、凸显性等与焦点的关系。对重音与焦点之间的关系讨论得也很详细。单独分析了在一些句法格式中,如:准分裂结构“是……的”,焦点所在的位置。值得一提的是,作者讨论了当有不止一个可能的焦点成分时,句子对焦点的选择及选择的依据。

简言之,作者充分关注了韵律和语用等因素对焦点的影响,其中一些例子很有特点,值得进一步关注。而且,作者讨论了疑问句和焦点敏感算子共现时句子的焦点,用“去焦点化”解释了相关句子的合法性。这些讨论都是很有意义的。虽然其中有些地方还有待提高,但是总体来讲,该著作基本达到了出版水平,建议修改后出版。

潘海华

专家评审意见(二)

焦点问题涉及音系—句法—语义—语用等多个语言学分析层面,是一种处于音系—句法—语义—语用界面上的复杂的语法现象,因此,对于焦点的研究是国际和国内语法学界的一个热点问题。祁峰博士的《现代汉语焦点研究》,在前人研究的基础上,对现代汉语焦点问题进行比较全面的分析,得出了一系列有价值的结论。比如,书稿第二章对焦点这个概念作出了比较清晰的界定:"焦点是说话者用超音段的、局部性的韵律语法手段对话语中某些片断进行凸显操作,分为不可简省的凸显和刻意重音的凸显;在说话者的焦点选择中,既需要照顾话语整体及其部件凸显自身重要性的要求,又需要根据自己的交际目的来处理这些要求;焦点的选择,最终决定了话语的建构。"平心而论,这个定义还是比较全面的。但是,作者说"焦点是……操作",这种定义方式和表达方式恐怕还要推敲。书稿第三章对焦点的类型进行了研究。作者区分了两种焦点强迫形式:"独立的焦点强迫形式"与"非独立的焦点强迫形式",前者要求自己成为句子的焦点;后者要求句中另外的某一成分成为句子的焦点,包括焦点标记和焦点算子,并从基于焦点强迫形式与基于说话者焦点操作策略两个视角提出了焦点的类型系统。我认为这种划分颇具创意,但是对于焦点标记和焦点算子在语法功能上的差别则可能估计不足。根据我的理解,焦点标记(focus marker)具有隐现的任选性(optional),[①]不出现并不影响相关句子的焦点结构和语义表达,出现了则更加明确地标志相关句子的焦点结构和语义表达。简而言之,焦点标记只是起到对业已成为焦点的成分作标志的作用。而所谓算子(operator),指一个符号或词语,它表示一个必须运作的变化过程。比如,否定词加在一个简单句上,使其真值变成相反(原来真的变为假的,原来假的变为真的)。算子具有把一个句法(或语义)表达式改变成另一个句法(或语义)表达式的功能。比如,否定算子把一个肯定表达式改变成一个否定表达式,逻辑连词"和"(即合取算子∧)具有把两个或两个以上的简单句改变成一个复合句的功能。[②] 因此,焦点算子(focus operator)指造成相关句子的特定的焦点结构、对相关句子的语义表达有重要影响作用的语法成分,具有隐现的强制性(obligatory),表现为:一个句子中加上算子可以改变句子的意义,并且同一个算子跟不同的成分相关联也会改变句子的意思;反过来说,如果删去句子中的焦点算子,那么一定会改变句子的意义。

书稿第四章讨论了焦点的实现方式——句子重音。作者提出了焦点的两种重音配置模式:常规配置模式与非常规配置模式,前者是指使用一般重音,后者是指使用特别重音,分别对应于焦点操作的顺向策略与逆向策略,并讨论了与新信息有关的焦点韵律表现问题。我认为,作者关于两种重音的讨论,基本上没有超出前人的学说范围。并且,作者忽视了在有起标记作用的算子、标记和框式结构(是……的)等词汇—语法手段时,重音的非强制性。但是,作者提出的下列"句子焦点的实现规则"还是比较有启发性的:

(i) 一个单句可以有一个也可以有多个焦点强迫形式;

---

① 方梅(1995)《汉语对比焦点的句法表现手段》(《中国语文》第4期)指出:只有"是"和"连"是焦点标记词;并正确地总结出焦点标记词的三项特征:(i) 本身不负载实在的意义,不带对比重音;(ii) 其后的成分总是在语音上凸现的;(iii) 可以省略。第281页。

② 参考 David Crystal (1997) *A Dictionary of Linguistics and Phonetics*. (Blackwell Publishers Ltd.)。中译本《现代语言学词典》(沈家煊译,商务印书馆,2000年),第250页。详见袁毓林(2012)《汉语句子的焦点结构和语义解释》(商务印书馆),第13—15页。

(ii) 每个焦点强迫形式都贡献出具有语用凸显性的可能焦点成分；

(iii) 最终只有一个可能焦点成分的凸显性上升为全句的凸显性，成为“句子焦点”。

(iv) 凸显性实现的规则是：当多个焦点强迫形式没有融合成一个整体时，在顺向策略中，句中处于最高句法位置的那个可能焦点成分所具有的凸显性，上升为全句的凸显性，成为全句的可能焦点成分。

书稿把“句子焦点的实现规则”进一步细化，得出了以下三个规律：焦点结构律、焦点强迫律和焦点强度律。作者详细地说明了它们的功能：(1) “焦点结构律”：回答结构如何产生焦点强迫的问题；回答结构如何影响焦点强迫性强弱的问题。(2) “焦点强迫律”：句中成分按具体语言功能区分，有如下优先获得焦点强迫功能的序列：生动性(赋予主观色彩)＞变化性(在事件过程中发生变化)＞具体性(使概念从上位走向下位)/描摹性(对事物状貌特征的刻画)。(3) “焦点强度律”：焦点强迫形式按具体语言功能区分，有如下强度优先序列：充当语篇话题＞反驳性/追问性＞言外之义/主观评价、态度＞对比性＞信息传递价值。这些见解都是颇具创意的，将对焦点问题的进一步研究提供富有启发性的思路。

书稿第六章讨论了焦点基本的逻辑意义结构。分析了与焦点相对或相关的预设、话题、背景、预期、对比与排他、主观量等概念，并认为在句子的表层结构中，焦点强迫形式、它所指向的可能焦点成分及句子的其他部分构成一个“焦点三分结构”。我认为“焦点三分结构”是一种对于句子中焦点结构的逻辑表示，并不一定要跟表层结构及其成分直接挂钩。书稿第七章讨论了汉语焦点算子及三分结构的逻辑运算，第八章分析了多焦点现象和多重焦点强迫形式套叠现象，第九章讨论了句子焦点的实现与去焦点化操作，第十章和第十一章讨论了跟疑问与否定有关的焦点问题。这些讨论比较细致，而且富有新意，提出了一系列比较有启发性的观点。

焦点问题介于音系—句法—语义—语用各种语言分析层面,因此焦点的研究涉及音系、句法、语义、语用等多个层面之间的互动关系,书稿对焦点的研究缺少对于音系结构、句法结构、语义构成、语用表达各抽象结构之间的接口(interface)及其互动关系的研究,可能会在一定程度上影响书稿的学术广度和深度。

总之,我认为该书稿具有较高的创新程度,具有一定的学术价值、理论价值和应用价值,达到了出版水平。因此,我愿意推荐该书稿入选《清华语言学博士丛书》。

袁毓林

2013 年 8 月 16 日　初稿

2014 年 7 月 12 日　修改

《清华语言学博士丛书》章程

(一)《清华语言学博士丛书》(以下简称《丛书》)是清华大学语言研究中心主持编辑的一套丛书,选择中国大陆、港澳地区和台湾两岸三地语言学博士高质量的学术著作,经同行专家匿名评审和编委会审定后,由上海中西书局出版。每年出版1至5种。

(二)《丛书》旨在使优秀的语言学博士的著作得以较快出版,并在学界传播,扩大影响。一方面帮助语言学领域的优秀青年学者迅速成长,另一方面也为语言学的发展注入新的活力。

(三) 学术定位

1. 以扎实的语言材料为基础,有较深入的分析和理论思考。

2. 具有学术前沿性和创新性。

3. 符合学术规范。

(四) 编委会

顾问:丁邦新、陆俭明

主编:蒋绍愚(清华大学)

编委:蔡维天(新竹清华大学),曹志耘(北京语言大学),陈保亚(北京大学),方一新(浙江大学),冯胜利(香港中文大学),何大安(台湾中研院),邢向东(陕西师范大学),张伯江(中国社科院语言所),张美兰(清华大学),张敏(香港科技大学)。

编委会负责邀请同行专家进行匿名评审,并召开编委会审阅和评定入选《丛书》的著作。

(五) 申报条件

1. 作者为两岸三地已获得语言学博士学位的青年学者(年龄在45周岁以

下)。

2. 著作可以在博士论文或博士后出站报告的基础上修改而成,已获得语言学博士学位的青年学者的其他著作也可以申报。著作用中、英文撰写均可。

3. 著作内容符合本章程第(三)条所规定的学术定位。

4. 作者从取得博士学位的次年起即可申报,申报者需填写《申报表》,并有两位专家(不包括《丛书》编委和顾问)推荐。

(六) 申报时间

每年4月1日至5月31日。6至8月份由同行专家匿名评审。9、10月份编委会开会评定,10月31日前公布评定结果。申报和评审的具体办法另定。

(七) 申报著作通过评定后,作者应根据编委会的意见进行修改,并在两年内将定稿送交上海中西书局,逾期视同放弃出版。

《清华语言学博士丛书申报表》可登陆网站下载,网址:http://www.tsinghua.edu.cn/publish/cll/index.html。

地　址:清华大学人文学院新斋332

联系人:赵小英　电话:010—62773018

电子信箱:zwlxs@tsinghua.edu.cn

(2011年11月10日《丛书》第一次编委会讨论通过)

图书在版编目(CIP)数据

现代汉语焦点研究／祁峰著.—上海：中西书局，2014.6（2024.5重印）
（清华语言学博士丛书）
ISBN 978-7-5475-0662-2

Ⅰ.①现… Ⅱ.①祁… Ⅲ.①现代汉语-研究 Ⅳ.①H109.4

中国版本图书馆CIP数据核字(2014)第101007号

现代汉语焦点研究

祁 峰 著

责任编辑 朱 彦
装帧设计 梁业礼
出版发行 上海世纪出版集团
中西书局(www.zxpress.com.cn)
地 址 上海市闵行区号景路159弄B座（邮政编码：201101）
印 刷 三河市腾飞印务有限公司
开 本 890毫米×1240毫米 1/32
印 张 9
版 次 2014年6月第1版 2024年5月第2次印刷
书 号 ISBN 978-7-5475-0662-2/H·022
定 价 56.00元

本书如有质量问题，请与承印厂联系。电话：0316-3153358